幸福論

B・ラッセル
堀 秀彦＝訳

角川文庫
20614

私は、私が生まれ変わって動物たちといっしょに生活することができたらと思う。彼らはあんなにも穏やかで、そしてみずから満足している。私は長い間彼らをじっと見詰めている

彼らは後悔をしないし、その生活条件について何一つ不平もこぼさない

彼らは暗闇《くらやみ》のなかで目覚めていることもないし、またその罪のために涙をこぼすこともない

彼らはまた神に対する彼らの義務を論じて私をなやますこともない

彼らのうちのどの一匹も不満を抱いていないし、どの一匹も物を所有したいという狂気《マニア》のために気も狂っていない

どの一匹も他の一匹にひざまずくこともないし、数千年間生きつづけてきたその種族に対してひざまずくわけでもない

全地球上のどの一匹も格別名声をもっているわけでもないし、あるいはまた不幸でもない

——ウォルト・ホイットマン——

目次

序（原著者）

この書物はいわゆる学者先生たちに向かって、あるいはまたひとつの実際問題を単におしゃべりのための材料ぐらいに考えているような人たちに向かって、書かれたものではない。本書のなかにはいかなる深遠な哲学もないしまたいかなる深い学識も見《み》出《いだ》されないだろう。私はただ、諸君の常識となってくれればいいと希《ねが》うところのものによってつづられた若干の評論を書こうとしてみたにすぎない。ここに読者諸君に向かって提供された幾つかの処方について私が言い得るところのすべては、それらのものが私自身の経験と観察によって確かめられたものであるということ、そしてさらにそれらの処方箋《しょほうせん》がそれにしたがって行動した場合いままでのところいづでも私自身の幸福を増大せしめてくれたということ、である。そこでこのような理由に基づいて、私はあえてこう希望したいのである、不幸をたのしむどころか、不幸によって悩み苦しんでいる無数の男女のうちの幾人かがこれによって彼らの置かれている状況を診断し、そしてそれからの脱出法を示唆されてくれたならば、と。現在不幸のなかにある多くの人たちも、あるいはこの書物を書いた私の努力に導かれて幸福になることができるだろう、と私は信じている。

第一部　不幸の原因

1　何がひとびとを不幸にさせるのか？

動物は、彼らが健康でそして充分食べるものを持っているかぎり、幸福である。人間もまたそういうものだと、考えられている。けれども、少なくとも大半の場合、人間はそうではない。かりに諸君が自分を不幸せだと感じている場合、諸君はおそらく健康と充分な食物だけでは人間は幸福ではないのだということを、承認したくなるだろう。その反対にもし諸君がいま幸福であるとしたら、はたして諸君の友人の多くの者が健康と充分な食物だけで幸福であるかどうかを考えてみるがいい。そして諸君がこのように諸君の友人たちのことを考えてみて、彼らの顔つきを読む技術を学び、また諸君が日常生活のなかで出会うところの人々のいろいろな気分に対して諸君自身を敏感ならしめてみよ。

「私の行き会うすべての顔にきざまれた特徴、
それは弱々しさを物語り、悲しみを告げている」

とブレークは言っている。もちろん、その種類は千差万別であろう、しかし諸君は不幸がいたるところで諸君の前に顔をつき出してくるのを見出すだろう。日中の勤務時間に往来のはげしい街角に立ってみるがいい。あるいはまた、週末の繁華な大通りに、あるいはさらに一夜の舞踏会に行ってみるがいい。そしてしばらく諸君自身のことはこれをきれいに忘れ、諸君の周囲のいろいろな人たちの様子についてひとりずつ思い合わせてみるがいい。諸君はこれらさまざまな群集の中のひとりひとりがそれぞれ彼ら自身の思い煩いを抱いているのを発見するだろう。日中の勤労中の群集のなかに、諸君は心配を、ただもう自分のことしか考えていないありさまを、消化不良を、他人との競《せ》り合い以外の何ものにも興味を持っていないのを、のんびりと遊ぶことができなくなっているのを、さらにまた彼ら自身の仲間についてはまるでこれを意識していないのを、見出すだろう。週末の大通りに立ってみるならば、諸君は男も女も愉快そうに、とりわけひどく金のありそうな連中が快楽を追い求めているさまを、見出すだろう。ところで、大通りにおけるこの快楽の追求は、すべて一定の同じ速度で追いかけられている。つまり、長蛇《ちょうだ》をなしてつづいている自動車の最低の速度である。この長蛇自動車のために別の道を見つけ出すことは全然できないし、あるいはまた、の風景からわき見をすれば、事故が起きる。自動車に乗っている連中は一人残らず他人の自動車を追い抜くことだけしか考えていない。しかも群集のために、追い抜くなどということはできもしない。ところで、もし自動車を自分で運転していない人々にしばしばありがちなように、自動車を追い抜こうという考えから彼らの心がなにか別の事にそれたとすれば、言語に絶したやり切れなさが彼らをとらえ、彼らは愚劣な不平不満でその顔を曇らすだろう。たまに黒人かなにかを満載した自動車が通って無邪気な楽しみを与えるかもしれない。しかしそれとても彼らの風変わりな行動のために腹を立てさせ、結局は、事故を起こして警官のごやっかいになるということになるだろう。所詮《しょせん》、休祭日に楽しみを持つということは不法なことなのだ。

あるいはまた華《はな》やかな夜会に集まった人々を観察してみたまえ。どの連中も愉快になろうと決心してやってきている。たとえば、それは、歯医者の椅子《いす》の上で泣きわめくようなことは決してやるまいと決意してきた人のもつ一種悲壮な決意なのだ。酒を飲み、愛撫《あいぶ》し合うことは歓楽への入り口だと考えられている。そこで集まった人々は矢つぎ早に酒をのみ、ダンスの相手が彼らを毛ぎらいしようが、そんなことは気にとめないでおこうとする。相当酒をのんでしまえば、人々は泣きはじめる、そして、道徳的に見て、彼らが彼らの母親の献身的な愛情にいかに値いしない人間であるかを悲しみ嘆き始めるのだ。つまり彼らにとってアルコールというものがなすところの働きは、正気のときには理性によって押えられている罪の意識を解放することにほかならない。

こうしたさまざまな種類の不幸の原因は、一部は社会組織のなかに、一部は個人の心理――これはもちろんそれ自体ある程度までは社会組織の生み出したものであるが――のなかに存在している。幸福を増進するために必要な社会組織の改革については私はすでにいままでも書いている。戦争の廃止、経済的搾取の廃止、恐怖と残酷の教育の廃止、これらの事柄について語ることは、本書の目的ではない。戦争を回避するための組織を発見することは今日の文明にとっては絶対的に必要である。けれども、こうしたいかなる組織も、人々が非常に不幸せで、そのためお互いに殺し合うということの恐ろしさが日光の下でジッと我慢していることくらいにしか感じられないうちは、とうてい、作られるチャンスもないだろう。大量機械生産の恩恵に、これを必要とする人々がある程度あずかり得るためには、もちろん、いつまでも貧乏のままでいることのないようにしてやることが必要である。だがしかし、富める者自身が不幸であるとするならば、誰も彼もを物持ちにさせることが何の役に立つか？　残酷と恐怖のなかの教育はもちろんいいとは言えない、しかし、彼ら自身こういういまわしい感情の奴隷であるような人々によって、どうしてこれ以外の教育がほどこされ得ようか。このように考えてくるならば、われわれは否《いや》でもひとりひとりの個人の問題――つまり、幸福だった昔をなつかしがらずにはおれないこの社会の中にあって、今日、ここで、彼自身あるいは彼女自身の幸福を達するために、男や女ははたして何をなし得るか？　という問題に導かれるだろう。この問題を論ずるに当たって、私はなんらか極端な外部的不幸の原因をもっていない人々にだけ私の注意を限定することにしよう。私は食物や住居を確保するための充分な収入、日常の身体活動をなし得るに足るだけの充分な健康をもった人を念頭におくことにしよう。私はまた子供を一人残らず亡くしたとか、社会的体面を傷つけられたとかいうような非常な不幸《カタストロフィ》はこれを取りあげないことにしよう。こうした事柄についてはむろん言うべきことも多いし、また重要なことでもある。けれども、こうしたことは、私が言いたいと思っていることとは、一つの別の秩序に属するものである。私のこの書の目的は、普通の毎日毎日の不幸――言い換えれば、今日の文明国に生きている過半の人々が苦しんでいるところの、そしてまたその明白な外部的な原因がないために、どうにも避けようがなく、それだけにいっそう堪えがたいものであるところの不幸に対して、一つの療法を示すことである。私の信ずるところによれば、こうした不幸は、大部分、あやまった世間観、あやまった道徳論、あやまった生活習慣によるものであって、そうしたものこそ、人間の幸福にせよ、動物のそれにせよ、いっさいの幸福がそれにかかっているところのちょっとした事物に対する自然な熱意や欲望をたたきこわしてしまうのだ。この世にはひとりひとりの個人の力の範囲内にあるいろいろな事柄があるものだ、そして私がこれから示そうと考えているものは、普通程度の好運さえ恵まれているならば、それによって彼の幸福がかち得られるようなそうした心の改革にほかならない。

私がここで勧めたいと思う最善の人生哲学への入門は、おそらく、簡単な二、三行の言葉で私自身の自叙伝を示すことであるだろう。私は幸福には生まれなかった。子供のころ、私の愛唱した賛美歌、それは「この世に倦《う》み疲れ、吾《わ》が罪を荷《にな》いて」という歌であった。五つのころ、私は幾度も考えた、もし私が七十歳まで生きるとしたら、私がいままでやっとこらえてきたのは、その十四分の一にすぎないものではないか、と。そして私は私の未来に長く横たわっている退屈をほとんど堪えがたいものに感じたのであった。青年期にはいるとともに、私は人生を憎んだ。そして絶えず自殺の危険にさらされていた。数学をもっと勉強したいという欲望によって、私はその自殺への誘いをわずかに押えていたのであった。ところで、この反対に、今日、私は生活をたのしんでいる。いいや、こうも言えるかもしれない、これからさき、年齢を重ねるごとに、私はいっそうこの生活をエンジョイ（楽しむ）するだろうと。これは、一部分、私の最も切望するものが何であるかを発見したことによるものであり、一部分は、ある種の欲望の対象――たとえば何かある事柄について疑うことのできぬ絶対の知識の獲得というようなこと――はどんな事をしても獲得できないものであるというふうに、上手にこれを取り除いてしまったことによるものである。しかし、その大部分は、私自身というものに私がとらわれなくなったことによっている。清教徒《ピューリタン》の教育を受けた他の人と同じように、私は以前から私自身の罪とか愚かさとか欠点とかについて思いをひそめる習慣をもっていた。私自身にとって、私というものは、――疑いもなくそれは正しいことなのだが――一個のあわれな見本のように映じていた。ところで、だんだんに、私は私自身やまた私のもっているさまざまな欠点について無関心となることを学んで行った。私は私の注意を私の外なる事物に――たとえばこの世の状態とか、いろいろな知識の部門とか私が愛情をもっているひとりひとりの人とかいったものにいっそう多く向けるようになってきた。もちろん、こうした対外的な興味も、それぞれ、苦しみの機会をもたらすにはちがいない、なぜならこの世は戦争に突入しないともかぎらないし、ある方面の知識はなかなか獲得しがたいものであるし、友人は死ぬかもしれないのだから。けれどもこうした種類の苦しみというものは、自己自身に対する嫌悪《けんお》からわき出てくる苦しみがそうするように、人生の根本的な能力をたたきつぶしてしまうものではない。それどころか、およそ対外的な興味は、この興味が生々《いきいき》と働いているかぎり、「倦怠《アンニュイ》」を完全に防止するところのなんらかの活動をうながすものである。その反対に、自分自身に対する興味は結局なんらの進歩的な活動をももたらすことはない。そういう興味は日記を書きつづけること、自己分析になれること、あるいはまた僧侶《そうりょ》となることには向いているかもしれない。だがしかし、僧侶にしたところで、僧院のきまりきった日常生活が彼自身のたましいのことを忘れさせないうちは、幸福ではないだろう。僧侶が宗教のおかげだとする幸福は、もし彼がどうでも道路の掃除人夫となっているよりほかはなかったとすれば、掃除人夫となることによっても、獲得できるものであったろう。その自己自身への没入が他の方法ではいやしがたいほど深刻になっているような不幸な人間にとっては、外面的な訓練こそ幸福に至る唯一の道なのだ。

この自己没入にもいろんな種類がある。われわれはその三つの最もありふれたタイプとして罪人、自分自身をかわいがる者（ナルシシスト*）、誇大妄想狂の三者をあげることができる。

＊ナルシシスト、これは精神分析のナルシシズム（narcissism）からきた言葉である。

ギリシア神話のなかの美少年ナルシスは水面に映る自分の美しさに見惚《みと》れて、ついに水におぼれて死んでしまう。そしてその後に咲き出た花が水仙（ナルシス）と呼ばれている。精神分析ではこのナルシシズムを自己愛とか自己恋情とか訳している。これからもこの本の中にたびたび出てくる言葉であるが、私はいい訳が見つからぬので、ナルシシズムとそのまま書いておくことにする。（訳者）

ここで「罪人」というのは、現実に罪を犯した人のことではない。なぜならこの罪という言葉の定義のいかんによっては、罪は誰もが犯すところのものであり、あるいはまた誰もが犯さぬところのものでもあるのだから。私のいうのは、罪の意識にとらわれた人のことである。こういう人間は永久にその自己否認をいやすことがない、しかももし彼が信心をもっているとすれば、彼はその自己否認を神による否認として解釈するだろう。彼は自分自身がこうあるべきだと考える自分についての姿《イメージ》を思い描き、このイメージは、あるがままの彼自身についての知識とつねに闘争することになる。もし彼が昔母親の膝《ひざ》に抱かれて教えられたところの道徳上の訓《おし》えを、その意識的な考えの中では、ずっと以前から捨ててかえりみなかったとすれば、彼の罪の意識は無意識のなかに深く埋没してしまい、酒をのんだ時とかぐっすり眠った時とかに、ただ姿を現わすだけであろう。しかし、それだけでもすでに、何事につけても地金《じがね》をあらわすには充分である。つまり心の底では、彼は今もって幼いときに教えられたすべての禁止的命令を受けいれているのだから。悪口を言うことは悪いことだ、酒を飲むことは悪いことだ、日常の仕事のうえで狡《ずる》いことは悪いことだ、とりわけ、性《セックス》はよくないものだ、――彼は心の底でこう考えている。もちろん、だからといってこれらの快楽のいずれかを禁欲するわけではない。けれども、これらの快楽は、それが彼を堕落せしめるものだという感情によって、すべて彼を毒している。彼がその魂をあげて切に求めるところの唯一の快楽は、幼い日に経験したと記憶しているところの母親によって愛情ふかく抱かれるという快楽だけである。しかもこの快楽はいまや彼に開かれていない。彼はこれ以外のいかなるものも取るに足りないものと感じている。そしてどうでも罪を犯す（幼い日の母のいいつけを守らない）よりほかはないとすれば、彼は徹底的に罪を犯そうと決意する。彼が恋をするとき、彼が求めるものは母親のやさしさである。けれども、なまじ母親のイメージがちらつくために、彼は恋人の示すやさしさを受けいれることができない、彼はこうして彼と性的関係を結んだいかなる女に対しても尊敬を感ずることができない。そこで、彼は絶望のあまり、残酷になる。残酷になってこれを後悔する。そして再び空想の中で描かれた罪と現実に体験する後悔とのこの暗たんたる堂々巡りをもう一度初めからやり直す。これこそ多くの場合見受けられる強度な自己非難の心理にほかならぬ。彼らをこのように彷徨《ほうこう》せしめるものは、幼年時代に愚かな道徳的教えをさんざん教え込まれて、到達できない対象（母親ないし母の代用という）に身をささげたことである。幼年期にうえつけられた信仰や感情から解放されることこそ、母性愛の「徳」によって蝕《むしば》まれたこれら犠牲者のための幸福への第一歩にほかならない。

ナルシシズムは、ある意味において、習慣的な罪悪感を裏返ししたものである。なぜならそれは自分自身を賛美し、またひとから賛美されたいという習慣によって成立するものであるから。もちろん、こういう傾向もある点までは正常《ノーマル》であり、非難さるべきものではない。この傾向が重大な禍《わざわ》いとなるのは、度が過ぎた場合だけである。多くの女性、とりわけ富裕な階級の女性にあっては、自分以外のものに愛を感ずる能力は乾上《ひあ》がってしまい、その代わりに、誰も彼もが自分を愛すべきだという強い願望が取って代わっている。こうした種類の女性がひとたび、あの男は自分を愛しているのだという確信をもつや否や、彼女にはもはや彼という男は何の役にも立たないものになってしまう。これと同じことは、女の場合ほど頻繁《ひんぱん》ではないが、男にも起こる。その古典的な実例は、フランス革命直前のフランス貴族たちの情事を描いた例の著名な小説『危険な関係』（ラクロ）の中の主人公である。実際、虚栄心がこの程度にまで昂《こう》じてしまえば、そこにはもはや他の人間に対する真正な愛情などは絶無であり、それゆえまた愛情からくみ取られるいかなる満足ももはやあり得ない。そしてこれ以外の興味はいよいよ不幸なことに色あせてしまう。たとえば、あるナルシシストは、偉大な画家に対する尊敬の念によって動かされ、あるいは絵を勉強するかもしれない。けれども、絵を描くことは、彼にとっては目的のための単なる手段にすぎず、絵をかく技術のごときは彼の興味を少しもそそらない。そしていかなる問題も、自分自身に対する関係がないならば、全然感興を起こさぬことになる。その結果は失敗と絶望であり、期待されたへつらいの代わりに、愚弄《ぐろう》が与えられるだけである。同じことは、自分自身をその小説のなかでヒロインにまで理想化して描くところの小説家たちにもあてはまる。すべて仕事のうえでのまじめな成功というものは、その仕事に関する素材についてのなんらかほんものの興味があるかないかにかかっている。ひととおり成功した政治家たちが次々と経験する失脚の悲劇は、社会に対する関心、その関心が要求するいろいろな施策の代わりにだんだんとナルシシズムを置き換えていくためである。自分自身のことばかりを気にしているような人間は、賞賛さるべき人間でもないし、また賞賛に値いする人間と人から受け取られることもない。それゆえ、世間が彼をほめそやしてくれるだろうということだけにかかずらっている人間は、とうてい彼の目的を達することもあるまい。しかも、もし世間からほめそやされるという目的を達するとしても、彼は完全に幸福になることはないだろう。なぜなら、人間の本能は決して一から十まで自己本位のものではないのだから。こうしてナルシシストたちは、ちょうど、罪の意識によって支配されている人間と全く同じように、みずから進んで、自分自身をせばめつつある者にほかならない。原始人たちもなるほど上手な狩人《かりうど》となることを誇りに感じたかもしれない。しかし彼らはそれと同時に狩りという活動をたのしんでいたのだ。虚栄心というものは、それがある一点を越えるや否や、活動そのもののための活動といういっさいの活動のなかに含まれている喜びを殺してしまう、そして否応なしに、気のりがしなくなり、やりきれなくさせるものである。虚栄心の根源が内気な臆病《おくびょう》にあることもまれではない。そういう場合の治療法は自尊心を発達させることにある。けれども、この方法にしたところで、客観的な興味によって刺激された活動を上手にすることによってのみ、効果のあがるものである。

誇大妄想狂とナルシシストの相違、それは前者がチャーミングであることよりも力強くあることを欲し、愛されることよりも畏怖《いふ》されることを求める点にある。このタイプに属するものは、多くの精神病患者、それから歴史上の過半の大人物たちである。

力への愛は、虚栄心と同じように、正常な人間性のなかの一つの強力な要素であり、そのものとしてはとがめるべきものではない。ただ、それが非常に過度なものとなり、あるいはまた現実についての不充分なセンスと結びついたとき、憫《あわれ》むべきものとなる。そういう状態になった場合には、力への愛は人間を不幸にするか、それとも愚かにする——両方同時にということはなくとも。自分のことを桂冠《けいかん》に値いする人物だと思い込んでいる精神病者は、ある意味では、幸福であるかもしれない。しかしその幸福は正気な人間のうらやむに足るようなものではない。心理的に見れば、アレキサンダー大王も、たといその精神病者的な夢を実現するに足る才能を持っていたとしても、精神病者と同一タイプの人間でしかなかった。彼はとうてい彼の夢を実現することはできなかったろう、というのは、彼の成功が成就するにつれ彼の夢もまたそれだけその範囲を拡大して行ったからだ。彼が史上最大の征服者であることが明らかになったとき、彼は自分が神であるということに定めてしまった。そこで彼は幸福な人間であったろうか？　彼の大酒、彼の凶暴な怒り、彼の女性に対する無関心、神性に対する彼の要求、それらのものは彼が幸福ではなかったことを示唆している。人間性のなかの一つの要素を、それ以外の他の要素を犠牲にして、啓発したところで、決して究極の満足は見出されるものではない。あるいはまたこの世の全世界を自分自身の自己《エゴ》の偉大さを示すための単なる材料とみなしたところで、究極の満足が得られるわけでもない。一般に、誇大妄想狂は、狂気のものにせよあるいは一応正気のものにせよ、ある種の行き過ぎた卑屈感の生み出したものにほかならない。ナポレオンは、学校時代には級友に対する劣等感のために苦しんだものであった。級友たちが富裕な貴族であったのに、彼は貧しい一介の給費生でしかなかったからだ。ところで、その彼が後に亡命フランス人たちの帰還を許容したとき、彼はかつての級友たちが彼の前に頭を下げるのを見て、満足したのだ。まことに、それは彼にしてみれば祝福であったにちがいない！　だが、それは皇帝《ツァー》になることによって、これと似たような満足を味わいたいという欲望にかり立てた。そしてその結果がセントヘレナであったのだ。人間は誰も全知全能であることはできない。権力への愛によって完全に支配された人生は、早晩、うち勝つことのできぬ障害にぶつかって挫折《ざせつ》するよりほかはあり得ない。これだけの事についての知識をはっきり悟らせることを妨げるものがあるとしたら、それはただある種の狂気という形式によるものというよりほかはない、もちろん、その人間が非常に権力がある場合には彼に向かってこれだけの知識を指摘してくれる人間を投獄したり迫害したりすることもできるだろうが——。このようにして政治的意味における抑圧と精神分析の意味におけるそれとは手を携えて行進するものだ。しかもなんらか明瞭《めいりょう》な形での精神分析的抑圧のあるところ、そこにはいかなる真正の幸福もあり得ない。もちろん、その適当な限界内で掌握された権力は大いに幸福に寄与するところ大であるかもしれない。けれども、人生の唯一の目的としては、権力は、外面的にはともかく内面的には、不幸をもたらすものにほかならない。

言うまでもなく、不幸の心理的原因は多種多様である。しかしそこには何か一般に共通するものがある。典型的に不幸な人とは、その青少年時代に、ある種の正常な満足を奪われていたために、他のものはさておいて、この一種類の満足を非常に高く評価し、そのため彼の人生にただ一方的な方向だけを与え、この一種類の満足に関連のある行動にいやしくも反するような事柄の成就については全く不当な評価をしか与えなかったところの人間である。ところで、現代においてはこの点でのいっそうはなはだしい昂進《こうしん》が非常に多く見うけられる。今日、人は完全に何もかもうまくいかないように感ずる、そしてその結果、彼はいかなる形式の満足をも求めることなく、ただ、乱痴気騒ぎと忘却だけを求めている。彼はこのようにして「快楽」の徒となる。つまり言い換えれば、彼はいよいよ活動的でなくなることによって、この人生を堪え得るものたらしめようと努めているにすぎないのだ。たとえば、酒をのむことは、一時的な自殺にほかならない。酒がもたらす幸福は単に消極的なものにすぎず、不幸の瞬時的な休止にほかならない。ナルシシストと誇大妄想狂は、それを獲得しようとする方法があやまっているにせよ、とにかく幸福が可能であることを信じ切っている。ところが、いかなる形においてにせよ、陶酔を求める人間は、忘却ということ以外の希望はすべてこれを投げ捨ててしまっている。彼の場合、なさるべき第一のことは、幸福が希望すれば得られるものだということを、彼に説得することである。不幸な人間というものは、下手な睡眠をする人と同じように、いつも自分が不幸であるという事実を、自慢にするものだ。おそらく彼らのこういう自慢は尻尾《しっぽ》をなくした狐*の自慢みたいなものであろう、もしそう言えるとすれば、彼らの不幸をいやす方法は、いかにすれば新しい尻尾をはやすことができるかを、彼らに教えてやることである。私の信ずるところによれば、もし幸福であることの方法がわかるとすれば、進んで不幸を選び取るような人間はめったにしかないものだ。もちろん、こういう人間も存在するということを、私は拒むものではない。しかし、こういう人間がいるとしても、彼らの数は取りあげるに足りるほどのものではない。そこで、私はこの書の読者が不幸であるよりも幸福であることをいっそうのぞむものだと仮定しよう。もちろんこうした読者の希望の実現に対して私がはたして力をかし得るかどうか、私にはわからない。しかし、とにかく、こういう企てをもったとしても害にはなるまい。

＊これはイソップ寓話《ぐうわ》に出てくる狐の話。尾をなくした狐が自分の尾だけないのを気にし、みんなの尾もないほうがいいのだと狐たちに説いて失敗する話である。（訳者）

2　バイロン風な不幸

この世には、そのために生きるに値いするようなものは何一つない、――人類の初期、宗教熱のさかんなころを通じて、賢明な人々がこういうふうに考え、またこういうことにすでに気づいていたのだと想定することは、世界史のいかなる時代にも見受けられたところであり、また今日でも普通に見受けられるところである。こういう考えを持っている人々はほんとうに不幸せである。ところが、それにもかかわらず、こういう人たちは彼らのこの不幸を鼻にかけている。つまり、彼らはこういう不幸の由《よ》って来るところをこの宇宙の本質に帰せしめ、だから、これこそ知識人のもつべき唯一の理性的態度だと考えるのである。だが彼らが自分の不幸をこういうふうに自慢する場合、この不幸がほんものかどうかについて、あまり理論好きでない連中は疑いをもっている。つまり不幸であることをたのしむ人間なんてものは、不幸ではない人間だと考えているからなのだ。とにかく、人間は本質的に不幸なものだという考えはあまりにも単純すぎる。たしかに、この不幸を享楽するという優越の感情のなかには、さらにまたこれらの苦悩者たちがもっている以上のような洞察《どうさつ》のなかには、苦しみに対する多少の軽微な補償があるだろう。しかし、それとてもきわめて単純な快楽の喪失に対してすら充分に償いをなし得るほどのものではない。不幸であるということのうちに、なにかすぐれた合理性があるなどということは、私にはとうてい考えられない。賢明な人は、事情が許すかぎり、幸福であろうとするだろう。そしてもし彼がある一点を越えればこの世界が苦しみにみちたものだという考えにたどりついた場合には、彼はそうした事以外のなにか別のことを考えようとするだろう。これこそ私がこの章で立証したいと思うことなのだ。私はまず読者諸君に向かってたといどんな議論があるにしても、理性というものは断じて幸福に向かって出港停止の命令を発するものではないということを強調したいと思う。いやそれどころか、もう一歩進めて、私はこう信じている。彼らの悲しみを、それこそきまじめに宇宙についての彼らの見解のせいにしている人々は、いわば、馬車馬の前に車を置く前後転倒の徒である。彼らが不幸なのは、ほんとうのところは、自分でも気のつかない何かの理由のためなのであって、そのような不幸が、彼らをして、彼らがその中で生活しているこの宇宙の快適ならざる性質についてながながとのべさせているにすぎないのだ。

私がいまここに考察しようとしている見方を近代のアメリカ人の前に持ち出したの

は『モダン・テンパー』*の著者、ヨセフ・ウッド・クラッチ氏である。そして私たちの祖父たちの前にこの考えを持ち出したのはあの詩人バイロンであった。そしてさらに、昔から今日までこの考えを私たちに説いてきかせたのは、旧約「伝道之書」の筆者である。クラッチ氏は言う。「われわれの人生は意味をうしなった。この自然界のなかにはわれわれのためにいかなる場所も存在しない。けれども、それにもかかわらず、われわれは人間であることを悲しみとしない。われわれは動物として生きるよりも、むしろ人間として死にたい」。バイロンは歌う――

「太古の思想の輝きが感情のうっとうしい頽廃《たいはい》のなかへ没落しつつあるいま、この世の与える喜びは、この世のうばい去るそれと同じからず」

＊"The Modern Temper" A study and a confession. (1929) Joseph Wood Krutch ラッセルの意見は別として、このクラッチの本は、私としては非常におもしろくよんだものの一つであった。それは一九二〇年代の知識人、つまりいっさいのものに幻滅を感じ、恋愛に失望し、思想一般の無力を痛感した人間の告白の書物として、いまでもこの本をよんだときの感じを私は忘れることができない。(訳者)

伝道之書の著者は書いている――

「我は猶生《いけ》る生者よりも、既に死にたる死者をもて幸なりとす、またこの二者《ふたつ》よりも幸なるは、未だ世にあらずして日の下に行なわるる悪事を見ざる者なり」

これら三人の厭世論者《ペシミスト》は、人生のもろもろの快楽を吟味したのち、以上のような陰うつな結論に達したのであった。クラッチ氏はニューヨークでも最も知的なサークルのなかで生活していた。バイロンはヘレスポント*を泳ぎ渡って、数知れぬほどの情事を重ねた。ところで伝道之書の著者はその快楽の追求においていっそう多様であった。彼は酒を試みた。音楽を試みた。そしてさらに「あらゆる種類のもの」を試みた。彼は満々たる池をつくった。彼は男の召使と女の召使を持っていた。そして召使たちは彼の屋敷で生まれたのであった。このような境遇のなかにあってなお、彼の智慧《ちえ》は彼から飛び去ることはなかった。しかもそれにもかかわらず、彼はいっさいのものが、智慧ですら空《くう》の空なるものなることを見出《みいだ》した。

＊Musaeus の詩〝Hero and Leander〟——その主人公の若い男が毎晩ヘレスポント河を泳ぎ渡って恋人に逢《あ》いに行ったという詩の故事にならってバイロンもまたこれをやったと伝えられる。バイロンの詩「ドン・ジュアン」の中にもこの事が歌われている。(訳者)

「我、心を尽くして智慧を知らんとし、狂妄と愚痴を知らんとしたりしが、是もまた風を補うるがごとくなるを暁《さと》れり。
夫《それ》智慧多ければ、憤激《いきどおり》多し、知識を増す者は憂患《うれえ》を増す」

彼の智慧が彼を悩ましたかのように見える。だからこそそれを脱しようと彼はむなしい努力を試みたのだ。

「我、わが心に言いけらく、来《きた》れ、我試《こころみ》に汝をよろこばせんとす、汝、逸楽《たのしみ》をきわめよ、と。嗚呼《ああ》、是もまた空《くう》なりき」

それでも彼の智慧はいつまでも彼を離れ去ることはなかった。

「我、心に謂《い》いけらく、愚者の遇《あ》うところの事に我もまた遇うべければ、故なんぞ智慧のまさる所あらんや、我また心に謂えり、是もまた空なるのみと。……是《ここ》において、我、世に存《なが》らうることを厭《いと》えり、凡《およ》そ日の下に、為《な》すところの事《わざ》は我に悪しく見ゆればなり、即ち皆空《みなくう》にして風を補うるが如し」

人々がもはや今日、はるか以前に書かれたものを読まないということは文筆をとる者にとっては仕合わせなことだ。実際、人々がもしいまもはるか昔のものを読むとしたら、昔の人のつくった水満々たる池については何とか言うとしても、新しい本を書くなどということが間違いなしに空の空なるものであるという結論に、人々はおそらく達するだろう。伝道之書の説く教義が単に賢人にのみ開かれた唯一のものではないということを、もし私たちが示すことができるとしたら、私たちはもはや伝道之書と同じ気分《ムード》をそれ以後表現した作品について悩まされる必要はないだろう。ところで、この種の論議において、私たちは気分とその気分の知的表現とを区別することが必要である。気分についてならば、いかなる議論も必要ではない。なぜなら、気分というものは何かすてきなでき事があれば、あるいはまた私たちの調子に変化があれば、それによってどうにでも変わるものであるからだ。ところが、気分というものは議論によっては変えることのできぬものである。私はいままでもたびたび、すべてが空の空なるものだと感ずるような気分を経験している。ところで、私がそういう気分から脱出したのは、なんらかの哲学思想によってではなく、かえって、どうでもせずにすますことのできない行動の必要によってであった。諸君の子供が病気だとしよう。諸君はたぶん不幸になるだろう。しかし、諸君はまさかいっさいが空であるなどとは感じないだろう。諸君はむしろ、人生には究極的価値があるかないか、などという疑問には頓着《とんじゃく》なしに、この子の健康を取りもどすことこそ気を使うべき事柄だというふうに感ずるだろう。金持ちといえども、いっさいが空だと感ずることもあるだろうし、またしばしばそう感ずるものだ。ところで、その彼がもしたまたまその財産をなくしたとしたら、この次たべる食事が決して空の空なるものではないということをしみじみ感ずるだろう。感情というものは人間の自然的要求があまりにたやすく満足させられたとき、生み出されるものである。人間という動物も、他の動物と同じように、ある程度の生存闘争には適応するものだ、そこで、非常な富のおかげで、この人間《ホモ・サピエンス》が彼のあらゆるできごころを何一つ努力もしないで満足させることができる場合には、彼の人生からこのように努力がなくなったということだけで、幸福の本質的な要素は消えてなくなるだろう。人間は、彼が大して強い欲望を感じていないものをたやすく獲得できる場合には、このような欲望の達成が幸福をもたらすものではないと結論するものだ。そこで彼がもし哲学癖をもった人間であるとすれば、人生なんてそもそも愚劣なものだ、なぜなら欲しいと思うすべてのものを持っている人間がなおそれでも幸福ではないのだから、と結論するだろう。彼は、つまり、ほしいと思う事物の若干をもたずに生きていることこそ、幸福の不可欠な部分であるということを、すっかり忘れているのである。

気分については以上でけっこうだ。ところで、伝道之書のなかには、知的な議論も含まれている。

「河はみな海に流れ入る、海は盈《みつ》ることなし。
日の下には新しきものあらざるなり。已前のもののことはこれを記憶《おぼゆ》ることなし、
我は日の下にわが労して、諸《もろもろ》の動作《はたらき》をなしたるを恨む、其《そ》は我《われ》の後を嗣《つ》ぐ人に之を遺《のこ》さざるを得ざればなり」

ここに示された議論にもし近代哲学者風なスタイルでケリをつけようと試みるとし

たら、その議論はまずさし当たり次のようなものになるだろう、――人間は永久に働きつづける。物質は永久に動いてやまない。新しい一つの事物の後に出てくる新しい事物が前に過ぎ去ったところのものと少しもちがっていないとしても、それでもなお、いかなるものも一か所にとどまることはない。人間は死ぬ。そこで彼の嗣子《あとつぎ》はすでになくなった人の労働の収穫をつみ重ねる。河は海に流れ込む。だがいかなる河の水もそこにとどまることを許されぬ。何度も何度も、目的も終点もない円環《サークル》のなかで、人間と事物は生まれそして死んでいく。進歩もなく、永久の成就もなしに、毎日毎日、毎年毎年。河がもし賢明であったとしたら、河は現在あるところに停止することを欲するかもしれない。ソロモンがもし賢明であったとしたら、彼はおそらく彼の息子がその実をたべるための果樹のごときは植えることもしなかったであろう……と。

ところで、気分というやつを変えてみよ。そのときいかに以上すべてのことがちがったふうに現われることだろう。はたして「日の下には新しきものあらざるなり」であろうか？　摩天楼、飛行機、さらにまた政治家たちの放送演説はどうか？　こうした事柄についてソロモン*は何を知っていたか。もしソロモン王が無線電信で、彼の領土から帰還してその家来たちに話してきかせた女王シバの演説を聴くことができたとしたら、それはみごとな樹木とあまたの池にかこまれた彼を慰めることはなかったであろうか？　もし彼が新聞切抜通信社をもっていて、いろいろな新聞が彼の建築物の美しさについて、彼の後宮《ハレム》の楽しみについて、また彼と論争した時の相手の賢人たちの当惑ぶりについて、書き立てたところを彼に知らせることができたとしたら、彼はそれでもなお日の下に新しきもののあらざるなりなどと言うにいたったであろうか？もちろん、これらのものをもってしても彼の厭世《えんせい》論はいやされることがなかったかもしれない。しかし、それらのものがあったとすれば、彼はおそらくその厭世論に新しい表現を与えていたであろう。実際、クラッチ氏が現代に対してもっている不満の一つは、日の下に新しきものが多すぎるということなのだ。ところで、もし新奇なものがあってもなくても、どっちも同じように人を悩ますことであるとするならば、そのどっちが絶望の真の原因になり得るかということも当然言えないだろう。さらにまた「河はみな海に流れ入る、海は盈《みつ》ることなし、河はその出できたる処に復還《またかえ》りゆくなり」という事実を取りあげてみよ。この事実を厭世論のための根拠と考えるとしたら、旅行は不快なものだと言わざるを得なくなる。人々は夏には避暑地に出かけ、彼らは再び元いた場所にもどってくるではないか。このことは、夏、避暑地に行くことが無《む》駄《だ》なことだということを証明はしない。もし流れ行く水が感情を恵まれていたとしたら、水たちはおそらくシェリイの「雲」のやったように、冒険に満ちた巡回をたのしんだかもしれない。人間がその嗣子に財産を遺《のこ》すことが苦しみに満ちているということはどうか——それはおよそ二つの観点からながめることのできる問題だ。嗣子の立場からすれば、それは明らかにそれほど不幸なことではない。すべてのものがそれみずから過ぎ行くものであるという事実は、決してペシミズムのための論拠となるものではない。もしすべてのことのあとにいっそう悪いことがつづくものとしたら、それは論拠にもなるだろう。だが、それどころか、もしすべてのものがいっそうよりよいものによって引き継がれるとしたら、この事はオプティミズム（楽観論）のための理由にほかならない。だがもしソロモン王が主張するごとく、すべてのものが寸分それと変わらぬ同じものによって引き継がれるとしたら、私たちはどう考えたらいいのか？　この事実はいっさいの過程を無益なるものにさせるであろうか？　断じてそうではない、ただし、この巡行のもろもろの段階が苦痛に満ちたものでないかぎり。未来を常に待ちのぞみ、現在のもっいっさいの意味は、現在がやがてもたらすであろうところのもののうちにあるのだと考える習慣——これは一個の有害な習慣にほかならない。部分のなかに価値が存在していないならば、全体のなかにもいかなる価値もあり得るわけがない。ヒーローとヒロインとがおよそ信じがたいような不幸を切り抜け、ついにハッピー・エンドで償われる——人生はこういったメロドラマになぞらえて考えらるべきものではない。私は生き、そして私の日々を持つだろう、私の息子は私を引き継ぎ、彼の日々を持つだろう、その次には息子の息子が息子を引き継ぐ。すべてこのようなことのなかに、悲劇を生みだす何があるというのか？　それどころではない。もし私がいつまでも永遠に生きるとしたら、人生の歓喜《よろこび》は間違いなしに結局はその香気を失うだろう。人間が永遠に生きるものでないからこそ、人生の歓喜はいつのときも常に新鮮さをもっているのだ。

＊伝道之書はむろんソロモン王によって書かれたものではない。だが今は便宜上この名前を著者としておく。（原著注）

「私は生命《いのち》の火の前で私の両手をあたためた、
火は消える、そこで立ち去る用意をしよう」

このような態度は、死について憤激する態度と同じように、全く理性的である。だからもし人間の気分が理性によって決定されるということになれば、世の中にはいつも愉快になるための理由と同じだけ絶望するための理由があるものだ。「伝道之書」は悲劇的である。ところでクラッチ氏の『モダン・テンパー』は感傷的《パセティック》である。クラッチ氏が、結局のところ、悲しいのは、昔からの中世紀的な確実性がくずれ去り、比較的近代にその根源を持っている確実性のあるもののもまたくずれ去っているからなのだ。彼は書いている。「この今日の不幸な時代について言うならば、死せる世界の亡霊どもには追いかけられしかも現代自身のなかに安住することもできず、このようにして現代の苦しい状態は、あたかも、その中で幼年期を過ごした神話に頼ることなしには自分の行くべき道をどう定めてよいかわからなくなっている青年の苦境のごときものである」。この言い方は、もしこれをある種の知識人にあてはめるならば、全然間違っていない。彼ら知識人というのは、文学的な教育を受けてはきたが、近代の世界については何一つ知ることもできず、その青年時代を通して、感情《エモーション》の上に信仰を基づかせることを教わってはきたのだが、科学の世界が所詮《しょせん》みたすことのできない安全と庇護《ひご》に対する幼児的な願いをみずから脱ぎすてることもできない連中なのだ。クラッチ氏も、過半の他の文筆者と同じように、科学はいままでのところその約束を充分に果たすことはなかったという観念にとらわれている。もちろん、この科学の約束がいったいどんな内容のものであったかを、クラッチ氏は私たちに語ってはきかせない。しかし、どうやら彼が考えているように思われるのは、六十年ほど前にダーウィンやハクスリたちが科学のうちのあるものに期待したところのもの、そしてその科学が与えてくれなかったところのものであるらしい。だが私に言わせれば、これこそ、自分たちの個性が価値のないものだと思い込みたがらぬ文筆人や僧侶《そうりょ》たちによって固執されている一つの完全な思い違いにほかならぬものである。現代の世界がさまざまな厭世論者をもっているということは事実である。また、いままでにしたところで、多くの人々の収入が減った場合には、いつでもさまざまな厭世論者が出てくるのが常であった。もちろん、クラッチ氏はアメリカ人である。そしてアメリカ人の収入は、全体的に見れば、第一次大戦後増加している。けれども、ヨーロッパ全土については、知識階級は恐ろしく苦しんでいるし、大戦そのものは誰にも彼にも不安定の感を与えずにはおかなかった。こういう社会的原因は、ある時代の気分について、その時代が宇宙の本質についてもっている理論などよりも、はるかに重大な関係をもっている。ところで、クラッチ氏がそのうしなわれたことをあれほどに残念がっている信仰は、かつて十三世紀においては、皇帝と二、三の偉大なイタリアの貴族を除いて、誰も彼も堅く抱いて疑わぬところであった。しかもそれにもかかわらず、この十三世紀ほど絶望的時代がかつてあったろうか。だから、ロジャー・ベーコンは言っている、「実際、今日においては、過去のいかなる時代よりもいっそう多くの罪悪が支配している。そして罪悪は智慧《ちえ》と両立するものではない。私たちは今日の世界のあらゆる状態をながめ、そしてその状態をすべての場所においてまじめに考えてみようではないか。さすれば、私たちがそこに見出すものは、限りなき腐敗、なかんずく、支配者における腐敗である……。姦淫《かんいん》は宮廷全体を恥ずべきものとなし、貪欲《どんよく》はいっさいのものの君主である……。もし貪欲が当時の支配者において行なわれているとすれば、民衆たちにおいてはどうであろうか？　高僧たちをとってみよ。いかに彼らが金銭のあとを追いかけ、魂の救済のごときものはこれをゆるがせにしていることか。……さらにまた『宗教上の命令』――『余は余の言明するところについては何人《なんぴと》の例外をも認めず』をとりあげてみよ。これらの命令が一つ残らずことごとくいかにその正当な状態から転落してしまったかを考えてみよ。しかも新しい戒告（教団僧たちの）もその最初の尊厳なるべき日からもはやすでに恐ろしいほど崩壊し去っているではないか。僧侶たちは挙《あ》げて高慢と姦淫と貪欲に熱中している。パリにせよ、オクスフォードにせよ、僧侶たちの集まるところ、そこにはいつでも闘争、喧嘩《けんか》、その他さまざまな悪徳が俗人たちの耳をにぎわしている。……ただその欲望をみたすことさえできるならば、たといいかなる手段を用い、何がいかになされようとも、少しも意に介するところではないのだ」。また古代異教徒の聖者たちについては、ベーコンはこう書いている。「たとえば、なんぴともアリストテレス、セネカ、アヴィケンナ、アルファラビウス、プラトン、ソクラテスその他の人々の著述のなかによむことができるように、彼らの生活は、その端正なることにおいて、その世俗への蔑視《べっし》において、そのあらゆる歓喜、富、名誉において、現代人の生活よりも比較を絶してすぐれていた。つまり、それというのも、彼らが智慧の秘奥に到達し、あらゆる知識を発見したからなのだ」。ここに引用したロジャー・ベーコンの意見は当時のあらゆる文人たちの意見でもあった。つまり彼らのうちの一人でも、彼らがその中で生活していた時代に似ないものはなかったのだ。私は差し当たってこのようなペシミズムがなんらか形而上《けいじじょう》的な原因をもっていたとは信じない。むしろその原因は戦争であり、貧困であり、暴行であったにすぎない。

クラッチ氏の著書の中でいちばん感傷的な章の一つは、恋愛問題を取り扱ったものである。私たちは、現代の巧みな理論癖によって恋愛というものをすっかりわかってしまったようではあるが、ヴィクトリア王朝時代の人々は恋愛を非常に高く考えていたかのようである。「ヴィクトリア王朝時代の非常に懐疑主義的な人々にとってすら、なお恋愛は、彼らがすでに見うしなってしまったところの神の働きの幾分かを成就するものであった。恋愛に直面したとき、最もかたくなな人々でさえ、一瞬にして神秘主義的に早変わりした。彼らはその時自分のうちに目ざめてきたあるもののなかに、これ以外の他のなにかではとうてい私たちに向かって要求することもなかったような一種の崇厳の感じを、しかも彼らの存在のいちばん深いところで感じたように思われる、——それゆえに、また無条件にそれに対して頭を下げるに値いするように思われるあるものを、見出した。彼らにとって、恋愛は神のごときもの、いっさいの犠牲を要求するものであった。しかしそれと同時に、恋愛はまた神と同じく、これを信ずる者には、人生のあらゆる現象に、分析しつくすことのできぬ一つの意味を付与することによって、報いてくれるものであった。ところで、現代のわれわれは——ヴィクトリア王朝時代の彼らよりも——神なき宇宙に対していっそうよく馴《な》れっこになっている。が、だからといって、われわれはいまだ全然恋愛なき世界には馴れていない。しかもわれわれが恋愛なき世界に馴れるにいたったとき、その時初めて、無神論とはほんとうには何を意味するものであるかということを悟るだろう」。ヴィクトリア朝時代に生きていた人々にとってその時代が映じたのとは、全くちがって、ヴィクトリア朝時代が現代の青年の眼に映じているということは、全く奇妙なことである。私は私の若かったころなじみの深かった二人の老嬢を知っている。彼女たちは二人ともその時代のある種の面をそれぞれ典型的に示していた。一人は清教徒であった。もう一人はヴォルテール主義者であった。前の方の老嬢は、こんなにも多くの詩が恋愛を取り扱っていることを遺憾《いかん》としていた。彼女の意見によれば、恋愛はちっともおもしろくもおかしくもない主題なのだ。ところで、後の方の老嬢はよく言っていた、「どなただって私のいうことに反対させませんわ。いつも言ってるように、モーゼの十誡《かい》の七番め*を破ることだって、六番目*のそれと同じように、それほどに悪いことじゃありませんもの、なぜって、とにかく姦淫するには相手の承諾がいるんですものね」。ところで、この二つの意見のどっちも、クラッチ氏が典型的にヴィクトリア的と言っているものと、全く似ても似つかぬものである。クラッチ氏の考えは、だから明らかに、当時の環境と全然一致していなかったような作家たちの中から抜き出されたものである。私の想像するところでは、その最適の例はあのロバート・ブラウニングだと思う。もちろん、だからと言って、クラッチ氏が考えているように、恋愛には何か窒息的なものがあるという確信に私は反対するわけではない。

＊モーゼの十誡の七番めとは、「汝、姦淫するなかれ」であり、六番目とは、「汝、殺すなかれ」である。（訳者）

「神は讃《たた》うべきかな。彼の被造物のうちのいと卑しきものですら、二つの魂の面を誇っている、一はこの世に向かうための面、一は彼が彼女を恋するとき、恋する女に見せるための面」

この詩は、どんなにうまくやってもこの世に対しては、闘《たたか》いを交えたくなるということこそ、可能な唯一の態度であることを物語っている。なぜであろうか？　なぜなら、この世は残酷だから、とブラウニングは言うだろう。だが私たちだったらむしろこう言うべきなのだ、なぜなら、この世は諸君を、諸君自身が自分のことを評価するように、受けいれようとはしないものだから、と。一組の男女は、ブラウニングが身をもってやったように、お互いにほめ合う社会を作ることができるかもしれない。諸君の仕事を間違いなしにほめそやしてくれる——ほめられるだけの値打ちがあろうがあるまいが、それにはかかわりなく——誰かある人を身近に持つことは、全く愉快なことだ。だからこそ、ブラウニングがブラウニング夫人の代表詩「オーロラ・リー」(Aurora Leigh) をフィッツジェラルドがあえて賞賛しなかったことに対して彼を仮借ない言葉でやっつけたとき、疑いもなくブラウニングは、自分があっぱれ男性的な男であることを感じたろう。ブラウニング夫婦が両方ともこのように完全に批評的能力を停止させてしまったことがほんとうに賞賛に値いすることだとは、私は思わない。彼ら夫婦がお互いに批評し合わなかったということは、公平な批判の冷たい風を恐れたこと、さらにまたこの風から避難所を見つけ出したいという欲望と、からみ合っている。たとえば、多くの年取った独身者は、自分一人きりの炉ばたから、これと似たような満足を見つけ出すことを学ぶものだ。いや、どうやら、クラッチ氏の標準ではかってみれば、私は近代人としては、あまりにも、長々とヴィクトリア王朝時代の中に生活し過ぎたようである。私は決して恋愛のなかで私自身の信念を見うしなってしまったわけではない。ところで、私がいいと思う恋愛の種類は、ヴィクトリア朝時代の人間がほめたたえた恋愛とは異なるものだ。それは大胆でしかも細心な恋である。それは善についての知識を与えると同時に、悪についても忘却するものではない。それは神から祝福されたとか神聖であるとかいうふうに見せかける恋ではない。祝福されたとか神聖とかいった性質を、恋愛の種類にくっつけ、そしてこれをたたえたのは、性的タブーの生み出したものにほかならない。ヴィクトリア朝時代の人々は、過半の性《セックス》が悪であると心の底から信じていた、そしてそれゆえに、彼らが承認することのできるようなセックスに対しては誇張された大げさな形容詞をくっつけざるを得なかったのだ。当時においては、今日よりもはるかに性的飢餓が強かった。そしてこれこそ、疑いもなく、当時の人々をして性の重要性を誇張せしめた原因にほかならない、ちょうどいつでも禁欲主義者がやってのけたように。私たちは今日、多少ならず混乱した時期をくぐり抜けつつある。多くの人々はすでに古い標準を投げすててしまった、しかしまだ新しい標準はこれを獲得していないのが今日である。そのため人々はいろいろな困難におちいっている。それは彼らの無意識がなお相変わらず古い標準をいいと思い込んでいるがための困難であり、このような困難が訪れるや否や、それは絶望と嫌悪《けんお》と道徳的懐疑主義《シニシズム》を生み出さずにはおかぬのだ。私はこういう状態にある民衆の数が非常に莫大《ばくだい》だとは考えない。だが、現代の選挙権所有者の大半はそうした連中なのだ。もし誰かが今日のまあ普通にやっている青年層の代表的な一人と、ヴィクトリア朝時代の代表的な青年の一人とを取りあげて比べてみたとすれば、彼は恋愛に関しては、六十年前よりも今日のほうがいっそう幸福であり、恋愛の価値についてもいっそうほんものの確信があるだろうと、私は信ずる。ある種の人々をこの犬儒的な懐疑主義に導く理由、それは旧時代の理想が人間の無意識の上に暴力を振るうことと結びついており、また、現代の人々がそれによって彼らの行為を統御し得るような合理的な倫理の存在しないことと結びついている。これがための療法はもとより過去をなつかしがり、現代をなげくことのうちには存在しない。むしろ、現代のものの見方を大いなる勇気をもって受けいれ、形式的には一応否定されたさまざまな偏見迷信をそのうす暗い隠れ場所から断固として取り出し、これを捨て去ることである。

なにゆえある人が恋愛を高く評価するかということを簡単に説明することは容易ではない。だが、それでも私はこの企てをやってみようと思う。まず第一に、恋愛はそれ自体のなかにもっている歓喜の源泉として高く評価せられる、——これは恋愛の最大の価値ではないが、しかしこれ以外の価値に比べれば本質的なものである。

「ああ、恋！　人々は汝をあしざまに罵《ののし》る、汝の与える甘さは苦いものだと言ってきかせる。汝の豊かなる果実こそ、より以上甘美なるものの世に一としてあり得ぬほどのものなるに」

この詩の匿名の作者はもとより無神論に対する解決や、宇宙についての鍵《かぎ》を求めていたわけではない。彼はただ単にたのしんでいたにすぎないのだ。しかも、恋愛は単に歓喜の源泉であるだけではない。それのないことは苦痛の源泉でもある。第二に、恋愛はそれが音楽とか山頂の日の出か満月の下の大海というような最もよき快楽をいっそう大きくしてくれるものであり、それゆえに、高く評価さるべきものである。自分の愛する女性といっしょにいてこのような美しい事物をいまだかつて一度もたのしんだことのない男、そういう男はこれらの事物が人間に与え得る魔術的な力を、あふるるまで、体験したことのない男である。さらにまた、恋は自我《エゴ》の強いカラをつき破ることができる、なぜなら、恋は生物的協力（cooperation）の一つの形式であり、この形式の中では二人各自の感情が相手の本能的目的の実現に必要なのであるから。いままで、この世には、いろいろな時代に、いろいろな孤独の哲学者が存在していた。その中のある者は非常に高貴であり、他の者はそれほどでもなかった。ストア派の哲人たちと初期のキリスト教徒たちは、人間が彼自身の意志のみによって、あるいはともかくも他の人間的援助をまたずして、人間生活に可能な最も高き善を実現し得るものだと信じた。ところで、他の哲学者たちは力をもって人生の目的と考えた。さらにまた他の者は単なる個人的快楽をもって人生の目的とみなした。こうした見解が孤独な哲学であるのは、善というものが大なり小なり人々のより集まった社会《ソサエティ》においてではなく、ひとりひとり切り離された個人において実現され得るものだと思い込んだという意味においてである。だが、私の考えによれば、こうした見解はことごとく間違っている。単に倫理説として誤っているのみならず、われわれの本能のたいせつな部分の表現として見て、誤っている。人間はお互いの協力に依存するものである。そして人間は、生来、そこから協力のために必要な友情が湧《わ》き出てくる本能的な器官を——ただしほんとうのところ、幾分不適切にではあるが——賦与されてきている。ところで、愛情こそ協力をもたらす感情の中で最初のかついちばん一般的な形式である。なんらかの強さで恋愛をかつて経験したことのある人たちであったら、人間の最高善は愛された相手の人の最高善と無関係であるなどと説く哲学ではとうてい満足することはあるまい。この点で、親の子に対する感情は、さらにもっと強力なものである。しかもこうした親の感情も、その最も善い形においては、父と母との間の夫婦愛の結果にほかならない。私はこの最高の形式における恋愛が普通どこにでもあるなどとは言わない。けれども、その最も高い形においては、恋愛は、それ以外の場合にはいつまでも知られぬままに埋もれている価値を啓《ひら》き示すものであり、また恋愛がそれ自体、懐疑主義によっては一指も染められないような価値をもつものであることを、私は強く主張する。実際、懐疑論者などというものは恋愛不能者であり、しかも彼らは自分自身のこの不能を、間違ったことには、彼らの懐疑主義のせいにしてしまうことが多いのである。

「ほんとうの愛は燃えつづける火である、
それは心の中で常に燃えつづける、
それは病むこともなく、死ぬこともなく、冷たくなることもない、自分自身から決してどこかへさまよい出ることもない」

ところで、次にクラッチ氏が悲劇について言おうとしているところを考えてみよう。彼はイプセンの戯曲『幽霊』がシェークスピアの『リア王』よりも劣っていると論ずる。そしてこの点で、私は彼に全然同意せざるを得ないのだが、――彼は言う、「表現をいかに増し加えたとしても、言葉をいかに豊富に恵まれたとしても、とうてい、イプセンをシェークスピアに変えることはできないだろう。シェークスピアが彼の作品をそれから作りあげたところの素材――詳しく言えば人間的威厳についての彼の把《は》握《あく》の仕方、人間的情熱の重要性についての彼の感覚、人間生活の豊饒《ほうじょう》さについての彼の洞察《どうさつ》――は、簡単に言って、イプセンにはなかったところのものであり、またあり得なかったところのものである、ちょうど、そうしたものがイプセンの時代の人々にとっても存在せずまた存在し得なかったのと同じように。『神』も『人間』も『自然』もこれらすべてのものは、シェークスピアからイプセンにかけての時代の間に幾分か色あせてしまった。というのは、近代芸術のリアリスティック（写実主義的）な信条が、われわれをして平凡な人間をさがし求めさせたためではない、そうではなくして、われわれのものの見方を正当づけてくれたところのリアリスティックな芸術理論の発達を促したと同じ過程の作用によって、人間生活のこうした凡庸さがわれわれの上に強くのしかかってきたためなのだ」。たしかに、王妃や彼女の悲しみを取り扱っている昔風な悲劇の種類が現代にふさわしくないということは充分あり得るし、また、私たちが愚昧《ぐまい》なひとりの個人の悲しみを王妃の場合と同じようなやり方で描こうとする場合にも、その効果は同一ではあるまい。しかし、こうしたことの起こる理由は私たちの人生観が頽廃《たいはい》したためではなくして、むしろ全くその反対なのだ。つまり、私たちはもはやある種の個人をこの地上の偉大な人間、——彼らのみが悲劇的情熱への権利をもっているのだと考え、残余の人間どもはこの少数の偉大な人間の偉大さを生み出すためにただもうアクセクと働くよりほかはない、というふうに考えることができないということ——この事実こそ、その理由なのだ。シェークスピアは書いている——

「乞食《こじき》が死んでも彗星《すいせい》は現われぬ。
王妃の死こそもろもろの天を燃え立たせるのだ」

シェークスピアの時代には、こうした感傷は、たとい文字どおりに信ぜられることがなくても、少なくとも事実上一般的であった考えを表現していたのであり、また、それはシェークスピア自身によっても心から受けいれられていたものであった。そしてそれであるからこそ、詩人シンナ（Cinne）の死（コルネイユの悲劇に出てくる——訳者）はこっけいであるのに、シーザーやブルーツスやカシウスの死は悲劇的なのだ。ひとりの個人が死ぬということのもっている宇宙的な意味は、もはや私たちには、見失われてしまっている。なぜなら、私たちは外部的な形式においてのみならず、私たちの奥深い内面的な確信においても、すでにデモクラティックとなっているからである。それゆえ、現代における高い悲劇は、個人に関するものであるよりも、むしろ社会に関するものであるよりほかはない。私は、私がいま言っていることの実例として、エルンスト・トラーの「群集人間」をあげようと思う。私はこの作品が過去の黄金時代に作られた最高の作品と同じようにいいものだとは主張しない。だが、私はそれが正しく肩を並べるに足るものだと主張する。それは高貴であり、深刻であり、かつ現実的である。それは英雄的行為を取り扱ったものであり、アリストテレスの言葉をかりれば、まさに「読むものの心を同情と畏怖《いふ》によって浄化せ」ざればやまぬものである。実際、こういったたぐいの悲劇の実例は、今日いくらもない。というのはほかでもない、昔風な技巧や昔風な伝統は当然すて去られねばならず、しかもそれに代わるある。悲劇を書くためには、人は悲劇を感じなければならないからである。悲劇を感ずるためには、人は彼がその中で生きている世界を、単に精神をもってのみならず、彼の血と筋肉をもって、感受しなければならない。クラッチ氏は時々、彼の著述のいたるところで、絶望について語っている。そして人はこの荒涼たる世間を彼が英雄的に受けいれていることについて感動させられる。だがしかし彼のこうした荒涼索莫《さくばく》の由《よ》ってくるゆえんは、彼および過半の文筆家たちがいまだ、新しい刺激に応じて古い昔風な感情を動かすことを学び取っていないという事実にもとづいているものである。刺激はあるのだが、文筆の世界にはない。文筆の世界は現実の社会生活と血肉をもって接触していない。しかも、もし人々の感情がその中で悲劇も、同様にまた真の幸福もいとなまれているまじめさと深さをもとうとするのであったら、こうした血肉をもっての接触こそ何よりも必要なのだ。この世には、自分たちにとってなすべきことは何一つないのだという感情をもってさまよい歩いている有能な青年諸君に向かって私はこう言おう、「ものを書いてみようなどとするな、それどころか、ものを書かないように努めたまえ。実世間に出て行くがいい。海賊にでも、ボルネオの王様にでも、あるいはまたソビエト・ロシアの労働者にでもなるがいい。人間の最も原始的な身体的要求の満足が諸君のあらゆるエネルギーを吸い取ってしまうような生活のなかへ飛び込むがいい」。私はもちろんこういう行動の仕方をすべての青年にすすめるものではない。私はただクラッチ氏が診断しているような（近代人的）疾患になやんでいる青年たちにだけ、これをすすめる。こういう生活を数年間やってみたまえ。やがて知性の外にある意志が、諸君の努力にもかかわらず、諸君をして否応《いやおう》なしにものを書かせるようになるのを見出すだろう、そしてそういう時期がひとたびくれば、諸君がものを書くということはもはや諸君にとって徒《いたず》らなことには映じないだろう——私はそう信じている。

3 競 争

アメリカの誰かに向かって、あるいは英国の誰か事業家に向かってきいてみたまえ。あなたの生活のよろこび《エンジョイメント》をいちばん邪魔しているものは何か？ 「生活のための闘争だ」と彼は答えるだろう。しかも彼はこの返事を非常にまじめに言うだろう。ある意味においては、たしかにそのとおりである。しかし、別の、いや非常に重要な意味においては、この返事は根本的に間違っている。生きるための闘争は、たしかに、どうでも起こってくる事柄にちがいない。私たちが不幸であるとき、この闘いは私たちの誰にも彼にも起こってくるものだ。たとえば、それはコンラッドの描いた主人公フォークの場合にも起こった。彼は遺棄された船の上に乗っていた。この船に乗り合わせていた二人の人間のうち、一人だけ火器をもっていた。そして食うためには相手のもう一人を食うよりほか、なにひとつなかった。二人の人間は仲よくたべられる食物をくいつくしてしまった。いまやほんとうの生きるための闘いが始まった。フォークが勝った。しかしそれ以後彼は永久に菜食主義者になってしまった。ところで、実業家《ビジネスマン》たちが「生活のための闘争」という言葉を口にする場合、その意味するところはいま言ったような闘いの意味ではない。ほんとうのところは些細《ささい》な事である或《あ》るものに威厳をもたせるために、実業家がこういう言葉を使うのは不正確である。かりに彼にきいてみたまえ、君たちの生活仲間で飢えのために死んでしまったような人間を君たちは幾人知っているか？　さらにまた彼の友人たちが破産してしまった場合、その友人たちがどうなったかをきいてみたまえ。誰でも知っているように、破産した実業家というものは、事、物質的な快楽に関するかぎり、破産するだけのチャンスをもてるほどの金を一度もつかんだことのない人間よりも、ずっとよく暮らしているものだ。そこで、人々が生活のための闘争といっているものは、ほんとうのところ、成功のための闘争にほかならぬものである。人々が闘争しているときに、彼らが恐れるものは、翌朝の朝食がたべられないことになるかもしれないということではなくして、下手をすると隣り近所の人たちの前でいばれなくなるかもしれないということなのだ。

自分たちはどうしてもそこからのがれることのできない一つの機構《メカニズム》につかまえられているわけじゃないのだ、ということをほんとうにわずかの人たちしか知っていないということ、そしてまた、いつまでも千篇一律の単調な仕事にかじりついているのは、そうやっているかぎりもっと高い水準に自分を引き上げることにはならないということに気がつかないためだということを、ほんとうにわずかな人しか知っていないということ――これは実際おかしな話である。もちろん、私がいま考えているのはビジネスの世界で相当にやっている人々、つまりすでに相当の収入をもち、もしそうする気になるとしたら、現在もっている財産で充分くっていけるような人たちのことである。ところで、彼らが仕事をやめて、財産で食っていくということは、彼らにとっては、ちょうど敵を前方に見ながら軍隊から身を引くことのように、言わば恥ずべきことだと考えられるのだ。そのくせ、もし諸君が彼らにきいてみるがいい、貴方《あなた》は貴方の仕事によって何か公共のためになるようなことをしているのか？　と。コツコツ働いていることを見せびらかすということのくだらなさ加減にもし彼らが思いおよんだとするならば、そのときおそらく彼らは返事に窮するだろう。

ところで、こういった人の生活を考えてみたまえ。彼は、私たちの想像し得るところで、チャーミングな住宅をもっている。チャーミングな妻と同じくチャーミングな子供たちを持っている。彼は朝、早々と、妻や子供たちがまだ寝ているうちに眼をさます。そして事務所へかけつける。事務所――そこで非常な実行力を示すことが彼の義務である。彼はしっかりした口元、断固とした口のききかた、給仕は別として誰にでも印象づけようとして取られる賢明な寡言無口のふう、を練習し身につける。彼は手紙を口述する。電話でいろいろな方面の重要人物と話をとりかわす。株式市場を研究する。それから、彼が現にあやつりつつあるところの、ないしこれから大いにあやつろうともくろんでいるところの誰かある人と昼食を共にする。これと同じ事が午後になっても行なわれる。彼は帰宅する、彼は疲れている、それはちょうど晩餐《ばんさん》のために着替えるのにやっとの時刻である。晩餐の席上では、彼および他の幾人かの疲れきった男たちは、いままでまだちっとも疲れる機会などをもたなかったレディたちの仲間を、喜んでいるように見せかけねばならぬ。この憫《あわ》れな男がそこから逃げ出すにはいったいどれくらいの時間がかかるものか、これは見通すことが不可能である。最後に彼は眠りにつく。そしてやっと五、六時間、緊張がほぐれるのみである。

この男の労働生活は百メートル競走の心理に似たものを持っている。ただ、彼が走っているレースは墓場を唯一のゴールとしているがため、百メートル競走だったとしたら充分適切と言えるエネルギーの集中が結局のところ多少ならず行き過ぎということになってしまう。いったい、彼は自分の子供たちについて何を知っているか？ウィーク・デーには彼は事務所にいる。日曜日にはゴルフリンクにいる。さらに彼は自分の妻について、どれほどのことを知っているか？彼が朝、彼女のもとを去るときには、彼女はグッスリ眠っている。晩飯後の彼と彼女は社交的義務にいそがしい。そのため二人は親しい会話をとりかわすことができない。彼がそうしてもらいたいと思う愛想よさを彼にふりまいてくれる幾人かの友人はこれを持っているかもしれない。しかしおそらく彼にとってたいせつな男の友達を一人として持っていないだろう。春とか秋とかについては、それがただ株式に影響するかぎりにおいて知っているにすぎない。彼はたぶんかつてヨーロッパ見物に出かけたかもしれない。しかしただ、退屈でやりきれない眼で見物したにすぎないだろう。書物なんてものは彼には無益なものとしか映じない。音楽に至っては高尚すぎる。年とともに彼はひとりぼっちになっていく。彼の注意力はいっそう仕事に集中しビジネス以外の彼の生活は乾《ひ》からびきったものになってしまう。私はかつて、ヨーロッパで、その夫人と令嬢を同伴したこういうタイプの中年過ぎの男を見たことがある。見たところ明らかに、彼の妻と娘とが説いて、このあわれな男に、いまこそ休養をとる時期だと思い込ませ、かつ彼の娘たちに「旧世界」（大陸のこと――訳者）を訪問するチャンスを与えたものらしい。母親と娘たちはすっかり興奮して彼をとり巻き、そして彼らにはすばらしいものと思われる新しい事柄のひとつひとつに彼の注意をうながしていた。ところがこの家長《パーテルファミリアス》はすっかりうんざりしているし、全然やりきれなくなっている。彼はいまごろ事務所にいたとしたらやっているだろうことを考え、あるいはまた野球はどうなったかを考えている。とうとう、彼の同伴者たる女族たちは彼のことを思いきってしまい、男なんて俗物だと結論を下してしまう。妻と娘たちには彼が彼らの貪欲《どんよく》の犠牲であるということがまるっきりわからぬのである。いや、それどころか、もっとほんとうのことを言うならば、ヨーロッパの一傍観者の眼には、彼が例の夫にしたがっての寡婦殉死以上のものとして映っているということもさっぱりわからぬのである。おそらく昔の寡婦殉死にあっては、十の場合九つまで、寡婦は光栄のために身を焼かれるのだという覚悟をもったところの、あるいはまた宗教がそういうふうに命じたゆえの、みずから進んで犠牲となったものであったろう。ところで、このビジネスマンの宗旨と光栄は、彼が多くの金を作るべきことを彼に要求する。そこで、彼はあたかもヒンズー教徒の寡婦のごとく、この呵責《かしやく》を進んで受けるのだ。もしアメリカの実業家たちがもっと幸福にさせられることが必要だというのなら、彼らはまず第一にその宗旨を変えねばいけない。アメリカのこうした実業家が単に成功を望むだけではなく、成功を追求することこそ男たるものの義務であり、そして成功を追求しないような男は一個のあわれむべき人間にすぎないということを心から思い込まされているかぎり、彼の人生は永久に成功に向かって集中され過ぎたものとなり、幸福でありたいばかりにあまりに気をもみ過ぎることになるだろう。たとえば、投資という簡単な例をとってみよ。多くのアメリカ人は安全な投資で四分もうけるよりは、危険な投資で手早く八分もうけるほうをとるのが常である。その結果は、しばしば金をすってしまうか、あるいはたえず心配しいらいらするか、どっちかである。私の意見を言うならば、私が金というものからとり出したいと思うところのものは、安全性をもった閑暇ということである。ところで、典型的な近代人が金によって求めるところのものは、いっそう多くの金、それも見せかけと華《はな》やかさといままで自分と同じ仲間であった連中を顔色なからしめようという考えをもったいっそう多くの金である。アメリカの社会的階級別はきちんときまっていないし、また絶えず動揺している。したがって紳士気取りの連中の感情は社会秩序がきちんと固定しているところにおけるよりもいっそうはなはだしく不安定である。しかも、もちろん、金そのものが人々を偉大《グランド》にさせるに足るものではないとしても、それでも一文も持たずにすばらしくあることはむつかしい。それのみではない。どれくらい金を作ったかということは、頭脳を測定する公認の尺度である。たくさん金をもうけた男はかしこい男である。もうけなかった男はかしこくないのである。そして誰もバカと人から考えられることを好まない。そこで、株式市場が不安定な状態にあるときには、人々はまるで試験期間中の青年のような感情になる。

破産したらどういうことになるかという、不合理な、しかしほんものの恐怖の要素がしばしば、実業家の煩悶《はんもん》の種子になるということは、どうも承認せざるを得ないことだと思う。アーノルド・ベネットの作品のなかのクレイハンガアは、金持ちになっていながら、相変わらず、仕事場で死にはしないかと恐れている。その幼少年時代にひどく貧乏で苦しんだ人間が、彼らの子供たちも同じように苦しむようなことがあっては、という恐怖にかりたてられ、しかも、それにもかかわらず、この貧乏という災《さい》厄《やく》に対する塞《とりで》として数百万円を作りあげることがなまやさしいことではないと感ずる——私にもそういう気持ちはよくわかる。こういう恐怖はおそらく一代めの両親にとっては避けがたいものであるだろう。だがしかし、いまだかつて一度もひどい貧乏を経験したことのない連中にとっては、こういう恐怖もそれほど彼らをなやますことはあるまい。こういう恐怖は、かりに多少はあるとしても、大したものでもないし、したがって問題としてやや例外的な要素である。

禍《わざわ》いの根源は、他人との競争上の成功を幸福の主たる源泉としてあまりにも強調し過ぎるところに由来する。成功したいという感情が人生を容易にたのしいものにさせるものだということを、私も否定はしない。たとえば、その青年時代をまるで世間に知られずに過ごして来た画家は、一度その才能が認められるや否や、非常に幸福になるだろう。さらにまた、金というものが、ある一点までは、幸福を増大するうえに非常に役立つものであることを、私も否定はしない。しかしその一点を越えてなお、金が幸福を増大せしめるとは思わない。つまり、私の言いたいことはこういうことなのだ――成功は幸福のなかの一つの要素にはなり得る、けれども、もし他のあらゆる要素が成功を獲得するために犠牲にされたとしたら、成功の値いはあまりに高価となり過ぎる。

成功にからんでくるこうした禍いの根源は、実業界に流布している人生観である。ヨーロッパには、実際のところ、実業界以外に、名声をもっているところの他の幾つもの世界《サークル》がある。ある国々には貴族がいる。さらにまたいかなる国にも学者という職業があり、ごく少数の小さな国を除いて、すべての国々には陸海軍人が非常な尊敬を楽しんでいる。ところで、その人の職業が何であれ、成功ということのなかに競争的要素が含まれていることは事実である。だがそれと同時に、尊敬されるものの種類は、まさに成功ということではなくして、いかなる種類のものにせよ、かつて彼の成功の因をなしたところの卓越しているということである。科学者は金を作るかもしれないし作らないかもしれない。そして金を作らなかった場合よりも、作った場合のほうがそれだけ余計尊敬されるとはかぎらない。すぐれた陸軍の将軍あるいは海軍の提督が貧乏であったからといって誰も驚きはしない。それどころか、こういう場合には、貧乏はそれ自体一つの名誉なのである。そこで、こうした理由のために、ヨーロッパでは、金のためだけの競争的奮闘は、ある種の社会に限られている。しかもそうした社会はおそらく最も声望のある、あるいは最も尊敬される社会ではないだろう。だが、アメリカへ来ると事態は一変する。陸海軍は、国民生活の標準になんらかの影響を与えるにはあまりに小さな役割しか演じていない。学者という職業については、門外漢には、あるドクトルがほんとうにそれだけ医学を知っているのか、あるいは弁護士がどれだけ法律に通じているものか、さっぱりわからない。そこで、こうした人々の功績を判断するには、彼らの営んでいる生活程度から推察される収入の多寡によるのが早道である。教授に至っては、彼らは実業家の雇う召使にすぎない。そして他の国々において教授に与えられる尊敬よりもずっと少ないそれをかち得ているにすぎない。すべてこうした事の結果、どういう事が起こったか。アメリカでは、専門的な職業人は実業家たちをまね、そしてヨーロッパにおけるように、一種別のタイプを構成することはなかったのだ。だから、ひととおり裕福にやっている階級の全部にわたって、経済的成功のためのムキ出しの、容赦なき闘争を緩和するに足るものがアメリカには一つもないのである。

全くずっと幼い年ごろから、アメリカの子供たちは金銭的成功こそ唯一の重大な事柄だと思い込んでいる。そして金銭的価値をもたぬいかなる教育にも悩まされることを欲しない。教育は従来享楽（エンジョイメント）の能力を訓練することとして、だいたい考えられるのが常であった。――ここで、エンジョイメントというのは、全然教養のない人々には関係のないきわめてデリケートな享楽のことであるが。十八世紀においては、文学、絵画、音楽について見識のある快楽をもつことが「紳士」たるものの資格の一つであった。私たちは、今日、こういう趣味には賛成しないかもしれない。しかしそれは少なくともほんものの快楽《ジエヌイン》であった。今日の金持ち連中もしばしば教養をもっている。しかし、これとは全くちがったタイプのものであることがまれではない。現代の金持ちの場合、彼は決して本なんかはよまない。彼が画廊を作ろうとする場合には、それによって彼の名声をあげることが目的であり、どんな絵画を選ぶかについては、彼はこれを専門家に一任する。彼がそれらの絵画からとり出す快楽は、その絵を鑑賞する快楽ではない。そうでなくして、他の金持ち連中がその絵画をこれで所有することができなくなったという喜びなのだ。音楽についてはどうか。たまたま彼がユダヤ人であるとしたら、彼はほんものの鑑賞力をもっているかもしれない。しかしそうでない場合には、他の芸術についてと同じように、彼は全く無教養であるだろう。そこで、すべていまいったような事柄の結果として出てくるものは、――彼が自分の閑暇《ひま》をどうつぶしたらいいのか知らないということである。彼はどんどん金持ちになっていく。するとますます金を作ることが容易になってくる。あげくのはてに、一日たった五分間仕事をするだけで、彼がその使い方を知っている以上の金が彼のところにころがりこんでくることになる。このようにして貧乏人が一朝成功すれば、その成功の結果として一定の職にありつけないことになる。成功そのものを人生の目的として考えた場合、以上のようなことがいやでもその避けがたい事態となるだろう。成功の暁、その成功をもってどうするかということを人間が教えられてこなかったとすれば、成功の達成は、結局、彼を退屈の餌食《えじき》にするよりほかはないのだ。

他人と常に競争しようとする心の習慣は、容易に、本来競争のないような世界にまで侵入するものである。たとえば、読書の問題をとりあげてみよ。本を読むのにはおよそ二つの動機がある。一つは諸君がそれをたのしもうという動機、もう一つは読んだ本について自慢できるという動機。アメリカでは毎月数冊の本を読む（あるいは読んだように見える）ことがレディたちにとって流行となっている。ある者はそれらの本を読むし、他の者は第一章だけを読む。さらに他のものは紹介だけを読む。だがとにかく、女性という女性はそのテーブルの上にそれらの書物を積んでいる。ところで、彼らは決して古典の傑作はよもうとしない。『ハムレット』とか『リア王』とかが読書クラブによって選定されたような月はいまだかつて一度もなかった。あるいはまたダンテについて知ることを要求されたような月はいまだかつて一度もなかった。そこで当然、よまれるものは全部最新の書物である。しかもこうした新しい書物が傑作であるなどということは、もちろん、まれであり、むしろ傑作であったためしがない、といってもいい。こうしたこともまた、競争の生んだ一つの結果にほかならない。だからといって、全部、悪いというわけではない。なぜなら、これらのレディたちの過半は、もし彼女たちに本の選択をまかしたとしたら、傑作をよむどころか、読書の指導者たちが彼女らのために選定した書物よりもいっそう悪い書物をよむであろうから。

近代生活において、競争に重点をおいたということは、ちょうど、アウグスティヌス大帝時代の後のローマに起こったに相違ないと思われるような文化的標準の一般的な低下と、結びついている。男も女も、非常に知的な快楽をたのしむことができなくなったようである。たとえば、十八世紀のフランスのサロンにおいて完成せられた普通一般の会話の技術は、なお、それでも四十年ほど前までは、一つの生きた伝統であった。ところで、それは完全に消えてなくなってしまうもの（言語）のために最高の能力を働かすという意味で、一個の非常に微妙な技術であった。だが、今日こうした事柄のために思い煩うほど暇な人間が一人でもいるだろうか？　中国においては十年前までは、芸術がなお完全に花開いていた。けれども、私の想像するところでは、「国民党」の宣教的な情熱がその後、この芸術を完全に払拭《ふっしょく》し去ってしまったようである。五十年ないし百年前までは教養ある民衆の間に一般的であったよき文学についての知識は、今日では、少数の教授たちに限られてしまっている。静かな快楽は全部捨て去られてしまったのだ。数人のアメリカの学生たちが、ある年の春、校庭の境にある森の中へ私を散歩に連れて行ってくれたことがあった。その森のなかはデリケートな野草の花でみたされていた。ところで、私の案内に立った学生の中の一人としてこれらの花の名前を一つとして知っている者はいなかった。こういう知識がいったい何の役に立つか？　それはなんぴとの収入をもふやすことはあり得ない知識なのだ、というのでもあろうか。

禍いは単にひとりひとりの個人のなかにあるのではない。あるいはまた個々のひとりひとりが自分たちの単独の場合にだけ禍いを防ぐということはできるものではない。禍いは一般の人々によって受け入れられた人生観——つまり、人生はコンテストであり、競争であり、そこでは優勝者にのみ尊敬が払われるという人生観に由来している。こういう人生観は感性や知性を犠牲にして意志だけを不当にやしなうという結果をもたらすものだ。いや、ひょっとしたら、上のように言う場合、私たちは本末を転倒しつつあるのかもしれない。いままでのところ、清教徒の道徳家たちがいつも強調してきたものは、近代においては意志であった、元来、彼らの力点をおいたものが信仰であったにもかかわらず、だから、この清教主義《ピューリタニズム》の時代が感性や知性はこれを餓死にひんせしめておいて、意志だけを不当に発達させた競技《レース》を生み出し、このような競技《レース》がその本性に最も適するものとして競争の哲学を取りあげたのであるのかもしれない。とにかく、その前史的な原型がそうであったように知性よりもむしろ力を愛するところのこの近代的恐竜の驚異的な成功こそ、人々をして一般にこれを模倣せしめつつあるのであろう。かくて、この競技・競争という恐竜は白人にとってはいずこにおいても一つのパターーン（型）になってしまった。そしてこういう現象はおそらく今後二百年間いよいよ圧倒的になりそうに思われる。だが、こういう流行の中に立っていない人々は、恐竜は結局のところ勝利を占めはしなかった、彼らは互いに殺し合い、その結果、知性のある傍観者が彼ら恐竜の王国を継いだのだという考え方のうちになぐさめを見出《みいだ》すかもしれない。たしかに、現代の恐竜もまた彼ら自身を徹底的に殺しつつある。彼らは、平均して、結婚一組につき二人以上の子供をもってはいない。彼らは子供を生みたいと思うほど生活をエンジョイしていないのである。この点で、彼らがその清教徒の父祖たちから受けついできたところの努力を不当に高く評価した哲学は、もはやそれ自体、現代にはふさわしからぬものだ。その人生観がもはや子供を生みたいと思わなくさせるほど、わずかな幸福をしか感じ得なくなった人たち、彼らは生物的にすでに命数のつきることを定められた人たちである。彼らはもうとっくの昔、もっと華やかな、もっと悦《よろこ》ばしい何かあるものによって受けつがれるべき人々なのだ。

人生における主要な目標として競争を掲げることは、あまりにも冷酷な、あまりにも執拗《しつよう》な、またあまりにも筋肉と意志をいたずらに緊張せしむる態度であり、これをもって人生のためのほんとうの基礎となしうるのは、せいぜい一代か二代の話である。こうした生活態度で相当の期間たつならば、やがてそれは神経の疲労を、いろいろな逃避現象を生み出し、快楽の追求をあたかも仕事かなにかのように緊張させるまた困難なことにさせてしまい、(なぜなら弛緩《しかん》することはもはや困難になってしまったのだから)結局は生殖不能によって種族の消滅をもたらさざるを得ないだろう。このようにして、競争の哲学によって汚毒されるのはひとり仕事のみではない。同じように余暇もまた毒される。静かな神経を回復させるような種類の余暇は退屈なものと感じられるに至った。そこにいやでも現われざるを得ないのは、絶えざる速度の増進であり、その当然の結末は薬品の使用と崩壊以外にはあり得ないだろう。均衡のとれた生活の理想として健全でかつ静かな享楽を認めること、これ以外には、治療法はあり得ない。

4　退屈と興奮

人間の行為における一つのファクターとしての退屈――それは、私の考えるところによれば、いままでほとんど正当に注意されることがなかった。だが、退屈は、従来、いかなる歴史上の時代においても大きな動力の一つであったし、そしてこの事は、今日において、かつてのいかなる時代よりも、よりいっそうあてはまるように思われる。退屈は、思うに、はっきりと人間のみが持っている感情のようである。なるほど、檻《おり》の中に入れられた動物は、ぼんやりとしてしまい、あっちへ行ったり、こっちへ行ったり、そして大あくびをする。しかし、自然の状態において動物どもが退屈に似たような感情を経験するとは、私には考えられない。その大部分の時間、彼らは敵か食物か、ないしはその両方を見張っている。そして時には彼らは交尾し、時には暖をとろうと努めるだろう。けれども、彼らが不幸な目にあっているときに、彼らが退屈するとは思わない。おそらく、類人猿《るいじんえん》はこの点で、その他の点においてと同じように、私たち人間に似通っているかもしれない。だが、彼らといっしょに暮らしたことはないんだから、私はまたこの事を実験する機会をもったわけではない。退屈を作りあげている要素のひとつは、現在の状態と、否応《いやおう》なしに想像を働かせずにはおれないもっと別の快適な状態とを比較対照することのうちに存する。人間のいろいろな能力をいっぱいに働かすわけにはいかないということも、退屈をかもし出す一つの要素である。自分を殺そうとねらっている敵から逃げ出すということは、私の想像するところでは、不愉快かもしれないが、決して退屈なことではあるまい。ほとんど超人的な勇気を持っている場合は別として、人間は彼が死刑を執行されつつある間は、決して退屈などは感じないだろう。これと同じに、上院議院で処女演説をしながら欠伸《あくび》をするなどという人間はかつて一人としていたためしがない。ただし故デボンシァ卿《きょう》だけは別である。彼はまさに欠伸のゆえに閣下たちから尊敬されたのであるから。退屈とは、本来、いろいろな事件に対する欲望がくじかれてしまったことにほかならない。だからその事件が愉快な事件であることを必ずしも必要とはしない。むしろただ、退屈《アンニュイ》の犠牲者をして今日という日を昨日や一昨日から区別せしめるに足るだけのでき事でありさえすればいいのである。それゆえ、退屈の反対は、一言にして言えば、快楽ではなくして、興奮である。

興奮に対する欲望は、人間、とりわけ男性のなかに非常に深く根を張っている。狩猟時代においては、おそらくそれ以後のいかなる時代においてよりも、この興奮に対する欲望は容易に満足させられたにちがいない。実際、狩猟は興奮させるものであったし、戦争もまた興奮させるものであった。そして求愛もまたエキサイティングであった。未開人は、他人の妻と、その夫が彼女の傍でぐっすり眠っている間に、それもひとたび眼をさませばその場で殺されることを承知のうえで、何とか姦通《かんつう》をやってみようとする。こういう状況は決して退屈なものではあるまい。ところが、農耕時代にはいるとともに、だんだん、退屈になり始めてきた。ただしむろん、貴族は別であった。彼らは相変わらず狩猟時代にあったし、いまでもそうなのだから。私たちは機械の見張りをしていることの退屈さについてよく聞かされる。けれども、旧式のやり方による農業の退屈は少なくとも非常なものであろうと私には考えられる。実際、ほとんど十人のうち九人までの博愛主義者たちの主張するところとは反対に、私はこの機械時代が驚くばかりこの世の退屈の総額を減少せしめたと言いたい。賃銀労働者をとってみる。彼らの労働時間はひとりぽっちではない。しかも一方夕飯後の時間にはさまざまな娯楽――旧式の農村では全然思いも及ばぬような娯楽が与えられる。もう一度、下級の中流階級の生活にもたらされた変化を考えてみてほしい。昔は夕飯後、妻や娘たちが後片づけをしてしまうと、みんながまるくすわり合って、いわゆる「幸福な家庭だんらんの時」と呼ばれるものを持った。つまり、家長《おやじ》は寝床へはいってしまった。彼の妻は編みものをしていた。そして娘たちは、このじいさん、婆さん連がいっそ死んでくれたら、ないしはどこかティムブクツウ（仏領アフリカにある人口六千余の小さな町——訳者）のような遠いところにでも行ってくれたら、と希《ねが》ったのだ。娘たちは本を読むことも、その部屋を出て行くことも許されなかった。なぜなら、その時代には父親が娘たちと話し合い、しかも父親の話は誰もが関心をもつべき一つの快楽でなければならないという理論があったから。幸いにも、娘たちはとうとう、結婚した。そして自分の子供たちのうえに、彼女たち自身の青春時代があったと同じようなうつな青春期を与える機会を持つにいたった。もし彼女たちが結婚する幸運をつかみそこねた場合には、彼女たちはオールドミスに、おそらくは最後に老いさらぼった貴婦人になってしまった。——そしてそれはまさに未開人たちが彼らの犠牲者《いけにえ》に与えたところのものと匹敵するほど恐るべき運命であった。百年前の世界を評価するにあたっては、すべていま言ったような退屈の重さを考慮に入れることが必要である。そしてさらに百年以前の過去にさかのぼってみるならば、退屈はいよいよ始末におえぬものとなってくる。たとえば中世時代の農村の冬期間における単調さを思い描いてみたまえ。人々は読むことも書くこともできなかった。暗闇《くらやみ》を照らすためにはわずかにロウソクがあるだけだった。彼らのたった一つの炉ばたの火は、それほどには寒くなかったにしろ、たった一つの部屋を煙で埋めてしまった。道という道は実際通行困難であり、そのため、他村から訪れてくるような人を見かけることはめったになかった。それはまことに退屈そのものであったに相違ない。そしてこの退屈が冬の夜にいくらかでも活気を与えるための唯一のスポーツとして、あの魔女狩りの行事を行なわせたのであろう。

　私たちは私たちの父祖よりも退屈することが少なくなっている。それにもかかわらず、私たちは彼らよりも、退屈というものを恐れている。私たちはいまや、退屈というものが人間のどうにもさけられぬ運命の一部ではなくして、むしろ興奮を充分勢いよく追求することによって避けられるものだということを知るようになったし、あるいはそう思い込むようになっている。若い娘たちは今日彼女たち自身の生活費をかせいでいる。というのはほかでもない、それによって彼女たちが夜は興奮を求め、彼女らの祖母たちが否でも我慢しなければならなかったあの「幸福な家庭だんらんの一《ひと》時《とき》」を逃げ出すことができるからなのだ。今日では誰もが町に住むことができる。町に住めない連中は自動車か、少なくともオートバイをもっている。そしてそれらのものは彼らを映画館に運んでくれる。さらにまた彼らがその家々にラジオをもっていることは言うまでもない。若い男と若い女とは、昔に比べたら比較にならぬほどたやすく、互いに逢《あ》えるし、どこの家の女中も少なくとも一週に一度は、ジェーン・オウスティンの小説のヒロインがその全巻を通じて持ったであろうような興奮を期待することができる。社会階級が上へ行けば行くほど、興奮の追求はいよいよますます強くなってくる。興奮を提供してくれる連中は、永久に一つの場所から他の場所へ、彼らの行くところに、陽気とおどりと飲酒をふりまきながら動きまわっている。ただし、どういうわけか、彼らはいつもこうした楽しみを新しい場所でたのしもうと期待しているのだが。生活費をかせがねばならぬ連中は、当然のことながら、勤労時間中には、幾分か退屈をもっている。けれども働く必要から解放されるに足るだけの金を持っている連中は、退屈から完全に解放された人生を、彼らの理想として描いている。それはたしかに一つの高貴な理想にはちがいない。だが、毛頭それにケチをつけるつもりではないが、この理想もまた、他のいろいろな理想と同じように、理想家たちが想像するほど実現が容易でないことを、私は恐れるものだ。とにかく前の晩が楽しかったその割合で、あくる朝は退屈なものである。人生にはまた中年時代があるし、おそらくは老年時代もあるだろう。二十歳のころには、人間は人生が三十で終わるだろうくらいにしか考えない。ところで、私は、五十八歳だが、こういう考え方をもはやもっことはできない。おそらく、人間の生命という資本も経済的資本と同じように、食いつぶしてしまうことは賢明ではあるまい。だから人生においては、否でもある種の退屈は必要な成分なのであろう。退屈からのがれたいという欲望は人間本来のものである。事実、人類のいかなる種族も、機会のあるごとに、この欲望をいままで披瀝《ひれき》してきている。未開人たちが初めて白人の手から酒を味わったとき、彼らはとうとう、年来の退屈からのがれる道を発見したのだ。そして政府が干渉した場合は別として、彼らは飲んだくれて死ぬまで、痛飲したのであった。戦争、虐殺、迫害、それらはすべて退屈からの逃避であった。隣の人間と喧嘩《けんか》をすることすら、何にもしないでいるよりもましであった。それゆえにこそ、道徳を云々《うんぬん》する者にとっては、退屈こそ一つの重要な問題である、なぜなら、少なくとも人類の罪悪の半分は退屈を恐れるあまり犯されたものであるからだ。

だがしかし、退屈は一から十まで悪として考えられるべきものではない。それには二つの種類がある。一つは何かしら実を結ばせる退屈であり、もう一つは無意味な退屈である。何かしら実を結ばせる退屈は、麻薬（酒などを含む——訳者）のないところに生じ、無意味な退屈は生き生きした活動のないところから生ずる。だからといって、麻薬や酒が人生においていかなる場合にも何一つよき役割を果たすものではないと、私は言おうとするのではない。たとえば、阿片《あへん》が上手な医者によって処方される場合もあり、こういう場合は、阿片禁止論者が想像するよりも、ずっと多いように思われる。けれども、麻薬に対する欲望が、自然的衝動の自由な服用にまかせておいてはいけないものであることもたしかだ。そして麻薬を常用している人がこれを奪われたときに経験する一種の所在なさは、時間を別にすれば、いかなる療法もそれについて考えることのできないようなものである。ところで、麻薬について言われることは、ある制限内ではそのまますべての種類の興奮にもあてはまる。あまりに多くの興奮によって満たされた生活は、疲労困憊《こんぱい》の生活である。そこではスリルを与えるために、絶えずいっそう強い刺激が必要になり、スリルは快楽の一つの本質的な部分として考えられるようになってしまう。あまりに多くの興奮に馴《な》れてしまった人は、たとえばおそろしく胡椒《こしょう》の好きな人に似ている。彼は他の人だったら息の詰まりそうになるほどの胡椒の分量でなければ、最後にはこれを味わうことができなくなる。たしかに、世の中にはあまりに多くの興奮を避けることと切っても切り離せないような退屈の要素がある。しかもあまりに多くの興奮は単に健康を害するのみではない。それはまたあらゆる種類の快楽に対して口蓋《こうがい》を鈍感にさせてしまい、深い身体的な満足の代わりにくすぐりを、智慧《ちえ》の代わりに抜けめなさを、美の代わりにどぎつい驚嘆を置き換えることになる。私はもちろん、興奮に対する反対を極端にまで推し進めるつもりはない。ある程度のそれは健康にはちがいない、だが、他のすべてのものと同じように、問題はそれの分量である。あまりに少な過ぎれば、それに対する激しい欲望を生みだすだろう。あまりに多過ぎれば疲労をかもし出すだろう。それゆえ、幸福な生活にとって必要なことは退屈に堪えるというある程度の力である。そしてこういう能力こそ青年たちに教えられねばならぬものの一つである。

すべて偉大な書物というものは、退屈な部分を持っている。そしていかなる偉大な生涯《しょうがい》もすべて大しておもしろくもない部分を含むものであった。たとえば、現代の出版業者が初めて彼に提供された新しい原稿として、旧約聖書の前に立った場合を想像してみたまえ。早い話があの中に出てくる系図学者について彼がどんな意見を注するかということは想像にかたくない。彼はおそらくこう言うだろう。「まあ、先生、この一章は刺激が足りないんじゃありますまいか。先生がほとんど説明していらっしゃらない単なる固有名詞の羅列《られつ》に読者の興味を持たせるなどということはとうていできることじゃありません。たしかに、先生の物語の書き出しは美しいスタイルを持っています。私も最初非常に深い感銘をうけました。ですが、先生は何でもかんでも一ぺんにお書きになりたかったようですね。この中から劇的な箇所だけをとりあげてください。よけいなくだくだしいところは省いていていただきたい。そのうえ、まあ、適当な長さに縮めていただいて原稿をもう一度ご持参願えますまいか」。今日の読者が退屈することをどんなにいやがっているかを知っている現代の出版業者はきっとこんなふうに言うだろう。彼はまた、孔子《こうし》の書いた古典や、コーランや、マルクスの『資本論』や、その他いままでのベストセラーになっている他の幾つかの聖典についてもこれと似たようなことを言うだろう。だが、いい本が退屈な部分を持っているということは、なにも聖典のみに限らない。すばらしい小説もすべて退屈な箇所をもっている。最初の一ページから最後の一ページまで血湧《わ》き肉躍《おど》るというような小説は、たしかに、すぐれた小説ではあるまい。多くの偉人の生涯もまた、若干の偉大な瞬間をのぞけば、エキサイティングなものではなかった。ソクラテスは時々宴会をたのしんだろう、そして最後にのんだ毒薬がだんだん効《き》きめを現わしつつある間も、なお、弟子たちとの対話から深い満足をとり出したに相違ない。けれども、彼の一生の過半は妻クサンチッペと静かに送られたものであり、午後には運動をするとか、道ばたで若干の友人に出会ったとかいうことであったろう。カントは彼の一生を通じて、一度もケーニヒスベルクの町から十マイル以上出たことはなかったと伝えられている。ダーウィンは、世界周航をしてからは、彼の生涯の残りの全部をその自宅で過ごしている。マルクスは、二、三の革命運動を煽動《せんどう》してからは、大英博物館で彼の残された年月を過ごそうと決意している。いずれの場合にも、静かな生活が偉大な人々の特質であったということ、そしてまた、彼らの快楽が外ばかり見たがるような眼の持ち主には刺激的と映ずるごとき種類のものではなかったということ、こうしたことがわかるだろう。いかなる偉大な事業の達成も間断なき労働なしには不可能である。それは身も心も吸い取ってしまうものであり、きわめて困難なものである。したがって、そこには非常に骨の折れるような種類の娯楽のごときもののためにほとんど精力が残されていない、ただ、休みの日に身体のエネルギーを取りもどすために役立つような娯楽——アルプス登はんはその最もいい実例であるかもしれない——は別として。

多少とも単調な生活に堪え得るという能力こそ、幼年時代に獲得さるべきものである。この点で、今日の両親は大いに非難されねばならない。彼らはその子供たちに、たとえばショーとかおいしい食べ物とかいったような受動的な楽しみをあまりに多く与え過ぎている。そして、昨日も今日も同じ一日を持つこと——もちろん、時たまの珍しいでき事は別として——が子供たちにとってどんなにたいせつであるかを理解していない。子供の快楽というものは、だいたいにおいて、子供がみずからある程度の努力と発案によってその環境のなかから取り出すごときものであるべきである。刺激的でしかも同時に身体をちっとも動かさぬような快楽——たとえば劇場に行くごとき——は非常にたまにしか与えないのがいいのだ。興奮は麻薬のごときものである。それはいよいよますます多量を要求することになるだろう。そして興奮している間の生理的な受動性は、本能に反するものだ。子供というものは、ちょうど若木のように同一の土壌《どじょう》のなかでいじりまわされずにおかれているとき、最もよく発達するものだ。あまりに多く旅行する、あまりにさまざまな印象を持つ、これは若い人々にとってはいいことではない。それは子供たちをして、有益な単調に堪えるということをできなくさせてしまうものだ。だが私は単調がそれ自身なんらかの価値をもっていると言うのではない。ただ、ある種のすばらしいものが、ある程度の単調なしには、あり得ないということを言っているにすぎない。たとえば、ワーズワースの『序曲』をとってみよ。ワーズワースの思想と感情の中のなんらかの価値をもっているものがすべて、口達者な都会の青年たちには近づこうとしてもとうてい近づき得ないものであるということが、いかなる読者にも判明するだろう。なにかまじめな建設的な目的をもっている少年や青年は、その目的を達成するために途中で必要だということを悟るならば、進んで相当の退屈にもみずから堪えるだろう。だが、しかし、もし彼が気晴らしや道楽にみちた生活を送っているとすれば、少年の精神の中で自分で建設的な目的を作りあげることは容易ではあるまい、なぜなら、そういう場合には、彼の考えはいつでも遠方にある目的の達成よりも、むしろこの次の快楽に向かって目ざすであろうから。すべていまあげたような理由によって、退屈に堪えることのできないような世代は、ケチな人物のみちみちた世代であるだろう、彼らは自然の緩慢な過程から不当にも切り離された人物であり、したがってまた彼らのうちなるいっさいの生き生きした衝動が、たとえば花瓶《かびん》にいけられた切り花のように、一歩一歩、しぼんでいくところの人物にほかならない。

私は神秘的な言葉づかいがきらいである。しかし、科学的というよりもむしろ詩的な響きをもつ語句を用いないで、私がいま言おうとしていることをいかに表現すべきかを、私は知らない。私たちがたといどんなことを考えたいと望むにもせよ、私たちは所詮《しょせん》この地上の人間である。私たちの生命はこの大地の生命の部分にすぎない。そして私たちは、動植物がそうしているように、この大地から私たちの栄養を引き出しているのである。ところで、この大地の生命のリズムは緩慢である。秋と冬とは、春と夏と同じように、大地にとっては本質的なものである。休息は運動と同じくたいせつなものである。大人にとってよりも子供にとってはいっそう多く、この大地の生活の引き潮と満ち潮にある程度接触させることが必要である。人間の身体はいままで幾時代を通してこの大地のリズムに適応してきたのであった。そして宗教はこのリズムのあるものを「復活祭《イースター》」のお祭りのうちに具体化してきたのであった。私はかつて、ロンドンにずっと住んでいて、初めて緑の田園を散歩するために連れ出された二歳くらいの男の子を見たことがある。季節は冬であった。万物はじっとりと濡《ぬ》れ、泥《どろ》にまみれていた。成人の眼には、そこには喜びを与えるものは何一つとしてなかった。だが、それにもかかわらず、この男の子のうちには、不思議なエクスタシイが湧き上がってきた。彼は濡れた大地にひざまずいた。その顔を草の中に持って行った。そして片言の歓喜の叫びを発したのである。彼がそのとき経験しつつあったところの歓喜は原始的で、単純でかつ大きなものであった。こうした生理的要求が満足せしめられるときにはまことに深いものがある。だからこそ、これに飢え渇《かわ》いているものはほとんど完全に正気とは思えないくらいなのだ。私たちがたとえば格好な例として賭《か》け事のうちに見出《みいだ》すような快楽は、そのなかに大地と接触するというこという要素をいっさいもっていない。こうした快楽は、それが終わりになるや否や、人間を興ざめのしたまた何とも不満な感情につき落とし、自分でもわからない何かに向かって飢えを感じさせる。こうした快楽は喜び《ジョイ》と呼ばれ得るような何ものでもない。その反対に、私たちと大地とを接触させるところの快楽は、そのもののなかに深く私たちを満ち足らわせる何ものかを持っている。だからそれが終わりになったとしても、それらの快楽がさきにもたらしたところの幸福感はいつまでも残留する――むろん、その快楽が現に存在していた時の喜びの強さは、もっと刺激的な娯楽の与える強さに多少は劣ることがあるとしても。私がいまここで考えているような区別は、最も単純な職業から最も文化的なそれに至るすべての範囲にわたって見出されるものだ。私のいま書いた二歳の男の子供は、大地の生命との結合について、その最もプリミティブな可能な形を示したものである。だが、これと同じことは、非常に高級な形において、詩のなかに見出されるだろう。シェークスピアの抒情詩《じょじょうし》を香り高いものとさせているものは、それが二歳の子供をして草の葉をかき抱かせたと同じ歓喜によって満たされているということである。たとえば、「聴け、聴け、雲雀《ひばり》を」とか、あるいはまた「来たれ、この黄色い砂の上に」とかを考えてみよ。諸君はこれらの詩のなかに、二歳の男の子が片言の叫びでわずかにその表現を見出し得たと同じ感情の文化的な表現を見出すであろう。さらにまた、恋と単なる性的魅力の相違を考えてみたまえ。恋とは、旱魃《かんばつ》の後の雨によって植物が生きかえるように、私たちの全存在が新たにされ新鮮にされるところの経験にほかならない。だが、愛のない性交のなかには、こうしたものはみじんも存在しない。瞬間的快楽が終わったとき、そこにあるものは疲労、嫌悪、そして人生は空虚だという感じだけである。恋とは大地の生活の一部分であり、恋愛のない性欲は決してかかるものではない。

現代の都会人たちが悩んでいる一種特別な退屈は大地の生活からの分離とかたく結ばれたものである。それは、砂漠《さばく》のなかの巡礼のように、人生を熱っぽく、埃《ほこり》っぽくし、また喉《のど》の渇きを覚えさせるものだ。自分の生活の仕方を自由に選べるだけの資力を持っている人々の間で、彼らが苦しんでいる堪えがたい退屈の特徴は、逆説のように聞こえるかもしれないが、退屈に対する彼らの恐怖から由来しているものだ。退屈が、何か実を結ばせるに足るような種類のものから飛び離れるとき、退屈は他のいっそう悪質な種類の退屈の餌食《えじき》になってしまう。幸福な生活とは、だいたいにおいて静かな生活でなければならない。なぜなら、静けさという雰囲気《ふんいき》のなかでのみ、真の歓喜は生きることができるからだ。

5 疲労

疲労にはいろんな種類がある。そのあるものは他の疲労よりも幸福にとってはいっそう重大な障害である。純粋に生理的な疲労というものは、それが過度でないならば、とにかく幸福の由《よ》ってきたる原因として役立つものである。なぜなら、このような疲労は熟睡とよき食欲をもたらし、さらに休日などにたのしむことのできる快楽を熱望させるからである。だがもしそういう疲労もあまりに激しい場合には、それは非常に重大な災厄《さいやく》となる。農民の女性たちは、最も進歩した社会は別としてほとんどすべて、三十代で、激し過ぎる労働のために弱りきって、老《ふ》けてしまう。インダストリアリズムの初期時代には子供たちはその成長を阻害されしばしば過重労働のために若くして死んでいる。同様のことは、インダストリアリズムの新しい中国や日本では今日でも見受けられるし、ある程度、アメリカの南部諸州においてもいまなお起こっている。身体的労働は、ある点以上に行なわれるときにはまさに言語に絶した苦痛である。しかもいままでこういう労働は、あまりにしばしば生活を堪えがたいものとさせるまでに行なわれてきていた。ところで、近代世界の最も進んだ部分においては、身体的疲労は産業条件の改善によってたいへん減少されてきている。今日、これら進んだ社会における最も深刻《シリアス》な種類の疲労は、神経的疲労である。しかもまことに奇妙なことだが、この種の疲労は富裕な人々の間にいちばん広くひろがっており、ビジネスマンや頭脳労働者に比べて、賃銀労働者の間ではそれほどではないありさまである。

近代生活においてこの神経的疲労からのがれることはきわめてむずかしい。第一に、都市の勤労者は、その勤労時間を通じさらにまた仕事と家庭との間で費やされる時間を通じて、たえず、騒音にさらされている。この騒音の過半を、実際のところ、彼は意識的に聴かないようにすることを身につけているのだが、それにもかかわらず、騒音は彼を疲労困憊《こんぱい》せしめる、つまり、それを聴くまいとする無意識的な努力によってよけいに疲れるからである。さらに、自分では気がつかないのに、疲労の原因となるものは、見知らぬ人々がいつでも目の前にいるということである。人間の自然的本能も動物のそれと同じように、種族のひとりひとりの他人を、いったい、こいつに友情的に振る舞うべきかそれとも敵対的な仕方で振る舞うべきかをきめてしまいたいという考えをもって、点検させずにはおかないものだ。ところが、ラッシュ・アワーに地下鉄で通勤する人々としてはこういう本能を禁圧するよりほかはない。このようにこの本能を禁圧する結果、人々は自分の意志によらずして否応《いやおう》なしに接触させられたすべての他人に対して一般的に向けられる漠然《ばくぜん》としたいらだたしさを感ずるようになる。そこで、なるたけ早い電車に乗ろうと急ぐ。その結果が消化不良なのだ。やっと間に合うようにして事務所にたどりつく。一日の仕事がはじまる。だがこの黒衣の勤労者はすでにこの時までに神経をすりへらしている。いやでも、人間なんて小うるさい代物《しろもの》だという考えをもってしまう。ところで、彼の雇い主もまたこれと同じ気分で事務所にやってくる。しかも彼は勤労者たちのなかのこうした気分を四散させるために何一つしようとするのでもない。首をきられるのがこわいばかり、彼はいやでも一応尊敬しているような行動をとらねばならない。しかもこの不自然な行動はただ彼の神経の緊張を倍加させるだけである。もし一週間に一度でも、使用者が使用人をして冗談半分にでも自分の鼻をつまむことを許したとしたら、あるいはまた何か別のやり方で使用人たちが彼について平常考えているところを発表することを許したとしたら、彼らの神経の緊張はゆるめられるだろう。だが、自分自身もまたいろいろな心配事をもっている使用者としてみれば、こういうことは何にもならぬことである。使用人にとって馘首《かくしゅ》の恐怖があるように、使用者にとって失敗破産の恐怖がある。もちろん、事業家（使用者）たちのあるものはこういう恐怖をもたなくていいほど、大きくなっている。けれどもこうした偉大な地位につくまでには、彼らは一般にたえざる闘争の数か年をくぐり抜けて来なければならなかったし、その数か年間においては、いつも世界のあらゆる部分におけるいろいろなでき事に鋭く気を配り、常に自分の競争仲間のやり口の裏をかかねばならなかったのだ。すべてこうしたことの結果、確実な成功がもたらされるとき、彼はすでにこれよりさき神経的破産者であり、心配事に馴《な》れ過ぎたためであろう、心配の必要がないときにも、心配するという習慣を払い落とすことができないのである。たしかに、金持ちの息子という者もいる。しかしこういう連中も、一般には、金持ちに生まれなかったとしてもやはり悩んだと思われるようなその同じ心配事を、自分で作り出すことにかけては、やはり親の跡つぎなのだ。彼らは賭《か》け事をやる。そして彼らは父親たちの不興を招きよせる。あるいはまた娯楽のために睡眠を切りつめ、彼らの身体をこわしてしまう。そして彼らがようやく落ち着いてきたころには、彼らの父親たちが以前にそうあったと同じように、彼らもまた幸福の不能者になってしまっている。自分の意志のあるなしにかかわらず、選んでした事か、否応なしにさせられた事か、を問わず、近代人はとにかく神経破壊の生活を送っている。そして絶えずあまりに疲れきっている。彼らはアルコールの助けをかりなくては享楽することができないのだ。

単なる馬鹿者にすぎないような金持ちについてはしばらく措《お》いて問わない。私たちはその疲労が生きるための努力的な仕事と結びついているいわば最もありふれた場合を取りあげてみよう。こうした場合の疲労は、大部分、心配、思い煩いに基づくものだ。ところで、こうした思い煩いはよき人生哲学をもつことによって、さらにまた少しばかりの精神的訓練によってこれを防止することができるだろう。大半の男も女も自分の考えをコントロールすることにかけてはまことに拙劣である。つまり、彼に言わせれば、彼らは心配事について何一つ行動を起こし得ないような場合にも、なお心配事についてあれこれ考えることをやめないのだ。男たちは彼らの仕事のうえの心配事を寝床にまでも持ち込む。そして翌日の問題に取り組むために新鮮な力を獲得せねばならない夜の数時間を、彼らは何度も何度も問題のうえを行きつもどりつする、そのくせ、その時には彼らは何一つそれについて行動することもできないのに。つまり、彼らは翌日の行動を健全な軌道にのせるような仕方においてではなく、むしろ不眠症患者のやっかいなもの思いの特徴である半ば狂乱の仕方において、あれこれ考えるだけなのだ。この真夜中の狂乱のうちの幾分かは翌朝の彼らにも着いて離れない。それは彼らの判断を曇らせ、彼らの気分を汚毒し、あらゆる障害に対してひどく癇癪《かんしゃく》を起こさせる。賢明な人間は、それを考えることのうちに何か目的がある場合にのみ、彼の問題について考える。それ以外のときには、彼は別の事を考える。あるいはまたもしそれが夜だとすれば、彼は何事についても全然考えない。といったところで、非常な危機にのぞんで——たとえば、身の破滅が差し迫っているとか、その妻が彼をあざむいているのではないかと疑うだけの充分の理由があるとか、そうした場合にも、若干の特別訓練された精神は別として、それについていかんともなしがたい瞬間に、その困難に向かって眼をつぶることが可能であるなどと、言おうとしているのではない。ただ、日常生活のありふれた心配事に対しては、それを処置しなければならぬ場合は別として、眼をつぶっていることは、実際、不可能なことではない。このように秩序立った精神を養うことによっていかに多くの幸福と能率が増加されるものであるか、は驚くほどである。この秩序立った精神は、一つの問題について、始終朝から晩まで下手に考えるよりも、むしろ考えるべき時に上手に考えることをするだろう。困難なあるいはまた心配せずにおれないような決断をどうしても下すことが必要な場合、そのためのいっさいの材料が利用可能となるや否や、諸君はその問題を最もよく考え抜き、そして決断を下すがいい。いったん決断を下した暁には、何か新しい事実をそれについて諸君が知った場合は別、さもなければ、この決断を決して修正するな。優柔不断ほど疲れるものはないし、またこれほど無益なものもないのだから。

いろいろ大きな心配事も、その心配の原因になっている事柄が大したことではないのだと考えることによって、減らすことのできるものである。私はいままでずいぶん何度も公開の講演をやってきた。最初、聴衆が私をこわがらせた。そして神経は敏感になり、そのため私は下手糞《へたくそ》なしゃべり方しかできなかった。私はこの演説という試練をひどく恐れた。演説をしなければならぬその直前、脚《あし》でも一本折れてくれたらと希《のぞ》んだほどであった。そして演説が済んだとき、私は神経の緊張から疲労困憊しきるのであった。そのうちにだんだんと私は私自身にこう言いきかせることを学んだ、上手に演説しようが下手にやろうが、どっちみち大したことではない。それによって別段この宇宙がそのつど以前と変わるわけじゃないんだからと。私はやがてしゃべり方が上手か下手かということに気を使うことが少なければ少ないほど、それだけ下手にしゃべることはなくなるのだということを、そしてまた、だんだんと神経の緊張がなくなり、ほとんど消滅してしまったことを、発見した。この世の多くの神経の疲労もこういうやり方で処置することができるだろう。私たちのやっていることは、私たちがいやでもそう考えるほどに重要なものではないのである。私たちの成功も失敗も結局のところそれほど大した事ではないのである。もちろん、大きな悲しみがよみがえってくることもあるだろう。だが、あたかも私たちの幸福な生活に終止符を打つように見えるところのさまざまな困難も、時の経過とともに、色あせてゆき、最後には、その激烈さを思い出すことすらできなくなるものだ。ともかくも、人間の自己《エゴ》などというものが決してこの世界の非常に大きな部分ではないという事実は、いまのべたような自分中心の考え以上のものである。その思想や希望を、自己を越えた何かあるものの上に注ぎ得るところの人は、人生のありふれたいろいろな困難のなかにあってもある種の平和を見出《みいだ》すことができるのであって、こうした事は一から十までエゴイストの人間にはとうてい不可能なことである。

いわば神経の衛生と呼んでもさしつかえないもの、——そういうものについては、従来、ほとんど研究されたことがなかった。なるほど、産業心理学は疲労について詳しい調査を行なってきている。そして、相当の長時間諸君が何かあることをやりつづけるとすれば、諸君は結局疲れきってしまうだろうということを慎重な統計によって立証してきている。——だがこれだけの結論だったら、あれほど大げさな科学のパレードをまつまでもなく、充分想定できることではないか。もちろん、学童の疲労についてたくさんの研究がなされている。しかし、心理学者たちによる疲労の研究はだいたいにおいて筋肉の疲労に関するものにすぎない。そして彼らのうちの誰一人としてこの神経の疲労という重大な問題に触れてはいない。この重大な疲労の種類はいつでも近代生活において情緒に関するものである。ところで、純粋に知的な疲労は、純粋に筋肉的な疲労と同様、ぐっすり眠ればおのずから治るものだ。感情を交えずに相当たくさんの知的な仕事をしなければならない人、たとえて言えば、上手な計算家のごときは一日のもたらした疲労を、一日の終わりに、眠りとともに払い去ってしまうだろう。普通オーバーワーク（働き過ぎ）のせいにされる害はほとんどこの働き過ぎによるものではなくして、むしろなんらかの種類の煩悶《はんもん》や心配によるものである。感情的疲労を伴う心配事や困難が困難であるゆえんは、それが休息を妨げるということにある。人間は疲労すれば疲労するほど、いよいよ、その疲労を止めることが不可能であることを発見する。神経的疾患の近づきつつあるという徴候――それは彼の仕事が恐ろしくたいせつなものであり、したがって休みを取れば、それが非常な災厄をもたらすだろうという信念である。だから、もし私が医者だったとすれば、彼の仕事を重大視するすべての患者に休日をとるという処方を書くだろう。一見仕事が原因となっているように見える神経的疾患も、事実上は、私のいままで知っているいかなる人物の場合にも例外なく、なんらかの感情上のトラブル――つまりその患者が仕事をすることによってそれから脱却しようと試みるところのそうしたトラブルから生じたものにほかならない。彼は仕事を放棄することを好まない。なぜならもし彼が仕事を放棄するとしたら、彼はもはや彼の不幸――それがいかなる不幸にもせよ――についての物思いから自分をまぎらしてくれるようないかなるものをも持たないことになるからだ。もちろん、その煩悶が破産についての恐怖である場合もあるだろう。そしてそのような場合、彼の仕事は直接彼の煩悶と結びついている。しかしそうした場合にも、煩悶はややもすれば彼をいつまでも仕事にしばりつけておくことになり、その結果彼の判断は曇ってくる。そしてそれほどに彼が仕事をしない場合よりもいっそう早く破産がやってくるだろう。いかなる場合にも、破産や失敗を原因づけるものは仕事ではなくして、感情上のトラブルである。

煩悶の心理は決して単純ではない。私はすでに精神の訓練、言い換えれば、正当なときに物事を考える習慣についてのべた。これは重大な意味をもっている。なぜならまず第一に、この訓練は日々の仕事をより少ない思想の出費によって切り抜けることを可能ならしめるから。第二に、それは不眠症に対して治療となり、第三に、それはまた決断に当たって能率と智慧《ちえ》を増進せしめるから。しかしこの種の方法は、意識下のものあるいは無意識的なものに触れるものではない。そして煩悶が深刻である時には、方法が意識の水平線以下に浸透するのでなければ、いかなる方法も大して効能はもたない。人間の無意識的なものが意識的なもののうえに働きかけることについては、いままでもずいぶんたくさんの心理学者たちの研究が行なわれてきている。けれども、その反対に意識的なものが無意識的なものに及ぼす影響についてはほとんど研究されてはいない。だが、この後の方の場合こそ精神衛生の問題に関しては大きな意義をもつものである。そしてまた、もし合理的な信念がいやしくも無意識の世界に働きかけることが必要だとすれば、これこそ理解されねばならぬものである。このことは特に煩悶といった事柄にあてはまる。たとえばかくかくの不幸が万一起こるとしてもそうした不幸はそれほどに恐るるに足りないだろうと自分自身に言ってきかせることは割合たやすい。けれどもそれが単に意識的な確信にとどまるならば、それは深夜目ざめているときには作用しないだろうし、あるいはまた夢魔の出現を防ぐこともないだろう。私の信ずるところによれば、意識的な考えも、もしそれが充分な力と強度をそなえるならば、無意識的な考えの中に移し入れることが可能である。無意識なものの大半は、いまは埋もれてしまっているがかつては強い感情を伴った意識的思想であったところのものから成り立っている。この埋もれてゆく過程を計画的に進めることができるであろうし、こういうやりかたで無意識なものがいろんな有益な仕事をなすようにこれを導くこともできる。たとえば私は次のようなことを発見した、何か相当困難なトピックについて書かねばならない場合、そのいちばんいい計画は数時間ないし数日間非常に熱心に——私にできる最大の熱心さをもって——そのトピックについて考えることである。そしてその時機が過ぎてから仕事がいわば心の地下で進められるように命令を出すのである。それから幾月かたって私は再び意識的にそのトピックにかえってくる。そして地下の仕事がすでになされているのを見出すのである。こういう方法を見つけ出す以前は私はこの間の数か月をくよくよしながら過ごすのが常であった。なぜなら私はちっとも進行しなかったから。こうして私は私の物思いについてなんら解決に到達せず、その数か月は浪費されたのであった。ところがいまでは私はその数か月間を他の研究にささげることができるのである。これと同じようなやり方をいろいろな心配事にも適用することができるだろう。何か不幸なことが起こりかけている場合、まじめにそして慎重に起こり得べき最悪のことはどんなことであるかを考えてみるがいい。このあり得べき不幸を眼前にすえつけた後、結局それがたいして恐ろしい禍《わざわ》いではないだろうと考えるための合理的な理由を数えあげてみよ。こういう理由はいつでもあるものだ。なぜなら、どんなに悪くいったとしても一人の人間に起こる事柄が宇宙的な意義をもつなどということはあり得ないからである。諸君がしばらくの間このように起こり得べき最悪の場合をじっと見つめ、そしてほんとうの確信をもって、「よろしい、だが結局のところ、それはそれほどたいしたことじゃないんだ」と諸君自身に言いきかせたとするならば、その時諸君は諸君の悩みが非常な程度でなくなっていくのを見出すであろう。こういう過程を何度か繰り返してみることは必要であるかもしれない。しかし結局最後に起こり得べき最悪の問題を見つめながら諸君が少しも恐れなかったとすれば、諸君はやがて諸君の思い悩みがすっかり消え去ってしまい、いまやそれが一種のさわやかさによって取って代わられているのを見出すであろう。いま言ったことは恐怖を避けるための非常に一般的なテクニックの一つである。心配は恐怖の一つの形式にほかならない。そしてあらゆる形の恐怖は疲労を持ちきたす。恐怖を感じないように自分をしつけてきた人間は日常生活の疲労が非常に少なくなっているのを見出すだろう。ところでそのもっとも有害な形式における恐怖は、私たちが当面したくない何かの危険が存在する時に起こるものである。恐ろしいという考えは何か異常な瞬間に私たちの心のなかに飛び込んでくるものである。その考えがどんなものであるかは人のいかんにかかっている。けれども、人間はすべて誰でもある種の潜在的な恐怖を持っているものだ。ある人においてはそれは癌《がん》であり、他の人にとっては経済的破滅であり、第三の人にとっては何か不名誉な秘密の露見であり、第四の人は嫉妬《しっと》の疑いによって悩まされ、さらに第五の人は小さい時きかされた地獄火の物語がほんとうかもしれないという考えによって夜中にうなされる。たぶんこれらすべての人々は自分の恐怖を取り扱うのに下手な方法しか知らない人たちであろう。つまり、恐怖が彼らの心の中にはいってくるや否や彼らは何か別のことを考えようとする。あるいはまた、彼らは自分の考えを娯楽や仕事やその他のものでまぎらそうとするのである。ところでいかなる種類の恐怖もすべてそれを見つめないことによってひどくなるものである。考えを別のことにそらそうとする努力は、それを見つめまいとする幽霊の恐ろしさに貢《みつ》ぎ物をすることにほかならない。あらゆる種類の恐怖に対する適切な処置は恐怖について合理的にまた落ち着いてしかも非常に熱心に——恐怖とまったくなじみになってしまうまで——考えてみることである。最後に恐怖となじんでしまえばその恐ろしさはにぶくなり、その問題の全貌《ぜんぼう》は退屈なものになってしまい、そして私たちの考えはそれから別のものにそらされることになるだろう、ただし前の場合のようにそれは意志の努力によってではなく、むしろそのトピックに対する興味の単なる喪失によってである。諸君があること——どんなことにしろ——についてくよくよ考えずにはおれないような気がする時には、最もいい方法はいつでも諸君がひとりでにそれについて考えるよりもいっそう強くそれを考え、最後にその事柄の病的な魅力がすっかり消えてなくなるまで考えることである。

今日の道徳が最も大きな欠点を示している問題の一つはこの恐怖の問題である。なるほど、身体的な勇気は特に戦争においては男に期待されている。しかしこれ以外の形の勇気は男に期待されていないし、いかなる形の勇気も女には期待されていない。勇気あふるるばかりの女は、もし彼女がいままでどおりのタイプの男が彼女を好きになってくれることを望む場合には、この勇気にあふれているという事実を隠していなければならない。身体的危険以外の何かのことで勇敢であるような男もまたよくは思われない。たとえば、世論に対して全然無関心でいることは一つの挑戦《ちょうせん》として考えられている。そして民衆はこういう人間に対しては、権威をあえて愚弄《ぐろう》するような人間を罰するためになし得るところのことをやってのける。だがこれこそまさに当然あるべきこととは正反対のことである。男におけるにせよ女におけるにせよ、いかなる形の勇気も、軍人において身体的勇気が賞賛されるのと同じく賞賛されねばならぬ。若い男の間に身体的勇気が普通見出されるのは、勇気というものがそれを要求する世論に応じて生み出され得るものだという証拠にほかならない。もっと勇気を出してみよ。心配はずっと減るだろう。したがって疲労もずっと減るだろう。実際、今日男も女も苦しんでいる。神経の疲労の大部分は意識的なものにせよ、無意識的なものにせよ、恐怖によるものである。

非常にしばしば見出される疲労の原因は興奮に対する愛好である。その暇な時間を寝て過ごすことができるとすればそういう人はゆったりとしているだろう。けれども彼の勤労時間は荒涼たるものである、そこで彼は自分の自由になる時間には快楽が必要だと感ずる。ところで、最も手に入れることが容易であり見かけだけは最もアトラクティブな快楽がだいたいにおいて神経をすり減らすようなものであるというところに困難がある。ある一点を越えてまで興奮を望むということは根性がひねくれているかそれとも何か本能的な不満足があるか、そのどっちかの現われである。割合若いころに幸福に結婚した場合、たいがいの人は興奮したいという要求を感じないものだ。ところが今日の世界では結婚はしばしば相当ながい間延ばすよりほかはなくなってしまい、最後に経済的に結婚できるようになった時には興奮が一つの習慣となってしまい、ほんのしばらくの間しか我慢することができなくなっている。もし世論が人々に、今日結婚ということに含まれている経済的負担を負わせることなしに二十一歳で結婚することを許したとしたら、おそらく、多くの人々はその仕事と同じほどに疲れるいろいろな快楽を要求するようなことはなくなるだろう。けれどもこういうことができるようにならねばいけないと主張することは、いけないことである。なぜなら、(例の友愛結婚を唱えた) リンゼイ判事の運命について見られるように、彼はその長くかつ名誉ある経歴にもかかわらず、年輩者たちの頑迷固陋《がんめいころう》の結果、青年たちを彼らの負わされている不幸から救い出そうという彼の希望はついに単なる犯罪にすぎないものだという中傷を受けたのであるから。だが、この問題についてはいまここで私はこれ以上深入りしないだろう。この問題は、私たちが次章でとりあげる「嫉妬」のところで、もう一度出てくるであろうから。

実際、個々の個人は彼がその下で生活している法律や制度をとうてい変改し得るものではない。圧制的な道徳家たちが創《つく》り出しかつ永久化しようとしている社会の情勢と抗争することは容易ならぬことである。けれども、非常に心を満足させるような歓喜が結局手の届かぬものであり、それゆえ興奮の助けをかりずしてはこの人生に堪えることが全く困難だということを人々が見出すとしても、それでも刺激的な快楽というものが幸福に至る道でないことを悟るだけでも値打ちのあることだ。今日のような社会情勢の下では、慎重な人がなし得るただ一つのことは、自分自身を適当にあんばいし自分の健康をそこねたり、あるいはまた自分の仕事に支障をきたしたりするような疲労的な快楽はなるたけこれをよけいに許さぬようにすることである。青年のもっているさまざまな悩みの根本的な解決治療は一般道徳の変改にある。そのうちに、若い人は、彼が結局は結婚すべき状況にあるのだということを、そしてまた、もし彼が幸福な結婚を不可能にさせるような仕方で——つまりすりへった神経とより温和な快楽に対する後天的な無能力とによって容易に生ずるような仕方で、生活するとすれば、彼は賢明ではないのだということを、充分反省するようになるだろう。

神経疲労の最悪の特徴の一つは、それが人間と外界との間の一種の暗幕《スクリーン》として作用することである。そのため、もろもろの印象は、いってみれば、覆面され緘口《かんこう》されて、彼に達するにすぎなくなる。彼はもはやちょっとした欺瞞《ぎまん》やあるいはマンネリズムのためにいらだたされることなしに、他の人々に注意を払うことができなくなる。彼は食事や日光からはいかなる快楽をも摂取することがなくなる。そしてただわずかな若干のものに心を強く集中するようになり、これ以外のいっさいのものに対しては無関心となってしまう。こういう状態ではとうてい休息することは思いも及ばない。しかもその結果、疲労は間断なく増し加わり、最後には医療による処置を必要とするに至るだろう。すべてこのようなことは、結局のところ、私たちが前章でのべた大地との接触を喪失したことに対する刑罰にほかならない。だが、それならば、こういう大地との接触は今日の巨大な人口集中の都会のなかでどうしたらこれを保つことができるだろうか？　これは決して答えるに容易なことではない。これに答えようとすれば、私たちは再びここでも、大きな社会問題の周辺にたたずむことになるだろう。しかしこうした問題については、この書物で私はこれを取りあげようとは最初から考えていなかったのだ。

6　嫉　妬

　よくよく思い煩うことに次いで、おそらく不幸の最も有力な原因の一つをなすものは、嫉妬《しっと》であろう。嫉妬こそ人間の感情の中に最も深く根ざしている最も一般的なものの一つであると私は言わずにおれない。嫉妬は一歳になるかならぬ幼児のうちに充分見受けられるものであり、しかもすべての教育者によって最も優しい敬意のもとに取り扱われているものである。一人の子供を、他の子供たちを差しおいて、かわいがるという非常になんでもないありさまは、どこででも見受けられかつ遺憾《いかん》とされているものだ。だが、絶対的な、厳格な、また変わることのない正義の配分こそ子供を取り扱っているすべての人によって守られねばならぬものである。子供というものはその羨望《せんぼう》や嫉妬（嫉妬は羨望の一つの特別の形だが）を表現するに当たって成人たちよりもいささか露骨である。この感情は成人の間にも子供たちの間にも等しく一般的である。たとえば、女中たちを考えてみよ。私は私のうちで使っていた女中たちの一人――彼女は既婚婦人であったが――が妊娠したときのことを忘れない。私たちは、彼女にあまり重いものを持ち上げたりさせないようにしようと言った。ところが、たちまちその結果、女中たちの誰もが一人として重いものを持ち上げようとしなくなり、そのためこういう種類の仕事の必要なときには、私たちは自分でこれをするよりほかはなくなったのである。羨望嫉妬こそデモクラシーの基礎である。「われわれの間では第一者などというものはあってはならない」——エペソスの市民たちがこう言ったために、彼らはことごとく絞首さるべきであると、ヘラクリトスは断定している。おそらくギリシアの諸都市におけるデモクラティックな運動はこのような感情によって大部分燃え上がったものに相違ない。そしてこれと同じことは、近代のデモクラシーについても言える。なるほど、デモクラシーこそ政府の最善の形であるという理想主義的な理論もある。そして私自身もこの理論が正しいと考えている。けれども、理想主義的な理論が非常に強くそのため大きな変革を起こし得るような実際政治の部面は一つとして存在するものではない。大きな変革が起こるときには、これをジャスティファイ（正当づけ）しようとする理論はいつでも情熱に対するカモフラージュにすぎないのだ。そして民主主義理論にかつて力を与えたところの情熱は、疑いもなく、羨望嫉妬の感情である。民衆に対する献身によって動かされた一人の高貴な女性として、しばしば、言い表わされているローラン夫人*の追想録を一読してみるがいい。諸君は、

彼女をかくも激烈な民主主義者たらしめたものが、たまたま貴族の館《やかた》を訪問したとき
その召使部屋を見せられたときの彼女の経験であったことを見出《みいだ》すだろう。

＊ Roland de la Platière（一七五四―九三）フランスの女流作家。ジャコバン党からにらまれ、断頭台で死ぬ。「自由よ。汝の名においていかに多くの罪が犯されたか」は彼女の最後の言葉として有名である。（訳者）

普通の尊敬すべき女性の間においても、羨望嫉妬は異常に大きな役割を演じている。諸君がもし地下鉄に乗っていて、一人の美しい服装をした女性がその電車の傍をたまたま通りかかった場合、車内の他の女性たちの眼を見てみるがいい。諸君は、すべての女たちの一人一人が、同じく美しく着飾っている女性はおそらく別としても、この女を敵意にみちた凝視をもって見詰め、彼女の価値を傷つけるような何かの理由を見つけ出そうと躍起になっているのを、見出すだろう。スキャンダルを好むということも、このような一般的敵愾《てきがい》心の表われにすぎない。他の女性をけなすような話は、どんな話でも、最も薄弱な根拠によってさえ、たちまち信じられてしまう。高尚な道徳などというものもこれと同じ目的に役立っている。たとえば、こういう道徳を破るような機会をもったところの女は嫉《ねた》まれるし、そこで彼らのこの罪を罰することが徳高

いことと考えられる。こうした特殊な形の徳は、たしかに、それ自体、一つの報酬である。

けれども、正確に、これと同じことは男の間にも見受けられる。ただ、女がすべて自分以外の女を彼女の競争者として眺めるのに反し、男は一般に自分と同じ職業の他の男たちに対してこういう感情をもつという相違があるだけだ。読者よ。諸君はかつて一人の芸術家を、他の芸術家たちよりもほめそやすといった無礼を働いたことがなかったか？　諸君は同じ政党に属する一人の政治家を他の政治家たちをさしおいてほめるようなことはしなかったか？　諸君はかつて他のエジプト学者を措《お》いて一人のエジプト学者をほめたたえたようなことはなかったか？　もし諸君がこうしたことをしたとすれば、諸君が嫉妬の爆発を生み出したにちがいないことは火を見るよりも明らかである。ライプニッツとホイヘンスとの間に取りかわされた書簡の中には、ニュートンが気がちがってしまったといういいかげんな事実を嘆いている手紙が少なくない。「ニュートンのような比類を絶した天才が理性をうしなってわからなくなったということは、悲しいことじゃありませんか？」。彼らは互いにこう書き送っている。そしてこの二人のすぐれた男たちは、お互いの手紙の中で、明らかにホッとしながらそら涙を流し合っている。だが事実上は、この二人が偽善者的に嘆いているような事件は起こらなかった、――たといニュートンの一風変わった行動について二、三の噂《うわさ》が飛んだことがあったにしろ。

普通の人間性のあらゆる特質のなかで、嫉妬は最も不幸なものである。嫉みぶかい人間は単に他人に不幸を加えようと望み、また罰せられることなしに、なし得ることなら何でもやってのけるだけではない。さらに彼自身もまた嫉みによってみずからを不幸にする。彼は自分の持っているものから楽しみを取り出す代わりに、他人の持っているものから苦しみを取り出す。彼はできることなら、他の人々から彼らの利益を――彼自身これと同じ利益を持ちたいと思うような望ましい利益を、取りあげようとする。ところでもしかような感情が荒れ狂うに任せられるとしたら、それはあらゆる優秀なものにとって、また特別な技術をもった最も有益な行為にとって、致命的なものとならざるを得ない。労働者たちがテクテク歩いてその仕事場に行っているのに、なにゆえ医者は自動車に乗って患者の診断に行くのであろうか？　他の連中は無慈悲な風雨の前に直面しなければならないのに、科学の研究者たちはなにゆえ暖かな部屋で彼の時間を過ごすことを許されるのであろうか？　あるいはまた、この世にとって大きな意義をもつまれなる才能を恵まれた人はなにゆえ自分の家の家事といった小めんどうな仕事をせずにすましておれるのであろうか？――こういう質問に対していかなる答えも与えないのが嫉妬なのだ。だが、それでも幸せなことに、人間性のなかには、これを償ってくれる感情、言い換えれば、賞賛したいという感情がそなわっている。だから、人間としての幸福を増したいと思う人は、誰でも賞賛の感情を増加させ、嫉妬を減少させるように望むよりほかはない。

嫉妬に対していかなる療法があるか？　聖人にとっては自分のことを考えぬ無私という療法がある、もちろん、聖人の場合には、他の聖人を羨望嫉視するなどということは決してあり得ないのだが。それにしても聖者シメオン・スティリテス*が彼の場合よりももっと狭苦しい柱の上に彼よりももっと長い間立っている誰か他の聖者について知ったとしたら、彼は果たして心から喜んだであろうか、私にはどうも疑問に思われる。だが、こういう聖人聖者は計算に入れないことにしよう。普通平凡な男と女の場合における嫉妬のための唯一の療法は幸福にほかならない。ところで、嫉妬そのものが幸福にとって一つの恐るべき障害であるというところに困難があるのだ。私の考えるところでは、嫉妬というものは幼年時代におけるさまざまな不幸によって、たいへん強められるものである。自分の目の前で、兄弟、姉妹なりが自分よりもいっそうかわいがられるのを目撃する子供は嫉妬の習慣を身につけるものであり、そしてこのような子供が長じて世間に出て行った場合、彼がその犠牲者であったところのあの不公平の様子は、もしそれが起こるとすれば、一見してこれを見破るであろうし、全然そういう様子がない場合でも、これを空想するだろう。こういう人間はどんなにしても不幸である。そして友人たちに毛ぎらいされる。なぜなら、こういう人間は、自分で想像した他人からの軽蔑《けいべつ》を避けるために、常に執念ぶかく覚えている人間なのだから。彼はまず、誰も彼も自分をきらいなんだと思い込むことから出発する。そして最後には、その行動によってこの信念を間違いないものにさせてしまう。これと同じような結果をもたらす幼年時代のさらに別の不幸は、あんまり親らしい感情をもっていない両親を持つことである。自分よりも不当にかわいがられる兄や妹をもったことがなくても、子供はよその家の子供たちが彼らの父や母によって、彼の場合よりいっそうかわいがられているのだということに、気のつくことがある。こうしたことは彼をして他の子供たちを憎ませ、また彼自身の両親をも憎ませることになるだろう。そして彼が他日成長したあかつきには、彼は自分のことを、旧約聖書の中のあのイシュマエルのように感じるだろう。ある種の幸福はすべての人が生まれながらにして持っている権利である。そしてそれゆえに、これらの幸福を奪いとられるならば、否応《いやおう》なしに人間はへんくつになり、いやらしくなるだろう。

＊ Symeon Stylites（三三八—四五九）柱頭聖者と呼ばれた一派の隠遁《いんとん》者の祖、高い柱

の上に三十七年間すわって説教したと伝えられる。

だが、ここで嫉妬ぶかい人間は言うかもしれない。「嫉妬の療法が幸福であるなどと自分に言ってきかせたところで、何の役に立つか？　私が嫉妬の感情を持ちつづけているかぎり、私は幸福を見出すことができないし、私が幸福を見つけ出すまでは、私は嫉妬ぶかくあることをやめるわけにはいかない、これだけのことを君は自分に言ってるだけじゃないか」。だが、しかし、現実の生活というものは決してこんなに論理的なものではない。単に自分自身の嫉妬深い感情の原因を悟ることだけでも、そういう感情を治すための長足の一歩を踏み出すことである。比較の形で物事を考える習慣は一つの致命的なものだ。何か愉快なことが起こった場合、人はこれを精いっぱいたのしむべきであって、誰か別の人にひょっとしたら起こっているかもしれない事柄に比べて、これはそれほど愉快なことじゃないなどと考え込んだりすべきものではない。嫉妬深い人はそこでこう言うだろう、「たしかに。今日はいい天気だし、季節は春だし、小鳥は歌っているし、花は咲き盛っている。けれども、シシリイ島の春はこれよりも千倍も美しく、ヘリコンの森の中では小鳥たちはこれよりもっと巧みに歌い、シャロンのバラの花は私の庭の中のどれよりもはるかに美しい、ということを私は知っているのだ」と。だが、彼がこういう思想を思いつくや否や、太陽はかげり、小鳥の歌は無意味なサエズリになり、花という花は一顧にも値いしなくなるだろう。彼は人生の他のいっさいの喜びをもこれと同じやり方で取り扱うのだ。嫉妬ぶかい人間は自分自身に向かってこう言いきかせる、「なるほど、私の恋人は美しい。私は彼女を愛しているし、彼女も私を愛している。けれども、シバの女王はこれよりも何倍か美しかったにちがいない。ああ私にもしソロモン王の機会があったとしたら!」。こうした比較はすべて無意味であり愚かである。女王シバなりあるいは私たちの隣人なりが私たちの不満の原因であるにせよないにせよ、どっちにしたって、同じように無益な話である。賢人においては、彼の持っているところのものはいつまでも彼にとって楽しいものであることをやめないだろう、なぜなら、他人は他人のものを持っているのだから。嫉妬は、事実、半ば道徳的な、半ば知的な、悪徳の一つの形式である。それは物事を決してそのものとしてながめず、むしろ比較においてのみながめる時に出てくるものである。たとえば、かりに私がいま私の要求を充分にみたしてくれるだけの月給を取っているとしよう。私は満足するのがほんとうなのだ。ところが、どう考えてみても私よりも上だとは思われないような別の誰かが私の二倍にもなる月給をもらっていることを耳にする。するとたちまち、もし私が嫉妬ぶかい性質であるとしたら、私のいま持っているものから取り出さるべき満足感はくもってしまい、私は不公平だという感じに圧倒されはじめるだろう。すべてこうしたことに対する適切な療法は精神の訓練、つまりよけいなことを考えないという習慣である。結局、幸福ほどうらやましくなるものが他にあろうか？　だがもし私が嫉妬ぶかいということを自分でなおせるならば、私は幸福になれるのであり、他人からうらやまれるようになるのである。自分の月給が倍になった人間は、間違いなしに、他の連中も同じように倍になったのだという考えによって悩まされるものだ。そして、そうなればキリがない。もし諸君が光栄を望む場合、諸君はナポレオンをうらやむかもしれない。けれども、そのナポレオンがシーザーをうらやみ、シーザーがアレキサンダー大王をうらやみ、さらに、アレキサンダー大王が、あえて言えば、実在の人物ならぬヘルキュレスをうらやんだとしたら？　だから、成功ということだけによって、嫉妬からのがれることは、諸君には金輪際《こんりんざい》、できないのである。なぜなら歴史や伝説のなかにはいつでも諸君よりもはるかに成功した人間が幾人もいるのだから。諸君が嫉妬を脱却し得るのは、諸君の目の前にやってきた快楽をたのしむことによってであり、諸君のなさねばならぬ仕事をなすことによってであり、諸君が諸君自身よりももっと幸福だと想像する——これはおそらくまさに思いちがいであることが多いのだが——誰かとの比較をさけることによって、である。

不必要な謙遜《けんそん》もまた大いに嫉妬と関係がある。謙遜は一つの徳と考えられている。けれども私に言わせれば、非常に極端な形における謙遜が果たして尊敬に値いするものであるかどうか、疑問だと思う。謙遜な人々は大いに勇気をつけてやる必要がある。彼らはしばしば、どこから言ってもやりとげることのできるような仕事を企てることさえあえてしない。謙遜な人々は、平常交際している人々には自分はとうていかなわないんだと思い込んでいる。そこで、こうした人々は特別、嫉妬ぶかくなり、嫉妬によって不幸になり、さらに悪意をもつようになりやすい。私としては、子供をして自分自身のことを素敵な人間だと思い込むように育てあげることがたいせつだと思う。すべての孔雀《くじやく》が自分の尾を世界じゅうでいちばん美しい尾だと思い込んだからといって、どの孔雀も他の孔雀を羨望《せんぼう》するようになるとは私は考えない。だからこそ、孔雀は平和な鳥なのだ。かりに想像してみたまえ、もし孔雀が自分自身のことをよく考えるなどということは悪徳だと教え込まれたとしたら、孔雀の生涯はどんなに不幸になるものか、を。彼は尻尾《しつぽ》を広げている他の孔雀を見るごとに、私自身に向かってこう言うだろう、「自分の尾があいつのそれよりも美しいなどと、自分はかりそめにも想像してはいけないのだ、そういうことはうぬぼれの強いことなんだから。だが、やっぱり、もし自分の尾の方がもっと美しかったら、どんなに素敵だろう！　あのいやらしい鳥は自分の華麗さについてひどく自信をもっていやがる。あいつの毛を少しばかり引き抜いてやろうか？　そうしたらたぶん、あいつといやな比較をしなくたってすむだろう」。それとも、ひょっとしたら、その孔雀は相手の孔雀に対してワナを張るかもしれない。そして、みずから、不穏な行為をあえて犯した悪しき孔雀たることを身をもって立証し、あるいはまた相手の孔雀のことを指導者たちの集会に持ち出して悪しざまに告げ口もするだろう。このようにしてだんだんと彼は、特別美しい尾をもった孔雀は常にほとんど悪い孔雀に限っているという原則を作りあげ、孔雀王国における賢明な治者は見すぼらしいわずかの尻尾の羽を引きずっている謙虚な鳥を捜し求めるということになるだろう。ところで、もしこうした原則が一般に受けいれられたとなれば、最も美しい孔雀どもはすべてこれを死刑にし、結局最後には、ほんとうにすばらしい孔雀の尾などというものは過去のおぼろげな記憶にすぎないものになってしまうだろう。かくのごときことこそ、道徳の仮面をかぶった嫉妬の勝利にほかならない。けれども、その反対に、すべての孔雀たちが自分のことを他のいかなる孔雀よりも素敵なのだと考える場合には、そこにはこういう弾圧はいっさい必要ではなくなる。孔雀はどれもこれも自分こそ競技においては一等賞を獲得すると考えるだろう。

そしてどの孔雀も、彼は自分の雌の孔雀を高く評価するがゆえに、自分はかつて一等賞をかち得たのだと思い込むだろう。

嫉妬は、むろんのこと、競争と密接な関係をもっている。私たちは、私たちの手の届くところからは絶望的に離れていると思われるような好運を決してうらやまないものだ。社会的階級別がきちんと定まっているような時代においては、最下級の階級は決して上流階級をうらやむことをしない、けだし富者と貧者との区別は「神」によって定められたものと考えられるからだ。乞食は非常に成功した他の乞食をうらやむことがあっても、決して百万長者を羨望はしない。近代世界における社会的身分の不安定とデモクラシーおよび社会主義の平等主義的理論とは羨望嫉妬の範囲を非常に拡大したのである。当分、この事は禍《わざわ》いにはちがいない。だが、それよりいっそう正しい社会組織に到達するために堪え忍ぶよりほかないところの禍いである。不平等ということが理性をもって考えられるや否や、不平等は、それがなんらかすぐれた功績の上に基づくものでなければ、不当であると考えられる。そしてひとたび、不平等なものであると考えられるや否や、その事が生ずる嫉妬については、この不当なゆえんを取り除くことをしないかぎり、いかなる治療法も存在しない。それゆえ、今日は嫉妬羨望が特別大きな役割を演じている時代である。貧しい人間は富める人間を羨望し、貧しき国民は富める国民をうらやみ、女は男をねたみ、道徳的な女性は、道徳的でないにもかかわらず少しも罰せられることなき女性を嫉視する。羨望嫉妬が異なる階級間において、異なる国民間において、また両性間において、公平をもたらすための主要な動力であることは事実にはちがいない。けれどもそれと同時に、嫉妬の結果として期待される公平の種類がややもすれば最も悪質なもの——言い換えれば、不幸な人間の喜びを増すということよりも、むしろ、幸福な人間の喜びを減少せしめるということのうちに成り立つものになりやすいということも事実である。個人生活を破壊するところの感情は、また、公的生活をも破壊するものだ。嫉妬のようなよくないものから、よい結果が出てくるだろうと期待すべきではない。だから、理想主義的な理由に基づいて、今日の社会制度における根本的な変革を望み、また社会的正義のいちじるしい増大を希望するところの人は、当然、嫉妬などとはちがった別の力が変革をもたらすに当たっての手段となることを望むのでなければいけない。

すべて悪いことというものはお互いにからみ合っている。そしてそれゆえに、悪い事の一つである嫉妬も、他のよくない事の原因になりやすい。とりわけ、疲労は非常にしばしば嫉妬の原因となる。ある男が自分のしなければならぬ仕事に対して何となく気が向かないように感じたとする。その時彼は何事に対しても一般的な不満を感ずるであろうし、この不満は自分よりもっとらくな仕事をしている人々に対して、羨望の形をとらせることになりやすい。そこで嫉妬を少なくさせる方法の一つは疲労を少なくさせることだ。だが、それよりもはるかに重要なことは、本能を満足させるような生活を確保することだ。一見したところでは、純粋に仕事の上のものであるように見える多くの嫉妬も、ほんとうは、性的根拠をもったものである。その結婚生活において、またその子供たちについて幸福な人間は、自分の正しいと思っている仕方で子供たちを育てるだけの資力をもっているかぎり、自分よりももっと金持ちだとかもっと成功しているとかいった理由で、そうそうやたらに他人をひどく羨望するものではない。いったい、人間の幸福を形づくっている要素は単純なものなのだ、口達者な連中ですらも、ほんとうに自分たちに欠けているものが何であるかを、自分に納得させることができないほど、それは単純なものなのだ。私がさきに紹介した女性たち、あらゆる美しく着飾った女たちを羨望の眼をもってながめるところの女性たちは、おそらく間違いなしに、彼女たちの本能生活において幸せではないのであろう。本能生活の幸福は、英語を話す世界、とりわけ女性たちの間においては、まことにまれである。この点で、今日の文明は道に迷ってしまったかのように思われる。もし嫉妬を少なくしたいというのであるならば、こういう事態を救うための方法が見つけ出されねばならない。そしてこういう方法が全然見つけ出されないとするならば、私たちの文明は憎悪の噪宴《そうえん》のなかで一路崩壊に向かって進みつつあるという危険にさらされているものだ。昔、人々がうらやんだのはその隣人たちだけであった、つまり隣人以外に彼らはほとんど知るところがなかったからである。ところで、今日は新聞と教育のおかげで、人々は、抽象的な仕方においてにせよ、ただの一人の知己ももっていない人類の広範な階級についていろんなことを知っている。人々はまた、映画を通して、金持ちがどんな生活をしているかを知っていると自分では思っている。あるいはまた、新聞によって、人々は諸外国の邪悪さについて知っているし、宣伝のおかげで、彼らはまたその皮膚の色が自分たちのそれとはちがっているすべての人たちの言語に絶した行動についてもひととおり知っている。黄色人種は白色人種を憎み、白色人種は黒色人種を憎み、その他等々である。ところで、諸君は言うかもしれない、すべてこういった憎悪は宣伝によってかき立てられたものだと。だが、これは少しばかり浅薄な説明である。友誼《ゆうぎ》的な感情をかき立てようとする場合よりも、なにゆえ、憎悪をかき立てるときに、宣伝はそんなに功を奏するのか？　この理由は明白である、近代文明が作りあげたところの人間の心持《ハート》は友情よりも憎悪に対していっそう強い傾向をもっているからなのだ。そして人間の心情がいっそう憎悪に傾いているのはほかでもない、その心情が不満をもっているからであり、また、心情がどっちかと言えば人生の意義をすでに見うしなってしまったのだということを、また自然がたのしむために人間に与えているところのさまざまなよきものを私たち自身ではなく、かえって他の人々が確保しているのだということを深く、おそらくは、無意識のうちに感じているからである。近代人の生活における快楽の総量は、いっそう未開な社会において見出されたところのものよりも、疑いもなく、いっそう大である。だが、それと同時に、こうもあり得たろうにという意識もまた、以前よりも増大してしまっている。かりに諸君がたまたま子供を連れて動物園に行ったとする。諸君はおそらく、猿《さる》どもの眼の中に――彼らが体操の曲芸か、あるいはまたくるみ割りをしていない場合、――一種奇妙なふうに緊張した悲しみを見つけ出すだろう。彼ら猿どもは、自分たちもほんとうは人間になるところだったのに、そのなり方の秘密がわからないのだと感じているのだろう――ある人はこの悲しげな猿の眼を見てこう想像するかもしれない。たしかに、進化の途上において、猿たちは道に迷ってしまい、一方彼らの従弟《いとこ》たちは行進をつづけ、そして彼らは置き去りにされてしまったのだ。しかもこれと同じ緊張感と苦悶《くもん》のうちのあるものは文明人のたましいのなかに入り込んでしまったようでもある。彼は、それもほとんど自分の手の届くところに、自分自身よりももっといいものがあることを知っている。しかし、それをどこで求めたらいいのか、またどうしたら見つけ出せるのか、彼はこれを知っていない。そこで、彼は絶望のあまり、彼と同じように道を見うしない、同じように幸せな仲間の人間に向かって怒りを爆発させるのだ。私たちは今日進化の一つの段階に到達している。しかしそれは決して終局の段階ではない。私たちは急いでこの段階を通り抜けねばならない。なぜなら、もしそうしないならば私たちのうちの大半の者は途中でつまずき、他の者は疑惑と恐怖の森の中で見うしなわれてしまうだろう。それゆえ、嫉妬はそれがよからぬものであり、またそのもたらす結果が恐るべきものであるとしても、全部が全部、悪いものばかりとは言えない。嫉妬は部分的には、英雄的な苦しみ――いわば、よりよい休息の場所に向かっているのか、あるいはまたただ単に死と破滅に向かっているのか、それはさっぱりわからずに、暗い夜道を歩んでいる者の苦しみの表現でもある。この絶望から抜け出す正しい道を発見するために、近代人はかつて彼の精神（mind）を拡大したごとくいまや彼の心情（heart）を拡大しなければいけないのだ。彼は自分自身を越えて行くことを学ばなければいけない。そして自分自身を越えることによって、この「宇宙」の自由を獲得しなければいけないのだ。

7　罪悪感

罪悪感については、私たちはすでに第1章において多少のべる機会を持った。しかし私たちはいまここでもう少し充分に立ち入ってみなければならない。なぜなら、罪悪感こそ成人の生活のなかの不幸をつくりあげている深い心理的原因のうちで、最も重要なものの一つであるからだ。

世の中には、近代の心理学者たちが決して認めようとしないところの罪についての伝統的な宗教心理がある。特に新教徒たちはこう信じている。人間が誘惑されて行なった行為が罪ぶかいものであるときには、どんな人間にも良心がひらめくのであって、こういう行為をおかした後では、彼は二つの苦しみに満ちた感情——その一つは良心の呵責《かしやく》と呼ばれる、これには何一つ功徳もない、そしてもう一つは悔い改めと呼ばれる、これは彼の罪をぬぐい去ることができる——のどっちかを経験するだろうと。新教徒の国々においては、その信仰をなくしてしまった多くの人々も、なおしばらくの間は、大なり小なり修正したうえではあるが、このオーソドックスの罪悪感を抱きつづけてきたのであった。だが、今日では、一部は精神分析によって、私たちはこれと正反対の事態を経験している、すなわち、単に正統な信仰をもっていない人々が罪悪についての昔ながらの教訓を拒否しているだけではない、自分のことをいまもって正統な信仰所有者と考えている人々の多くの者も、同じように、これを拒否している。良心はもはや神秘的ななにかあるものではなくなってしまった。良心は、神秘的であったがゆえに、今まで「神」の声と考えられることができたのであったが、私たちは今日、良心が世界のなかのその場所を異にすれば、それぞれ異なった行為を命令するものであることを、そしてまたおおざっぱに言えば、良心はどこにおいてもその種類の慣習と一致しているものであることを、知っている。そこで、人間の良心が彼を呵責するという場合、いったい、ほんとうのところ、どんなことが起こりつつあるのか？

「良心」という言葉のなかには、事実、いろいろさまざまな感情が含まれている。その最も単純なものは露見しないかという恐怖である。読者諸君は、もちろん言うまでもなく、今まで完全に恥ずるところなき生活を送ってきていられるものと信ずる。ところで、諸君がもし露見したとしたら罰せられるような仕方で、何かの折り行為したある人を訪問したとすれば、諸君は、その露見が間近に迫っている場合、その問題の人間が自分の犯罪を後悔しているのを、見出《みいだ》すであろう。私はこういうことが専門的な盗人にもあてはまるとは言わない。彼はその泥棒商売の一つのリスクとしてある程度の入獄を覚悟しているだろうから。けれども、いま言ったことは、いわゆる、尊敬すべき犯罪者——たとえば、金に窮して使い込みをやった銀行の支配人とか、あるいはまた情熱にそそのかされてなんらかの性的不都合をやってのけた牧師とかいった連中にもあてはまる。こういう連中は、彼らの犯罪の露見のチャンスがほとんどないように見える場合には、その犯罪を忘れてしまうことができる。だが、その犯罪がひとたび露見したとか、あるいはまた露見しそうな重大な危険にあるとかした場合には、彼らはあの時もっと身を慎むべきだったと考える。そしてこういう考えは、彼らに自分の犯した罪の凶悪さについて生き生きした感覚を与えることもある。こうした感情と密接に結びついているのは、仲間たちからのけ者にされてしまいはしないかという恐怖である。トランプでインチキをやるあるいはまた賭《か》けの借金を返しきれない男は、彼自身のうちに、それがバレた場合仲間の非難に対抗するだけのものを何一つ持ってはいないからだ。この点で、こういう男は宗教改革者とかアナーキストとかあるいは革命家などとはまるでちがっている。いまあげたような人たちはすべて、現在彼らの運命がどのようなものであるにしろ、未来は彼らと共にあり、また彼らが現在きらわれているだけ、それだけ未来は彼らを祝福してくれるだろうと感じている。これらの人々は、群集の敵意にもかかわらず、みずからを罪深いものとは感じない。ところが、群集の道徳律を全面的に受けいれながら、しかも片方ではこれに反した行為をするところの人間は、彼がその地位を失うときには非常な不幸を苦しむことになる、こうして、禍《わざわ》いについての恐怖やあるいはその禍いが起こったときに来る苦痛は、容易に彼をして自分の行為をみずから罪ぶかいものと考えさせるようになるだろう。

しかしながら、その最も重要な形式における罪悪感は、もっと深いところに達するところのあるものである。それは、その根源を無意識的なもののうちにもつところのあるものである。そしてそれゆえ、他の人々の自分に対する非難についての恐怖といったような意識の面に現われるものではない。意識の面では、ある種の行為は、反省してみてもその理由がわからないのに、なお「罪悪」とせられることがある。こうした行為をしたとき、人は、その理由が全然わからないのに一種不快なものを感ずる。彼は、自分が罪なことだと思い込んでいるところの事をしないですますことのできるような人間であったらと念願する。彼は大なり小なりある程度の後悔をもって、聖人たることは自分にはできないことだと認める。しかもその場合、聖人であるということについての彼の概念は、おそらく、普通の日常生活ではとても実行できないようなものであるかもしれない。その結果、彼は一生涯罪悪感を引きずって歩く、至善の行ないなどは自分にはとうていできるものじゃない、だから、自分の経験し得る最高の瞬間は涙にぬれた後悔の瞬間なのだ、と感じながら。——

すべてこうした、実際にあり得るあらゆる場合の根拠をなしているものは、人間がまだ六歳にもならぬうちに、母や乳母の手に抱かれながら受けたところの道徳上の教えにほかならない。彼は六歳にならぬうちに、口ぎたなくののしることは悪いことだ、最も上品な言葉以外のものを使うことはいいことではない、酒をのむのは悪い人だけなのだ、あるいはまた、煙草を吸うことは人間の最も高い徳ととうてい両立するものではない、ということを学んだのである。彼はまた、人間は決して虚言をいってはならぬものだと教え込まれたのである。そして、何よりも第一に、身体の中の性的部分に興味をもつことはすべて憎むべき行為だと教え込まれたのである。彼はこうした訓《おし》えが彼の母親の見解であることを知っていたし、またそれらのものが「創《つく》り主」の教えであることも信じていた。ところで、彼の母親によって、ないしは母親があまりかまってくれなかった場合には、その乳母によって愛情ぶかく取り扱われることが彼の生活の最大の喜びであった。しかもこの喜びは、いま言ったような道徳律にそむくことをまだ知らなかったときにのみ獲得できるものであった。そこで彼は母親や乳母が非難するような行為に何か漠然《ばくぜん》と恐ろしいものを結びつけるようになってしまった。だが彼がだんだん成長するにつれて、いったいこのような道徳律がどこからやってきたものなのか、そしてまた、それに従わなかったことに対する罰がどのようなものであったか、をもすっかり忘れてしまった。ところが、それにもかかわらず、彼はこれらの道徳律を投げ捨てることもしなかったし、それにそむいた場合、恐ろしいことが彼の身に起こりがちだということを、相変わらず感じていたのである。

ところで、これらの幼児期における道徳的教訓の大部分は、いっさいの合理的な基礎をもたぬものであり、普通の成人の普通の行為にはあてはめることのできないものである。たとえば、いわゆる「きたない言葉」を使う人間がこれを使わない人間よりも合理的な見地から見ていっそう悪いというわけではない。それにもかかわらず、事実上、一人の聖者を思い描こうとする際、誰でも悪口雑言を慎んでいることをもって、本質的なことと考えるのが常である。だが、理性の光に照らして考えてみるとき、これはまことにバカげたことにすぎない。同じことはアルコールについても煙草についても言える。アルコールに関しては、こういう感情は南方の国々に全く存在していない。しかも実際のところ、アルコールをのむことについては不信な行為だという要素がまつわりついている。というのはほかでもない、「われらの主」やその使徒たちはぶどう酒しか飲まなかったからである。煙草について言えば、それが悪いことではないという否定的立場をとることはいっそう容易である。なぜなら最も偉大な聖者たちが生きていたのは、煙草の使用が私たちに知られる以前であったからだ。いかなる聖人も煙草を吸わないだろうという見解は、結局これを分析してみれば、いかなる聖人も単に彼に快楽を与えるという理由だけでは、あることをしなかったろうという見解に基づいている。ところで、日常の道徳におけるこのような禁欲的要素はほとんどいまや無意識的なものになってしまっている。しかもそれはあらゆる仕方で私たちの道徳法を不合理なものにさせるように作用しているのだ。合理的な倫理においては、もし自分自身に対し、あるいは他人に対し、それを帳消しにするようないかなる苦痛もそこにないならば、誰かある人に、いや、自分自身に対してすら快楽を与えることは感心なことだと考えられるだろう。私たちがもし禁欲主義をすでに脱却しているとするならば、ほんとうに有徳な人とは、喜びの摂取をだいなしにしてしまうようないかなる悪い結果もないような場合には、いつでも、あらゆるよきものの享受を許すような人であるだろう。もう一度、虚言の問題を取りあげてみよう。この世にあまりに多くの虚言が充《み》ち満ちていることを、さらにまた、真実がいまよりも増加するならば、私たちすべてがいい人間になるだろうということを、私はもとより拒みはしない。けれども、すべての理性的な人は考えるに相違ないと考えられることだが、虚言はいかなる場合にも正当ではないということを、私は断固として拒否するものだ。私はかつて田舎《いなか》道を散歩しているとき、その疲労困憊《こんぱい》の最後の段階にあるような一匹の疲れた狐《きつね》がそれでもやっとのことで走って行くのを見たことがある。やがて、五、六分もしてから、私は狩猟者の一行にぶつかったものだ。彼らは私がその狐を見なかったかどうかと、私にたずねた。私は見たと答えた。彼らは、狐がどの道を逃げて行ったかを、私に聞いた。そこで私は彼らに虚言をついた。ところで、私がもしほんとうのことを言ったとしたら、私はいっそうよい人間であったろうか――私は決してそうは思わないのだ。

だがしかし、幼年期の道徳教育が有害であるのは、何よりも、性《セックス》の世界においてである。もしある子供が昔ながらのやり方で、幾分きびしい両親やあるいは乳母によって教育されてきたとすれば、罪悪と生殖器との間の連絡は、子供が六歳にならぬうちに非常に堅く結ばれ、そのため、私の一生の残りの全部を通じても、ほとんどその連絡は解きほごされないまでになるだろう。この感情はもちろんエディプス・コンプレックスによっていっそう強められる。けだし幼年時代に最も愛された女性は、彼女といっさいの性的自由が不可能であるところの女性であるからだ。その結果、成人した男性たちは女性が性によって堕落させられるのだと感ずる。そして彼らの妻が性交を憎むのでないかぎり、彼らの妻を尊敬することができなくなる。ところが、性的に冷たい妻をもっている男は本能にかり立てられ、どこか外で本能の満足を求めるようになる。だが、彼の本能の満足は、よしんば瞬間的にはその満足を彼が見出すとしても、悪いことをしたのだという感じによって汚毒されるだろう。そこで、彼はいまや、結婚の中においても、外においても、女性とのなんらかの関係に幸福を見出すことができなくなる。女の側についてはどうか。もし彼女がこれよりさき力をこめていわゆる「純潔」であるように教え込まれてきたとすれば、上と同じような事が起こるだろう。彼女は本能的に彼女の夫との性的関係にしりごみする。そしてその性的関係から何かの快楽をとり出すことを恐れるようになる。だがしかし、今日では、五十年前に比べて、女たちの側ではこういうことは非常に少なくなってきている。今日、教養ある人々の間では、男性の性生活は女性のそれよりも罪悪感によっていっそう強くゆがめられいっそう多く毒されていると、私は言いたいのだ。

非常に幼い子供に従来のような性教育をほどこすことの害悪については、もちろん当局の側においてではないが、広く一般にだんだんと気がつきはじめている。性教育の正しい規則は単純なものだ。すなわち、子供が思春期の年齢に近づくまでは、いかなる形においてにもせよ、少年や少女たちにいかなる性的道徳をも教えないということ、それから、自然の身体機能のなかに嫌悪《けんお》すべき何かがあるといった観念を注意ぶかく注ぎ込まぬようにすること、これである。道徳教育を授けることが必要な時期が近づいてきた時には、必ず、その教育が合理的なものであること、そして、諸君が話してきかせることについてはいかなる点でも充分な理由を必ず諸君が説明できるようなものであること。だが、それにしても私がこの本で語りたいと思っているのは教育についてではない。この本においては、私はむしろ、不合理な罪悪感を起こさせるごとき愚かな教育のもたらした悪い結果を、少しでも少なくするために成人は何をなし得るかということに関心をもっているのだ。

ここにかかげた問題は、いままでの二、三の章で私たちが直面したところのものと同じ問題——詳しく言えば、私たちの意識的な思想を支配しているところの理性的な信念を、無意識をしていやでも注意せしめるようにする、という問題である。人間はその気分によって自分自身を押し流されることを許してはいけない、ある瞬間には一つのことを、別の瞬間には別のことを信ずるようなことがあってはならない。罪悪感なるものは、意識的な意志が、あるいは疲労により病気によりあるいは飲酒その他の原因によって弱められているそういう時に、とりわけ、湧《わ》き上がってくるものだ。こうした時に（ただし飲酒による場合は別だが）人間が感ずるところのものは、あたかも彼のいっそう高い自我からの啓示であるかのように想定される。「悪魔は病気になった。そのとき悪魔は聖者になるだろう」とも言われている。しかし、弱っている瞬間が、力にあふれている瞬間よりももっと鋭い洞察を与えてくれるなどと想定することとは馬鹿げきった話である。弱っている瞬間には、幼児期的な暗示に抵抗することは困難である。だが、それにしても、こうしたときの暗示が充分な才能を所有しているときの成人の信念よりもいっそうすてきなものだと考えるに足るいかなる理由があるだろうか。それどころか、人間が元気のいいときにその全理性を働かせて慎重に確信するところのものは、彼があらゆる時に何を信じたらいっそういいかということについて、一つの規準たるべきものである。無意識のもっている幼児期的暗示を克服することは、そしてまた、正しいテクニックの使用によってこの無意識の内容を一変せしめることは、正しく可能なのだ。諸君の理性が、諸君はちっとも悪くはないのだと語るような行為について、諸君が何となく悪いことをしたのだという心のとがめを感じ始めるような場合には、常に、諸君のこの呵責の感情の原因を点検してみるがいい。そしてみずから、こうした感情の間違っていることについて、細かい点まで確信をもつようにせよ。諸君の意識的な信念を非常に生き生きとまた強力なものにせよ、――

その信念が諸君の幼児であったときに乳母や母親によって与えられた印象と充分に闘《たたか》えるほどに。そしてさらにその信念が諸君の無意識の上に一つの印象を刻印するほどに。合理性の瞬間と不合理性の瞬間との交替といったことでも毛頭満足してはいけない。不合理性を断じて尊敬しないという決意、不合理性をして断じて諸君を支配せしめないという決意をもって、その不合理性を詳しく見つめるがいい。不合理性が諸君の意識のなかに馬鹿げた思想や感情を押しこもうとするときには、いつでも、これらの思想や感情を根こそぎ引き抜いてしまい、それを点検し、それを拒絶せよ。諸君自身をして半ばは理性により半ばは幼児期的な愚昧《ぐまい》によって押し流されるような動揺し迷える存在たらしめることを許すな。諸君の幼年時代を支配した人々についての追憶に対して敬意を表しないことになるなどと恐れてはいけない。それらの人々はその当時の諸君にとっては強くかつ賢明だと映じたろう、というのは諸君が当時弱くかつ愚かであったからなのだ。だが、いまは諸君は弱くもなければ愚かでもない。それらの人々のもっていた外見上の力と智慧《ちえ》を検査し、習慣の力によっていまもなお諸君が彼らに対して払っている尊敬を彼らが果たして受けるに値いする人々であるかどうかを考察するということ、これこそ現在の諸君の仕事なのだ。青少年たちに伝統的に昔から与えられてきた道徳教育によって果たしてこの世の中がいくらでもよくなったかどうかをまじめに諸君自身にたずねてみよ。いかに多くの迷信そのままのものが伝統的に徳高き人とされた人々の人格構造の中に入り込んでいるかを考察してみよ。そして、さらに、あらゆる種類の空想的な道徳的危険がほとんど信じがたいほどの馬鹿げた禁止によって守られているその一方にあって、成人のさらされているほんとうの道徳的危険が事実上何一つ言及されないで放置されているという事実を反省してみよ。普通の人間がそれに向かって誘惑されるほんとうに有害な行為とはいかなるものであるか？　法によっては罰せられないようなたぐいの仕事《ビジネス》における狡猾《こうかつ》な行為、使用人に対する無慈悲、妻や子供等に対する残酷、競争者に対する悪意、政治的闘争における残忍性――これらのものこそ尊敬すべきかつまた尊敬されている市民たちの間に普通見受けられるほんとうに有害な罪悪なのである。これらの罪悪によって、一人の男は彼をめぐる身近な周囲に悲惨をまき散らし、文明の破壊にそれ相応の力をかしているのだ。だがしかし、これらの悪徳も、彼をして、彼が一朝病気にでもなったとき、自分自身のことを、神の恩寵《おんちょう》に対するいっさいの権利を失ってしまった人間の屑《くず》として、考えさせるところの事柄ではない。これらの悪徳は、彼をして夜、夜中、その母親が彼の上に非難の眼差《まなざ》しを投げかけている幻想《ヴィジョン》を見させるに足るほどの事柄ではない。それにしてもいったい、なにゆえにかくのごとく彼の無意識的道徳は理性から離別されるに至ったのか？　言うまでもない。彼の幼少時代の世話をした人たちの信じていた倫理が馬鹿げたものであったからなのだ。そしてまた、その倫理が社会に対する個人の義務ということについてのいかなる研究からも出てきたものではなかったからなのだ。さらにまた、その倫理なるものが、昔風な不合理なタブーの切れっ端からでき上がっていたものであったからなのだ。そして最後には、その倫理がそれ自身のうちに、滅び行くローマ帝国を困憊せしめたところの精神的疾患から伝わり来たった幾つもの不健康の要素を含有していたからなのだ。私たちの名目上の道徳は、僧侶《そうりょ》と精神的に奴隷化せられた女性の手によって形づくられたものである。今日こそ、この世の正常な生活において正常な役割を受け持つべき人々がこの病的なナンセンスに向かって叛逆《はんぎゃく》することを学ぶに至った時代にほかならぬ。

しかしながら、もしこのような叛逆が個人に幸福をもたらすに当たって、また、人間をして二つの標準の間を右往左往せしめるのではなく、一つの標準によって一貫して生きることを可能ならしめるに当たって、いやしくも成功をかち得ようとするのであるならば、人間は当然彼の理性が彼に語るところのことを考えかつ深く感ずるのでなければならぬ。過半の人々は、彼らがその幼年時代に注ぎ込まれたさまざまな迷信を一応表面的に投げ捨ててしまったあかつきには、もはやそこには何一つなすべきことがないように考えるものだ。彼らは、これらの迷信がいまもって心の地下でひそかに活動をつづけているということをまるで悟ってはいない。ひとたび、合理的な確信に到達した場合には、その確信の上に立ち、それからいろいろな結論を引き出し、この新しい確信と相いれがたいような何かの信念がそれでもまだ生き残っているようなことがないか、これを捜し出し、そしてさらに、罪悪感が強大になり、時とともにそれが強くなって行きそうな場合には、これを啓示だとか高いものへの呼びかけといったふうに取り扱わず、むしろ、一つの疾患、一つの弱さとして——ただし、もちろんのこと、この罪悪感が理性的倫理の非難するごときなにかの行為によって引き起こされたものでないかぎり——取り扱うことが必要なのだ。私は、人間が道徳を持たなくてもいいものだなどと毛頭言おうとしているのではない。私はただ、人間は迷信的道徳ならこれを持つ必要がないと言っているにすぎない。そしてこの二つの事は全くちがった事なのだ。

だがしかし、人間が彼自身の理想的な道徳法を犯した場合はどうか。そのような場合でも、罪悪感が果たしてよりよい生活に達するための最善の方法であるかどうか、私には疑問に思われる。罪悪感というもののなかには、何か卑しげなもの、何か自尊心を欠如したものがある。理性的な人間は、彼自身のやった望ましからぬ行為を、彼が他人のそうした行為について考えると同じように、ある種の環境によって生み出されたものと考えるだろう。そして、そうした行為が望ましからぬものであることをいっそうよく知ることによって、あるいはまた、そうした事が可能であるならば、これらの行為を惹起《じゃっき》せしめた環境を回避することによって、避けられるべきものだと考えるだろう。

事実、罪悪感は、よき生活の原因であるどころか、むしろ全くその逆である。それは人間を不幸にさせ、彼に劣等感を与えるものだ。そして人間は、不幸であるとき、もっと非常に不幸な他の人々に対して何か義理が悪いように感じやすいものであり、こうした感情は個人的関係で幸福を享受するうえに妨げとなるだろう。さらにまた人間は、劣等感をもっているとき、自分より優越しているように見える人々に対して敵意をもちやすいものだ。彼はその男をほめることが困難で、憎むことが容易であるのを見出すだろう。このようにして、彼は一般に不愉快な人間になるだろうし、そうなれば、いっそう、自分自身を孤独だと感ずるだろう。他の人々に対して広々したまた寛大な態度をもつことは、単に他人に幸福を与えるのみではない、そうすることは当人にとってもすばらしい幸福の源泉なのだ、なぜなら、そういう態度をもてば一般に彼は人々から好まれるだろうから。ところで、こうした態度は罪悪感によってかり立てられている人々にとってほとんど不可能である。こういう寛大な態度は均衡のとれた心と自己信頼感から生み出されるものである。それにはいわゆる精神的統一——つまりこの言葉によって私の指しているのは人間の意識的、意識下的、また無意識的な性質のいろいろな積み重なりがいっしょに調和をもって働き、永遠の闘争などをしない状態のことであるが——が必要なのだ。こういう調和を生み出すことは、多くの場合、賢明な教育によって可能となるだろう。だがもし教育が蒙昧《もうまい》であったとしたら、こういう調和を生み出すことは一つのきわめて困難な過程である。それは精神分析が企てているところの過程である。しかし過半の場合、患者は自分自身でこの仕事を成し遂げることができるのであって、非常に極端なケースにおいてのみ専門家の援助を必要とするのだ、と私は信じている。まあ、次のように言うのはやめたまえ、「そういう心理的な仕事にたずさわっている時間などは僕には全然ない、僕の生活はギッシリいろいろな事件で詰まっている、僕は忙しい、だから、僕は僕の無意識とやらいうものをして勝手に曲芸させておくよりほかはない」。自分自身に逆らって分裂している性格ほど幸福と能率を減退させるものはほかにはない。一つの性格のなかのいろいろな部分の間に調和を生み出そうとして費やされた時間はまさに有益に使用された時間である。だからといって、一日一時間、人間は自己検査のための時間を特設すべきだなどと私は言っているのではない。私の考えでは、こういうやり方は決して最善の方法ではない、なぜなら、それは治療さるべき疾患の一部である自己没入を増大させるものであり、しかも調和ある性格とは自己以外の外界に向かって眼をそそぐものであるからだ。私の言いたいことはこういうことなのだ、人間は彼が理性的に信ずるところのものについては断固たる決意をもっていなければいけない、いやしくもそれに反するような不合理な信念をして何一つこれに逆らうこともせず心を通過させたり、あるいはまた、たといしばらくの間にせよ、そういう信念をして心を占居させたりするようなことがあってはならない。つまりこれは、人間がどうかしたぐあいで幼児期的な心になろうと誘惑されているそういう瞬間に、自分自身を理性をもって説得するという問題である。ところで、こういう説得はもしそれが充分力強いものであるならば、ごく短時間で間に合うだろう。それゆえ、この事に要する時間などというものは、大したことではないだろう。

多くの人々のなかには、合理性に対する嫌悪がある。そしてこういう嫌悪が存在するところでは、私がいままで書いてきたような事は、見当ちがいでかつ重要ならざるものと映ずるだろう。もし合理性というものをしたいほうだいにさせておくならば、それはいっさい深い情緒をたたき殺してしまうだろうという考え方がある。こういう考えは、私に言わせれば、人間生活における理性の機能について全然間違った考え方をしているために生ずるものである。人間の幸福に妨害になるような感情をくいとめるための方法を発見するということは、たしかに理性の機能の一部分であるかもしれない。しかし元来、感情を発生せしめることは、理性の仕事ではない。憎悪とか嫉妬《しっと》とかを小さくさせる方法を見つけ出すことは、疑いもなく、理性的心理の機能の一部である。けれども、だからといって、こういう感情の力を小さくさせることによって、同時に、私たちはまた、理性の非難しないような感情の力をも小さくさせるだろうと、考えるのは一つの間違いである。情熱的な恋の中には、親としての愛情の中には、友情の中には、博愛心の中には、また科学や芸術に対する傾倒のなかには、理性がこれを減少させたいと願うような何ものもないのである。理性的な人間は、もし彼がいまあげたような感情のどれかを、あるいは全部を感ずる場合には、彼がこれらの感情を感じたことを喜びとするだろう。そしてそれらの感情の力をいくらかでも弱めようなどということはさらさらしないだろう、けだしこれらすべての感情こそ、よき生活——言い換えれば自分自身のうちにも他人のうちにも同じように幸福をもたらすところの生活の部分であるからだ。これらの感情のなかには、不合理なものは一として存在していない。多くの不合理な人々が感ずるのは、ただ、最も取るに足りないようなパッションにすぎない。自分を理性的にさせることによって、自分の生活を鈍重なものにさせるのではなかろうか、などと恐れる必要は絶対にない。それどころか、合理性なるものは、主として、内部的調和から成り立つものであるがゆえに、これに到達した人は、内面的な闘争によって永久にはばまれているところの人よりも、この世を思索する際に、また外的目的を達成するためにそのエネルギーを使用する際に、よりいっそう自由であるだろう。自己のなかに閉じこめられることほど、沈《ダ》うつ《ル》なことはなく、外部に向かって注意とエネルギーを注ぐことほど、愉快なことはないのだ。

いままでの私たちの伝統的道徳は、不当なほど、自己中心的であった。そして罪悪についての観念とは、畢竟《ひっきょう》、このように自己の上に注意を集中することの一部にほかならない。この誤った道徳によって、主観的な気分を一度も抜けきったことのない人々にとっては、なるほど、理性は不要かもしれない。けれども一度でもこの自己集中という疾患にかかったことのある人々にとっては、理性こそこれを治癒《ちゆ》するために必要なものなのだ。いや、私はこんなふうにも考えたいと思う、理性の助けによって、この自己集中をすでに乗り越えた人は、いまだかつて一度もこの疾患もまたそれの治癒をも経験したことのない人よりは、すでにいっそう高い水準に達した人なのだと。

現代における理性に対する憎悪は、大部分、理性の機能が充分根本的な仕方で把握《はあく》されていないという事実に基づくものである。自己分裂をしている人間は興奮を求める、気晴らしをさがす。彼が強烈な情熱を愛するのは、健康な理性のためにではなく、むしろ、その瞬間、自分を自分の外に投げ出し、思想の苦痛に満ちた必然性を防止するためである。いかなる情熱も、彼にとっては、一種の陶酔である。しかも彼は根本的な幸福について考えることができないがゆえに、苦痛からの脱却はすべて、ただ、陶酔の形式においてのみ可能と映ずるのだ。だが、これこそ、根深い疾患の徴候である。こういう疾患も全然存在しないところでは、最大の幸福は、自己のさまざまな能力を最も完全に生かすこととともに訪れてくるだろう。最も強烈な歓喜が経験されるのは、まさに、精神が最も活発に働いている時であり、最もわずかな事でも忘却されている瞬間である。これこそ幸福のための最もいい試金石の一つである。いかなる種類のものにせよ、いやしくも陶酔を必要とするごとき幸福はまがいものの、不充分な種類のものにほかならぬ。ほんとうに心を満ち足らわせるところの幸福は、私たちのさまざまの能力の精いっぱいの行使をともなうものであり、私たちがその中で生きている世界の最も充全なる実現を伴うものである。

8　被害妄想

その非常に極端な形においては、被害妄想《もうそう》は一つのはっきりした狂気の一種である。ある人々は、誰か他の連中が自分を殺すとか、監獄へ投げこむとか、あるいはまたその他重大な危害を加えようとしたがっていると空想する。そしてこういう想像上の迫害に対して自分を防衛しようという希《ねが》いは、しばしば、彼らを暴行に導き、それがため彼らの自由を拘束することが必要になる。こうしたことは、その他のさまざまな狂気の形態と同じように、正常と考えられている人々の間でも決して異常ではないところの一つの傾向の誇張されたものにすぎない。私はここでその極端な形のものを論じようとは思っていない。それは精神病医にとっての仕事である。私がここで取りあげようと思っているのは、もう少し穏健な形のものである。というのは、それらのものが非常にしばしば不幸の原因をなしているからであり、また、はっきりとした狂気を生みだすほどにまで至らなければ、それらのものが患者自身によってなおすことができるからである——ただし、彼が自分の困難を正しく診断するように教えられまたその不幸の根源が他人の想像上の敵意やあるいはまた不親切のうちにではなく、かえって彼自身のうちに横たわっているのだということを見抜くように教えられるならば、であるが——。

　私たちは誰でも次のようなタイプの人間をよく知っているものだ、つまり、男でも、女でも彼ら自身に説明させると、自分はいつも忘恩、不親切、裏切りの犠牲になっていると称する人々である。この種の人々はしばしば非常にもっともらしい口のきき方をする。そして久しい前から彼らを知っていない人たちの温かい同情を獲得する。彼らが話してきかせるひとつひとつのバラバラな話には、普通一般には、なんらそれ自体真実《ほんとう》らしくないものは、含まれていない。彼らがそれについて不平をこぼすところの不当な待遇の種類は、たしかにあり得ることなのだ。結局、彼らの話をきいていて、聞き手が疑いをもたずにおれなくなるのは、その人が不幸せにも出会ったところの悪党たちが多過ぎるということである。蓋然《がいぜん》性の理論を盾《たて》にとって言えば、この世に生きているいろいろな人たちも彼らと同じようにその生活の過程において同じ分量の悪しき待遇にぶつかりそうなものである。だが決してそうではない。だから、もしある人が任意の状況において、その人の説明するとおりに、一般に誰からも虐待を受けたとすれば、その原因は彼自身のうちにあるということ、そしてまた、彼が事実上苦しまされたわけではないものから想像の上だけで危害を受けたのか、それとも、どうにも自制できないような焦燥をかり立てるような仕方で彼自身振る舞ったのであるか、そのどっちかであるということ、——このほうがありそうなことである。だから、経験を積んだ人たちは、その言うところによればいつも世間から虐待されていると称する人々については、疑惑をもつようになる、彼らは、このようにして同情心は持たないのだが、それでも誰もがその人に味方していないのだと考えるために、一応これらの不幸な人々の言うことに同意するようになるだろう。だが実際、こういう場合こその始末が悪いのだ。なぜなら、こういう場合には、同情によってと同様に、同情心の欠如によってもいらいらさせられるからである。被害妄想の傾向をもっている人というものは、彼がやっと幸せになったのだという自分の話を相手が真《ま》に受けてくれたと考える場合には、その話を美しく飾り立て、最後には全くほんとうの事だという間ぎわまでこれを推しすすめるだろう、しかるにその反対に、もし彼の話が相手によって信じられていないと考える場合には、彼はただ、自分に対して人類がもっている特別な非情冷淡の別の実例を改めてここに見出《みいだ》したというにすぎないだろう。この病気は、ただ理解によってのみ処置されることのできるものだ、しかもこのような理解は、もしそれをこの病気の治療という目的に役立たせようとするのであったら、相手の患者にも当然伝えられるものでなければいけない。この章における私の目的は、各人がそれによって自分のうちに被害妄想の要素を発見し（事実誰でも大なり小なりの程度でこの病気にかかっているのだが）、これを発見した暁にはこれを除去し得るための若干の一般的な反省を提供しようとすることにほかならない。しかもこういうことは幸福の獲得のための一つの重要な部分である。なぜなら、もし私たちが誰も彼も私たちをいじめているように感ずるとしたら、とうてい幸福となることはできないからだ。

普通最も一般に見出される不合理なことの一つは、誰もが悪意をもったゴシップ（うわさ話）に対して事実上とるところの態度である。自分の知り合いについて、否、ときには自分の友人についてさえ悪意あることをしゃべりたくなる――こういう傾向に抵抗できるような人は、きわめてわずかしか、いや、ほとんどいないものだ。しかもそれにもかかわらず、自分のことについて何か悪口が言われたのを耳にするや否や、人々は憤慨と驚きに満たされる。彼らが誰かある人についてゴシップするように、誰もが彼らについてもゴシップしているのだということが、彼らには全く気がつかなかったのである。これこそ、それが誇張されるに至ったとき、被害妄想に導くところの態度の一つの穏健な形にほかならない。私たちは、私たちが自分に対して抱いているようなやさしい愛情と深い尊敬を誰もが私たちに対して抱いてくれることを期待している。そして、私たちが他人について考えているよりも、他人がもっとよく私たちのことを考えてくれるなどということは、私たちとしては期待できないことだということに、私たちは気がつかないのである。なぜなのか？　私たちがこうした事に気がつかないのは、私たち自身の手柄ははっきりとしているし、またすばらしいものなのに、他人の手柄は、もしそれがいやしくも現存するとしても、よほど、心の広やかな眼の持ち主にしか映らないという事実のためである。誰それが諸君についてとんでもない何かある事をしゃべっていたということを諸君が聞いた場合、諸君は自分がかつてその男について最も正当なまた充分その男にふさわしい批評を口にしようとするのをさし控えた九十九度のことはこれを思い出しても、しかも不用意な瞬間に、諸君がその男について真実だと思い込んでいることを百度しゃべり立てたことはこれを思い出さぬのである。そしてそういう悪口が諸君のいままで長い間の辛抱に対する報いであったのか？　と、諸君は感ずるだろう。だが、こういう見地からすれば、諸君の行為は、ちょうど、彼の行為が諸君に映じたのと同じように彼にも映ずるだろう。つまり、彼は諸君が彼について何にもしゃべらなかった時のことについてはまるっきり知っていない。彼はただ、諸君が彼について噂した百度についてだけ知っているのである。私たちがもしかりにお互い同志の考えをよみ取る力を魔法かなにかによって与えられたとしたら、その第一の結果は、ほとんどすべての友情が解消するであろうということであり、だが、第二の結果は、存外すばらしいものであるかもしれないと、私は想像する。何となれば、一人の友達もないこの世間は堪えがたいものとして感ぜられるであろうから。つまり、私たちは、私たちがお互いに絶対完全だとは思ってもいなかったのだということをみずから隠し立てするための幻影のヴェールを少しも必要とせずに、なおお互いに好きになることを学ぶべきであるのだ。私たちは私たちの友人が彼らの欠点をもっていることを承知している。しかもそれにもかかわらず、全体として見て、彼らが私たちの好きなこのましい人々であることを知っている。ところが、これらの友達もまたこれと同じ態度を私たちに対して持っているだろうということは、実は私たちにとって容赦できないことなのだ。友達が人類の他の連中とはちがって、私たちが一つも欠点をもっていないのだというふうに考えてくれることを、私たちは彼らに期待するのである。ところで私たちもまた欠点をもっているのだということを、どうでも私たちが認めなければならなくなる場合には、私たちはこのわかりきった事実を、あまりにも深刻に考えるのだ。何人《なんぴと》も完全であると期待すべきではないし、あるいはまた、誰も彼も完全ではないのだという事実によって、不当に悩まさるべきではないのだ。

被害妄想はいつでも自分自身の美点長所をあまりにも誇張して考えることに、その根源をもっている。たとえば、私が脚本家であるとしよう。そしてまたなんらの偏見をもっていないすべての人々にとって、私が当代の最も輝かしい脚本家であることが当然明白であるとしよう。ところが、それにもかかわらず、なにかの理由で、私の戯曲はまれにしか上演されない。上演されてもあまり成功しない。こういう奇妙な事態をどう説明したらいいのか？　マネージャー、俳優それから批評家たちが結束して、何か一、二のために、私に反感を抱いていることは明白である。ところで、その理由というものは、言うまでもなく、私にとっては、非常にありそうに思われるものなのだ。つまり、私が演劇界の大御所連中に叩頭《こうとう》平身することを拒んだということ、私が批評家たちにお世辞をふりまかなかったということ、私の戯曲が思い当たるような人々にとっては我慢のならないような卑近な真理を含んでいるということ、――そしてそれだからこそ、私のすぐれた手腕もなんら認められずに葬り去られるのだ、……

次にまた、自分の発明の功績を誰にも認めさすことができなかったような発明家がいるとする。つまり、製造業者は自分のやり方を堅くまもって、いかなる革新をも考えようとはしないし、進歩的な業者がわずかいたとしても、彼らは自分のところに発明家をかかえている、そしてこれらのおかかえの発明家たちはいいかげんな天才の侵入を上手に防いでいる、一方、学者たちの世界は、全く奇妙なことだが、人の原稿を紛失したり、全然よまずに返却したりする、さらにまた、その発明家に興味をもった個人があったとしても、彼らは彼らでお話にならぬほど無責任なのである。――というわけなのだ。ところで、こういう事態はいったいどのように説明さるべきであるのか？　たしかに、世の中には、発明によって得らるべき大金を自分たちの間で山分けしたがるような人々の緊密な組織がある。そしてこのような緊密な組織に属していない人間は、いつまでも相手にはされないだろう。

次に世の中にはまた、現実の事実にもとづいたほんものの苦情の種をもっている人がいる。彼は自分の経験に照らして、これを一般化し、そこで、彼自身の不幸はまさに宇宙についての鍵《キイ》を提供するものだという結論に達するだろう。ところで、彼はたまたま、それを秘密にしておくことが「政府」の利益になるような機密諜報《ちょうほう》部に関する何かのスキャンダルを発見するとする。しかも彼はこの発見によって自分を有名にすることはできない、そのうえにもってきて、最も心事の高潔だといわれている人たちも、憤激をもって彼を満たしているこの悪事の矯正《きょうせい》のためにあえて指一つ動かすことをしようともしない。かくて事実は、彼が言うとおりに、そこに現存している。ところで、彼がこの事実をこのようにあるまじきこととして拒絶したということは、彼の上に次のような印象をうえつけてしまったのである。つまりあらゆる権力の所有者たちは、その権力がそれに拠《よ》っているごとき犯罪をただ単にそれも何から何まで隠《いん》蔽《ぺい》しようとすることに心を奪われきっているのだと。この種のケースはいちばんやっかいなものだ。その見解が半ば真実であるからなのだ。つまり、個人的にタッチしたところの事柄は、当然のことながら、その当人たちに、直接その経験をもたなかった非常に多数の事柄よりも、いっそう強い印象を与えたからである。だが、この事は彼らに事柄の比重について一つの間違ったセンスを与え、かつ、類型的というよりもむしろ例外的な事実に、不当な重要性をおかせることになるだろう。

さらに別の、だがしかしありふれた被害妄想の犠牲者はある種のタイプの博愛主義者である。彼は常に人々に対して、人々の意志にさからって、善事を行なっている、そして、人々がなんらの感謝をも表明しないことに驚きかつ反感をもつようになる。いったい、私たちが善《よ》い事をする場合の動機は、私たちが自分でこうであろうと想像するほど、純粋なものであることはまれなのだ。権力に対する愛は油断のならぬものである。それは多くの仮面をもっている。それはしばしば、他人に対してよかれかしと信じているところをなすことから、私たちがくみ取る快楽の源泉でもある。また、しばしば、別の要素がその中へはいり込んでくる。一般に民衆に対して「善事をなす」ということは、民衆からある種の快楽、——たとえば飲酒、賭博《とばく》、あるいは怠惰等を取りあげてしまうということでもある。この場合、そこには多くの社会道徳について見出される一つの要素が存在している、すなわち自分の友達の尊敬を失いたくないばかりに、あえてすることを我慢しているようなそういう悪事を、しようと思えばできる地位にある人がもっているところの妬《ねた》みである。たとえば、喫煙に対して反対の一票を投ずる人々（こういう法律はアメリカの数州に存在しているしまた存在していた）は、明らかに煙草をすわない人たちである。彼らにとっては、他の連中がタバコから快楽を摂《と》っていることが癪《しゃく》の種なのだ。もし彼らがかつて愛煙家であった連中が代表かなにかで彼らのもとにやってきて、このいまわしい悪徳からの解放運動について彼らに感謝するだろうというふうに期待した場合、彼らはたぶん失望させられるだろう。そこで、彼らは次のように考えはじめる——自分は公共の善のために自分の生涯をささげた、しかるに自分らのこうした有意義な活動に当然感謝すべき最も多くの理由をもっている人たちですら、感謝の機会についてまるで考えてもいないように見えるではないか、と。

これと似たような態度は、女中の身持ちについて責任を持っている主婦たちが女中に対してとる態度のうちにも、常に見出すことができた。しかし今日のところ、召使の問題は非常に尖鋭な形をとっているし、したがって女中に対するこういう形式の親切はもはやそれほどには見かけられなくなっている。

これと同じ種類のことは政治という高級職業にも起こるものだ。だんだんいっさいの権力を自分の掌中におさめ、やがて高くかつ高貴《ノーブル》な目的を実行に移し得るようになった政治家は、いろいろな娯楽をみずからあきらめるようになり、そのようにして、公生活の世界にはいってくるのであるが、ひとたび民衆がこの政治家に反対の態度をとるに至るや、彼はいまさらのように、民衆の忘恩について驚かされるのだ。つまり、彼には、自分の仕事が公共的動機以外のなにかを元来持っていたということも、あるいはまた事態をさばく喜びがある程度彼の政治家としての活動を鼓舞していたかもしれないなどということも、全然、気がつかないのである。演壇に立ってあるいは党の機関紙において常用したいろいろな美辞麗句はいまやしだいしだいに、彼にとっては真理を表現しているもののように映じてくる。そして彼は党人根性から出てくる修辞学を、まことの動機の分析と思いあやまるのである。やがて世間が彼を見捨てる。すると、嫌悪《けんお》と幻滅にみたされて、彼もまた世間を見捨てる。そして、公共善の追求などといういっこうに感謝されない仕事を自分がかつて企てたことを後悔するのだ。

いままで説明してきたことは、四つの一般的な教訓を示唆する。それらのものは、もしその中に含まれている真理が充分に理解されるならば、間違いなしに、被害妄想の適切な予防薬となるだろう。第一はこうである、諸君の動機が、諸君自身にそう映ずるほど、いつでも他人本位のものではないということを忘れるな。第二に、諸君の功労を過大評価するな。第三に、諸君が諸君自身に対して関心を持っているのと同じように、他人が諸君のことにそれほど関心を持ってくれるなどと決して期待するな。第四に、大半の人々が諸君を迫害してみたいと思うほど諸君のことを考えているのだ、などとかりそめにも空想するな。私はこれらの教訓の一つ一つについて順次いくらかずつ説明していこうと思う。

自分自身の動機について疑ってみるということは、とりわけ、博愛主義者や行政官にとっては必要なことだ。こういう人々は、この世が、あるいはこの世のある部分がいかにあるべきかということについて一つの幻想《ヴィジョン》をもっている。そしてこの幻想を実現することによって、彼らは人類の上にないしはその一部に恩恵を授けつつあるのだと、時には正当に、時には間違って、感ずる。ところで、この人たちは、彼らのいろいろな活動によって影響を受けている一人一人の個人が彼自身の考え方についてもまた彼がどんな種類の世界を希望するかということについても、平等な権利をもっているのだということを、充分に悟ってはいない。行政家的なタイプの男は、自分の幻想が正しいものだということを、そしてこれに反対のものは全部間違っているということを、堅く信じている。だがしかし、言うまでもないことだが、彼のこうした主観は、彼が客観的に見ても正しいということのいかなる証拠にもならないものだ。それのみではない。彼の信念なるものは、彼が大義名分に合致すると思い込んでいるさまざまな変革を考えるとき、そこから与えられる快楽に対する一つのカモフラージュにすぎないものであることがまれではないのだ。さらに権力に対するこうした愛のほかに、そこにはまた別の動機がある。言い換えれば、いま言ったような場合に、強力に作用するところの虚栄心である。国会議員の立候補に立った心事の高潔なる理想主義者は――これは私が経験のうえで言うことだが――選挙民の皮肉な言葉、つまりお前の名前の前に「国会議員」という肩書を書くときの光栄がほしいだけなんだろう、という言葉にすっかり驚かされてしまう。ところで、選挙戦が終わり、考える余裕をもつに至ったとき、結局あの皮肉な選挙民の言い草がほんとうだったかもしれないと、彼は気がつくだろう。理想主義というものは、単純な動機にいろいろ変わった仮装をまとわせるものだ。そしてそれだからこそ、若干の現実主義の皮肉の言葉がわれわれの公人諸君のなかへあやまたずにくい込むのである。従来の伝統的道徳はある程度の愛他心《アルトルイズム》を計算に入れている、だが、そういうものは人間性にはめったにしかあり得ないのだ、しかも、自分自身の徳をみずから自慢にするところの連中は、しばしば、彼らがこの到達すべからざる観念に到達したと空想するのだ。最も高貴な人たちですらその大半は自己本位の動機を持っている。だが、だからといって、これを遺憾《いかん》とする必要はないだろう、なぜならもし彼らが自己本位でなかったとしたら、人類はとうてい今日まで生き残ることができなかったであろうから。他人が飯を食うのを見ながらその時間をつぶし、そして自分が食うのを忘れるような人間は死ぬにきまっている。もちろん、悪に対する闘いに再び突入するために必要な力をみずから身につけるただそれだけのために、彼は栄養をとるのであるかもしれない。しかし、こういう動機の下にたべた食物が果たして充分消化されているかどうかは疑問である、なぜならそういう場合には唾液《だえき》の流出は充分に刺激されないであろうから。それゆえ、食事に費やす時間は公共善に対する希望によってのみ感激させらるべきものだというよりは、食物をたのしみながら人間は食べるべきだというほうが、いっそうほんとうなのだ。

そして食べることについてあてはまることは他のいっさいの事柄にもあてはまる。しなければならぬことがどんな事柄であるにせよ、それはただある程度の熱意によってのみ充分になされることができるのであり、そしてこの熱意なるものは何かの自己本位的動機なしには困難なのだ。ここで、自己本位の動機といっているもののなかに、私は以上のような見地から、自分自身の身体に意を用いるといったことの動機も、さらにまた妻子を外敵から守ろうとする衝動をも、含めるだろう。そこで、この程度の愛他心ならば、それは普通の人間性の一部である。だが、伝統的な倫理学の中で考えられている程度の愛他心はそうではなく、むしろほんとうにそれが実現されるのはきわめて稀有《けう》な場合だけである。それゆえ、自分自身の道徳的卓越について高い意見をもちたいと希《ねが》っているような人々は、自分自身を無理にも説き伏せて、およそ到達するなどということのあり得ないような程度まで、自分は自己滅却（無私）の域に達したのだと言わねばならなくなる。そしてそこまで来れば、聖者の域に達しようとする努力は、容易に被害妄想に導くような種類の自己欺瞞《ぎまん》と結びつけられることになるだろう。

私たちのあげた四つの格率《マキシム》のうち二番めのもの、すなわち諸君自身の才能長所を過大に評価することは愚かなことだという格率のもたらす結果は、こと道徳に関するかぎり、私たちがすでにのべたところのことのなかに含まれている。けれども、道徳以外の他の才能長所もまた同じく過大に評価さるべきものではない。その脚本がちっとも成功しないような脚本家は、それが下手な脚本だという仮設を冷静に考えてみることが必要だ。そういう仮設は明らかに根も葉もないことだと、ただちにこれを退けるべきではない。その仮設が事実に合致するものであることに気がついたとしたら、彼は一個の帰納法の哲学者としてこの仮設を採用すべきである。けれども、認められざる才能の場合があるということはもとより事実である。史上には、そうした場合は、欠点短所が認められる場合よりも、お話にならぬほど数少ないのだ。もしある人が時代の認めようとしない天才である場合には、世間が認めてくれないとしても、その道を歩みつづけることが彼としてはまさに正当である。けれども、その反対に、もし彼が虚栄心によってふくれ上がっただけの天分のない人間である場合には、その道を歩みつづけることは彼としては適切ではあるまい。ところで、ある男が認められざる傑作を書こうという衝動によってつき動かされるときには、自分がいったい今あげた二つのカテゴリーのどっちに属しているのかを知るべき術《すべ》がない。もし諸君が前者のカテゴリーに属するのであったら、諸君が道を固執することは英雄的である。だがもし後者であるならば、それは滑稽《こっけい》である。諸君が死んでしまって百年もたってから、諸君がどっちのカテゴリーに属していたかを推測することはできっこない。だが、諸君が生きているうちであったら、時には間違うかもしれないが、それでも相当の価値をもったテストがある。たとえば諸君が天才なんかではないと諸君の友人たちが考えているのに、一方、自分では天才であるかもしれないと諸君が考えているような場合には、諸君はこのテストを使ってみるがいい。それは次のようなテストである、諸君はある観念なり思想なりをどうしても表現せずにはおれない強制的な力を感ずるがゆえに、諸君は作品を書くのか、それともまた、諸君は賞賛されたいという懇望によって衝《つ》き動かされているのか？　ほんものの芸術家にあっては、賞賛に対する欲望は、普通非常に強いのではあるが、それでも二義的である。つまり、その芸術家はいまある種の作品を作りたいと思い、また、その作品がほめられることを望むだろう、しかし、彼は、たといいかなる賞賛が与えられなくとも、その様式《スタイル》を決して変えようとはしないだろうという意味において。これに反して、世間の賞賛に対する欲望が第一義的な動機であるような男は、特殊な表現を彼に迫ってやまないような力を何一つ自分のうちにもっていないだろうし、したがってまた全然ちがったような種類の作品をけっこう上手にやってのけることができるだろう。こういう人間は、もし彼がその芸術によって賞賛を獲得しそこねる場合には、いっさいあきらめてしまったほうがいいのだ。いや、もう少し一般的にこのことを言ってみよう。諸君の人生航路がいかなるものにせよ、諸君が諸君自身を評価しているほど、諸君の友人が諸君の能力を高く評価していないことを見出すならば、間違っているのは友人たちだと、毛頭、思い込まぬようにするがいい。誤っているのは友人たちだという考えを諸君自身に許すとすれば、諸君はまた容易に、自分の才能が認められることを妨げているような何か策謀があるのだ、というふうに思い込んでしまうだろう、そしてこういうふうに思い込むことが不幸な生活の源泉であることは、かなり確実である。諸君の才能が自分の望んでいたほど偉大なものではなかったと認めることは、当分の間は、相当の苦痛であるかもしれない。しかしそれは一つの終点としての苦痛であり、それを越えれば、幸福な生活が再び可能となるところの苦痛である。

私たちの第三の格率は、他人にあまりに多くを期待するなということであった。病身の貴婦人にとっては、少なくともその娘たちの一人が看護婦の義務を果たすために完全に、――ひょっとすると自分の結婚を見合わせてしまうほどに彼女自身を犠牲にしてくれることを期待することが普通とされていた。こうしたことは、理性に反する程度の愛他心を他人に期待することにほかならぬ。なぜなら、この場合、愛他主義者（娘を指す）のうしなうところは、自己主義者（貴婦人）の得るところよりも、大であるからだ。他の人々、とりわけ、諸君に最も身近くまた最も愛するところの他の人々を諸君が取り扱う際、重要で、しかもこれを覚えていることがいつも容易でないのは、次のようなことである、つまり、彼らは彼ら自身の角度から人生を見ているということ、そして、その角度が彼ら自身の自己にふれるのは、諸君の角度から見た場合ではなく、またその角度が諸君の角度に合致するためでもないということ、である。他の個人のために、彼自身の主たる生き方を攪乱《かくらん》する——こうしたことは、どんな人間からも期待さるべきことではない。もちろん時には、その最大の犠牲行為が自然なものとなるほど、深い愛情が存在することもあるだろう。しかし、そうした行為がごく自然なものでない場合にも、これを自然なものとさせようとしたりすべきではない。そしてこれを自然な行為にさせなかったということで、なんぴとも決して非難さるべきではない。人々が他人について文句を言うという行為は、実際しばしば、その自己が本来まもるべきリミットを越えているような、つまり人間の限りなき貪慾《どんよく》に対する自然なエゴイズムの健康な反応にほかならぬものである。

私たちがさきにあげた第四の格率は、他人というものは、諸君のことを考える際、諸君が諸君自身について考えるときほど、決して時間をかけるものではないということ、これを悟るにある。被害妄想の犠牲となった狂人は、あらゆる種類の人々が、事実、彼ら自身の道楽や興味をもっているにかかわらず、朝も昼も夜も、このあわれな精神病者にいたずらをしようとしてその心を奪われているのだと空想する。そしてこれと同じような仕方で、比較的正気な被害妄想の犠牲者たちも、あらゆる種類の行為のなかに彼自身に対する関連——もちろんそんなものは存在しないのだが——を見出す。こういう考え方は、言うまでもなく、彼の虚栄心にへつらうものである。もし彼が充分それだけ偉大な人間であるとしたら、こういう考え方も間違いではないだろう。たとえば、イギリス政府の数か年間の行動はかつてもっぱらナポレオン打倒ということに関連していた。けれども、とり立てていうほど偉くもなんでもないある男が、他人は始終自分のことを気にしていると空想するとすれば、彼はまさに狂気への道を歩みつつあるものにほかならない。たとえば、諸君がある公の晩餐《ばんさん》会で一場の演説をしたとする。他の演説者たちのうちの数人の写真がグラフ新聞に載せられているのに、そこには諸君の写真はのっていない。これはどう説明したらいいのか？　明らかに、他の演説者たちがいっそう重要だと考えられたためではない。むしろそれは、新聞の編集者たちが、諸君はこれを無視するように命令を出したためにちがいない。ところで、なぜ彼らはこういう命令を出したのだろうか？　明らかに、諸君があまりにも重要であるがゆえに彼らが諸君のことを恐れたためである——このようにして、いまや諸君の写真を省略したということは、軽蔑《けいべつ》から一転して神秘的なお愛想《あいそ》に変わってしまうのだ。だが、こういったたぐいの自己欺瞞がなんらか堅実な幸福に導くということは絶対にあり得ない。諸君の精神の裏側では、諸君は事実がまるでちがっていることを知っているだろう、そしてできるだけこの周知の事実を諸君自身から隠すために、諸君はいよいよもって空想的な仮設を発見せざるを得なくなるだろう。こうした仮設を信じこもうとする勢力は、結局、並みたいていのものではなくなるだろう。そしてそのうえ、諸君が世間一般の敵意の対象であるという信念を、その仮設は含むようになる。そしてそうなれば、諸君がこの世間とうまくいかないのだという非常ににがにがしい感情を課することによってのみ、その仮設は諸君の自尊心を防衛しようとするだろう。自己欺瞞のうえに打ちたてられたいかなる満足も決して堅固なものではない。たとい真実がいかほど不愉快なものであるにせよ、断固としてそれに直面し、それになじみ、それに合致させて諸君の生活をきずきあげようとすることのほうが、いっそういいのである。

9　世論に対する恐怖

全体的に言って、その生き方や世間に対する考えが、彼らと社会関係をもっている人々によって、特にまた彼らといっしょに生活している人々によって、賛成されるのでなければ、人々はほとんど幸福であることはできないものだ。ところで、人々がその道徳において、またその信仰において非常に強くちがっている幾組かに分かたれているということこそ、近代社会の一つの特徴にほかならない。こういう事態は宗教改革とともに始まったのであった、いや、ひょっとしたら、ルネサンスとともに、と言えるかもしれない。そしてそれ以来、そういう事態はいよいよはっきりしてきたのである。かつてそこにはプロテスタントとカトリック教徒とがあった。両者は神学においてだけではなく、多くのもっと実際的な事柄においても相違していた。そこにはまた、ブルジョアジーの間ではとうてい我慢できなかったようなさまざまな種類の行動を許容したところの貴族たちがいた。ついで、そこへはまた、いろいろな宗教的儀式の義務を認めない宗教的自由主義者や自由思想家たちが現われてきた。今日のヨーロッパ大陸全体にわたって、そこには社会主義者としからざる者との間の深い分裂があり、この分裂は単に政治のみならず、ほとんどいっさいの生活部門にまで行き及んでいる。英語を使用している国々においては、このような分裂はさらに多種多様である。ある党派では芸術は賛美されているのに、他の一派では、とにかくそれが近代的であるとしても、悪魔のものだと考えられている。ある党派では、帝国に対する忠誠は至高の道徳であり、他の一派ではそれは悪徳と考えられ、さらに第三のものにあっては、愚行の一つの形式だと考えられている。伝統的な人々は姦通《かんつう》をもって最悪の犯罪の一つと考えているが、人口の大部分はこれを、積極的にあっぱれだとは言えなくとも、まず容赦できるものだと考えている。カトリック教徒の間では、離婚は全面的に禁止されているが、一方、多くのカトリック信者はこれをもって避けることのできない結婚の修正だとみなしている。

こうしたさまざまの見解の相違のために、任意の趣味と信念をもったある一人の人間は、ある派閥のなかで生活している時は事実上人間の屑《くず》みたいに自分のことを考えるのに、他の一派の中にあっては、彼は全然正常な人間として受けいれられることになるだろう。非常に多くの不幸、とりわけ青年の間におけるそれは、以前のような仕方のなかで起こってくるものなのだ。ある青年なり娘なりが一般に普及しているある種の観念をとらえようとする。しかるに、この観念は彼ないし彼女がその中で生きているある特殊な環境内では呪《のろ》われたものであることを見出《みいだ》すだろう。ところで、青年にとっては、彼らがその中で生きている唯一の環境こそあたかも全世界の代表であるかのように容易に映ずるのだ。そしてそれゆえに、彼らにしてみれば、全然道理に反すると考えられることがいやなばかりにあえて承認しようとしないところの思想が、所を異にし党派を別にすれば、その時代のごくあたりまえの事として受けいれられるなどということは信ずることができないのである。このようにして、世界についての無知のため、おびただしい不必要な不幸が、時には青年の場合だけであるが、しかししばしば、一生涯を通して、堪え忍ばれているのである。世間からのこうした孤立は単に苦痛の源泉であるのみではない。それはまた敵意をもった環境に抗して、精神的独立を維持しようとすることにエネルギーを非常に発散させるという結果をもたらし、そしてさらに百のうち九十九の場合においては、その観念をたどりたどってそれの論理的結論に達することに対する一種の臆病《おくびょう》をも生み出すのだ。ブロンテ姉妹は、彼女たちの小説が出版された後までも気の合った人々に一度も巡り合うことがなかった。この事はエミリには大して影響しなかった。彼女が英雄的でかつ卓抜な流儀で生きていたからだ。ところが、それは確実にシャーロットのほうには影響するところがあった。彼女のものの見方が、その才能にもかかわらず、いつまでも大部分家庭教師の見方にとどまっていたからだ。ブレークも、またちょうどエミリ・ブロンテのように、極端な精神的孤立のなかで生きた。しかも彼女と同じく、その悪い影響を克服するに足るほど充分偉大であった。彼は決して、彼が正しく、批評家たちが間違っていることを疑ったことがなかった。世論に対する彼の態度は次の数行の中によく表われている——

「私をしてほとんどムカムカさせることをしなかった
私の知っている唯一の男、
それはフゼリであった 彼はトルコ人 かつユダヤ人であった。
ところで、愛するクリスチャンの友よ、君はどうなんだ？」

しかし、その内面生活においてこの程度の力を持っている人は決してたくさんはいない。ほとんどすべての人間にとって、同情ある環境こそ幸福のためには必要なのだ。もちろん、大多数の人々にとって、彼らがたまたまその中に自分自身を見出すところの環境は彼らに対して同情的である。彼らは青年時代の流行の偏見を摂取し、本能的に、彼らの周囲に存在しているところの信仰や慣習に自分自身を適応させる。しかし、大部分の少数人種——その中にはなんらかの知的ないし芸術的才能をもっているすべての者が事実上含まれることになるのだが——にとっては、こうした黙従の態度は不可能である。たとえば、ある小さな田舎町に生まれた男が、その幼少時代から、精神的卓越のために必要ないっさいのものに対する敵意によって自分がとり囲まれているのに気がついたとする。彼がまじめな本をよもうとすれば、他の子供たちは彼を軽蔑《けいべつ》し、先生までが、そういう作品は落ち着いて仕事をさせなくするものだと彼に語ってきかせる。彼が美術に興味をもてば、彼と同年輩の連中は彼のことを男らしくないと考え、彼の年長者たちは彼のことを不道徳だと考える。もしまた彼が彼の属している仲間の間では普通とされないような仕事をえらびたいと言えば、その仕事がどんなに尊敬すべきものにせよ、お前は自分で自分を酔わせているんだ、お前の父親にとってよかったことはお前にとっても充分いいことであるはずだとお説教される。もしまた彼が両親の信じている宗教的教義やあるいは政党への加入を批評しようとするようななにかの傾向を見せようものなら、彼は自分自身が深刻な苦境の中におかれることになるだろう。すべていま言ったような理由のために、特別な才能をもった過半の青年男女にとっては、青年期こそ一つの非常に不幸な時期なのだ。もっと平凡な連中にとっては、青年期は陽気と享楽の時期であるかもしれない。だが、そういう彼らにしたところで、彼らは年長者たちの間に、あるいはまた、たまたま偶然が彼らをそこに生み落としてくれた特定の社会的構造のなかの同年輩者たちの間に、とうてい見出すことのできないような何かもっとシリアスなものを求めているのである。

こういう青年たちが大学へ行ったとき、彼らはおそらく気の合った人間（魂）を見つけ出し、数年間の大きな幸福を享楽するだろう。もし彼らにして運がよければ、彼らは大学を卒業してからも彼らに気の合った仲間を選ぶ機会を与えてくれるような仕事の種類をつかむことに成功するかもしれない。たとえばロンドンとかニューヨークとかいった大都市に生活しているところの知識人は、一般に、偽善や遠慮を用いる必要のない気の合った仲間を見出すことができるだろう。けれども彼の仕事が否応《いやおう》なしに彼をして非常に小さな町に住まわせるような場合には、さらにもっと特殊な場合であるが、もし彼の仕事が普通平凡な人たちの尊敬を保つことを必要とさせる――たとえば医者とか弁護士の場合のごとく――場合には、彼はその一生を通して事実上否応なしに彼のほんとうの趣味や確信を、彼が日常生活で出会うところの過半の人々から隠しておかなければならなくなるだろう。こうした事は特にアメリカに多い、というのは、田舎が広過ぎるからなのだ。北にしろ南にしろ東にしろ、ないしは西にしろ、非常に飛んでもない所では、ひとはさびしげな幾人かの個人を見かけるだろう、彼らはこんなにさびしくしていなくてもいいような場所がたくさんあることを書物の上で知っている。だが彼らはそういう場所で生活するいっさいのチャンスを持っていないし、気の合った人との会話をごくたまに与えられるだけにすぎないのだ。こうした環境においてのほんとうの幸福は、ブレークやエミリ・ブロンテほどの偉大さをもっていない人々にとっては、所詮《しょせん》不可能である。それでも、もしそういうところで幸福を可能にさせたいというのであったら、それによって世論の暴力が幾分でも弱められるか、ないしは回避されるようななんらかの方法が、さらにまたそれによって少数の知識人たちが互いに知り合いかつお互いの交際をたのしみ得るようななんらかの方法が見つけ出されるよりほかはない。

多くの場合、不必要な臆病さは、必要以上に困難をいっそう強くさせるものである。世論はこれを明らかに恐れる人に向かっては、それに無関心でいる人に対するよりも、彼いつでもいっそう暴虐である。犬は、人々が彼を軽蔑をもってあしらう時よりも、彼をこわがる時に、いっそう声高に吠《ほ》えたて、いっそう容易に噛《か》みつくものだ。人間の群れもまたこれと相似た性質を若干もっている。もし諸君が彼ら人間の群れをこわがっていることを示す場合には、諸君は彼らによき狩猟を提供することになるだろう、だがその反対に、もし諸君が無関心を示すならば、彼らは彼ら自身のもっている力をみずから疑いはじめ、結局、諸君を勝手にさせておくことになるだろう。私がここで考えているのは、もちろんのこと、こうした世論に対する挑戦拒否の極端な場合のことではない。もし諸君がカリフォルニアにいて、ロシアで伝統的な考え方を取って譲らぬとすれば、あるいはまた、ロシアにいて、カリフォルニアに伝統的な考えを堅持するとすれば、諸君はその報いを当然受け取らねばならぬだろう。私がここで報いといっているのは極端な場合の報いのことではない、むしろ、きちんと着物をきないとか、ある教会に属しないとか、あるいはまた知的な書物をよむことを差し控えるとかいった伝統からの非常におだやかな食いちがいのもたらす結果のことである。こうした環境との食いちがいも、もしそれが陽気にまた無頓着《むとんちゃく》に、挑戦的にではなく、自然になされる場合には、最も因襲の強い社会においてすら、大目に見られることになるだろう。そしてだんだんと、特免の精神病者という地位を獲得するようになり、彼に対しては、他の人間であったらとうてい許されないと考えられるような事柄も、許されることになるだろう。これは、だいたいにおいて、ある種の善良な気質、また親しみやすさの問題である。因襲的な人々が伝統からはずれ去ることに対して大きな怒りを感ずるのは、彼らがこうした伝統からの違背を彼ら自身に対する一つの批評と考えるからにほかならない。ある人がふんだんに陽気さと人なつっこさをもっていて、彼が人々を批評しようなどとしていないということが、どんなに馬鹿な人間にも一目で明白であるような場合には、人々はこの男の非因襲性を許容するだろう。

だがしかし、民衆の非難攻撃をのがれるこういう方法も、その趣味なり意見なりが群集の同情を失わせるような人の場合には、全然役には立たない。彼らが民衆の同情を失っているということは、彼らを不愉快にさせ、挑戦的な態度をすら取らせるだろう、もちろん、一応外面的には彼らは民衆に和し、あるいはまた問題の尖鋭化《せんえいか》を避けようと努めるとしても。そこで、自分自身の属している仲間のいろいろな伝統とうまく調和していない人々は自然とげとげしくまた不愉快になり、誰にでも上機嫌で接するようなことはなくなってくる。ところで、これらの同じ人間が別の仲間のなかへ移動したとする。そしてその仲間では彼らのものの見方が一風変わっているというふうに考えられないとする、そうすると彼らは彼らの性格を全く一変したように映ずるだろう。深刻で、内気で、引っ込み思案であったのに、いまや彼らは陽気で自信満々となるかもしれないし、かつてはとげとげしかったのに、今度はスムースでまた気楽になり、かつては自己本位であったのに、今度は社交的でかつ外向的となるかもしれない。

だから、自分の周囲とどうもしっくり行かないと気づいた青年たちは、——それが可能な場合には——彼らに気の合った仲間同志をもつ機会を与えてくれるような職業を選ぶように努めるがいい、たといその職業を選んだために、多少ならず収入が減るようなことがあるとしても。ところで、いま言ったようなことが可能だということを青年たちがあまりよく知っていない場合がまれでない。というのはほかでもない、世間について彼らの知識がひどく限定されたものであり、したがって、彼らがいままで自分の故郷でなじんできたさまざまな偏見が世界じゅうどこにも広がっているものだと容易に想像するためなのだ。これは年輩の連中が若い人々に手をかしてやれる問題である、つまり、それには相当の人間についての経験が必要なのだから。

今日は精神分析の流行時代である、そしてそれゆえ、ある青年が彼の環境としっくり調和していかない場合、その原因はなんらかの心理的混乱のなかに横たわっているに相違ないと考えるのが普通である。しかし私の考えるところでは、これは一つの完全な誤りである。たとえば、ある青年が進化論をもってよくない理論だと思い込んでいるような両親をもっている場合を想像してみたまえ。こうした場合に、その青年をして環境としっくりいかなくさせるために必要なものは、知識以外のなにものでもない。環境とうまく調和していけないことはもとより不幸なことである。けれども、それが常に、いかなる犠牲を払っても避けられねばならぬ不幸であるとはかぎらない。その環境が愚昧《ぐまい》で、あるいは偏見に満ち、あるいは残酷である場合には、むしろそうした環境と調和しないことこそ、長所美点のあらわれである。

ガリレオとケプラーは「危険思想」(日本で用いられている言葉を使えば)の持ち主であった。同様に、今日の最も知的な人たちもこの思想の持ち主である。ところで、こうした人々が彼らの思想のゆえにかもし出される社会的敵意を恐れるように、その社会的感覚を充分に発達させることは果たして望ましいことであるか? むしろ望ましいことは、かかる敵意を軽視させ、そしてできるだけこれを効果的ならしめないような方法を発見することとである。

今日の世界において、この問題の最も重要な部分は青年の場合に起こっている。もしある男がひとたび適切な職業に就き、かつ正しい環境のなかにおかれるならば、彼は多くの場合、社会的な迫害をのがれることができるだろう。ところが、その男がまだ青年であり、彼の美点長所がまだテストされないうちは、彼はとかく何も知らない人々の権限内におかれることになりやすい。しかもこの無知な連中は自分で何も知っていないような事柄についても自分は判断ができるのだと思い込んでいる、しかもそのうえ、そんなに若い青年が、この世間のあらゆる経験について彼らが知っている以上にいっそうよく知っているかもしれないなどとほのめかされようものならたちまち猛《たけ》り立つところの連中なのである。このような無知の暴力から最後にはのがれることのできた多くの人々も、それまでには非常に苦しい闘争を闘い、非常に長い間圧迫されてきたのであり、とうとう最後には、苦々しい感情をもたされ、そのエネルギーがそこなわれてしまった人々なのである。世の中には、天才は常にその道を切りひらくものだという気持ちのいい理論がある。そして多くの人々は、この理論にすがりついて、青年の才能を迫害したところでそれほど大した害になるものではないと考えている。けれども、こういう理論を承認するに足る根拠は一つもないのだ。それは、人殺しは結局露見するものだという理論によく似ている。たしかに、私たちがいままで知っている人殺しは一人残らず露見しつかまっている。けれども、全然露見しなかったような人殺しがいったいどれくらい世の中にいるものか、これを誰が知っていようか？　これと同じように、私たちがいままで伝え聞いてきたすべての天才人はその逆境を征服してきた人々であった。だがしかし、その青年時代にとうとうカブトを脱いでしまったような無数の天才人は一人もいなかったのだと想定すべき理由は一つとしてあり得ないではないか。いや、そればかりか、この社会にとって必要な問題はひとり天才人だけの問題ではない、才能の問題も必要なのだ。さらにまた、エネルギーを単に発揮させるということだけが問題なのではない、これをそこなわずに、気持ちよく発揮させることも問題なのだ。以上かぞえあげたいっさいの理由によって言うならば、青年の進む道はあまりにもけわし過ぎるものであってはならぬのである。

老人たちが青年の希望を尊敬をもってとりあげるということは望ましいことである、しかし青年たちが老人の希望を尊敬をもってとりあげるということは望ましいことではない。その理由は簡単だ、つまり、そのどっちの場合にも、関心を払わるべきものが青年の生活であって、老人の生活ではないからである。青年が老人の生活を制限しようと企てる――たとえば、やもめになった片親の再婚に反対するといった場合のように――時には、ちょうど、老人たちが青年の生活を制限しようと企てる時と同じように、青年は間違っている。老人も青年も同じように、思慮分別のつく年齢に達するや否や、自分自身で選択する、必要ならば自分自身の過失をも選択する権利を持つのである。若い人々がなにか重大な事柄で老人の圧迫に服するとしたら、彼らはまさに無分別である。たとえば、諸君がかりにステージにあこがれこれに向かって進もうとしている青年であるとしよう。そしてステージは不道徳なものだという理由にしろ、あるいはそれは社会的に身分の低いものだという理由にしろ、とにかく諸君の両親が諸君の希望に反対すると仮定しよう。両親はあらゆる種類の圧迫を加えようとするだろう、お前がもし自分たちの命令をきかないならば、自分たちはお前をほうり出す、と彼らは諸君に言うだろう、彼らはまた、お前が二、三年のうちに後悔することは間違いないとも、言うだろう、あるいはまた諸君がいまやろうと考えていることをやってのけるだけ充分勇敢であり、そして結局、悪い結果にしか到達しなかった若い人々の恐ろしい実例を一くさりしゃべってきかせるかもしれない。諸君が演劇の素質を少しももっていない、あるいは悪い声しかもっていない場合、だから、ステージはお前に向いた職業ではないと両親が考えるのであったら、もちろん、それは正当であるかもしれない。けれども、もしそういう場合だったとしたら、諸君はすぐにも、それだけのことを、劇場関係の人々から知らされるはずである。そしてその時には別の職業をえらぶための充分な時間があるだろう。両親の議論などというものはこの企てをやめさせるために充分な論拠をもっているものではない。だからこそ、もし諸君が両親の千言万語にもかかわらず諸君の意志を貫徹するとすれば、両親は間もなく折れてくるだろう、それも諸君なりあるいは両親なりが初めのうち考えていたよりも、事実、いっそう早く折れてくるだろう。ところが、一方、諸君が専門家の意見として反対をきく場合には、事態はこれと異なる、けだし、専門家の意見はいつでも初歩の人間としては尊敬をもってきくべきものであるからだ。

私の考えるところでは、一般に、つまり専門家の意見は別として、大小のさまざまな事柄について他人の意見が尊重され過ぎているようだ。もちろん、飢餓を避け、監獄にはいらぬために必要なかぎりにおいては、私たちは世論を尊重すべきである。しかしこの程度以上に世論にしたがうということは、不必要な暴力に対する自発的な屈服であり、あらゆる種類の仕方で幸福をややもすれば妨げることにほかならない。たとえば、金を使うという事柄を例にとってみよ。非常に多くの人々は、彼らの生来の趣味が彼らに命令するのとは全くちがった仕方で、金を使っている。理由は単純である、つまりその隣人の尊敬なるものが立派な自動車をもっているということに、あるいはまたみごとな晩餐《ばんさん》を振る舞える能力ということにかかっていると、彼らが感じているからなのだ。事実、自動車を買うことは充分できるのだが、それよりは旅行をしたり、あるいは立派な書庫をもつことのほうがずっと好きな人がいる。こういう人間は、自分の好きな道をえらぶほうが、他の連中と寸分同じように振る舞うよりも、結局においては、いっそう尊敬されることになるだろう。もちろん、故意に世論を軽蔑《けいべつ》する必要は毛頭ない。けだし、故意にこれを軽蔑することは、逆の仕方においてであるが、世論の風下《かざしも》に立つことにほかならないからだ。だが、そうではなくして、ほんとうに世論に対して無関心でいることは、まさに、一つの力であり、かつ幸福の源泉である。そしてさらに、因襲に対してあまりにもペコペコしようとしない男や女たちから成り立っている社会のほうが、誰も彼も千篇一律に振る舞う社会よりも、はるかにおもしろい社会であるだろう。ひとりひとりの性格が個性的に発達せしめられているところでは、いろいろなタイプはそのまま保存される、そして新しい人間に出会うということは値打ちのあることである。なぜなら、新しい人間というものは、いままで出会ってきた人々の単なる模写ではないのだから。これこそ貴族政治のもっていた長所のひとつであった、つまり、社会的身分が出生のいかんにかかっている場合には、行動は桁《けた》はずれであったところでさしつかえなかったからである。近代の世界においては、私たちは社会的自由のこうした根源をうしなっていきつつある。そしてそれゆえに、画一性という危険のいっそう計画的な実現が望ましいものとなるに至ったのだ。私は人々が故意に風変わり(エクセントリック)であるべきだと言っているのではない。そうした事は因襲的であるのと同じくらい、おもしろおかしくもないことであるからだ。私はただこう言いたいのだ、人々は自然《ナチユラル》であるべきなのだ、そしてこういうふうにその人、その人として自然であることがハッキリと反社会的でないかぎり、彼らの自発的な趣味に生きるべきなのだ。

近代世界においては、蒸気機関のもつ速度のために、人々はかつてその地理的に最も近い隣人に対して依存的であったよりも、もっと依存的ではなくなっている。自動車を持っている人間にとっては、二十マイル以内に生活しているいかなる人もその隣人と考えられる。そこで、今日人々は、かつて彼らの友達をえらんだ場合よりも、いっそう大きな選択力をもっているわけだ。もしある男が二十マイル以内に一人の気の合った友人をも見出すことができないとすれば、彼はどんなに人口の多い隣り近所をもったとしても、所詮《しょせん》、非常に不幸であるよりほかはあるまい。人はそのすぐ近くの直接の隣人を知るべきだという観念は、人口の多い大都市ではすでに死んでしまっているのに、こういう観念はいまでも依然として小さな町や田舎《いなか》には存在している。けれどもそれはすでに一つの馬鹿げた観念になっているものだ、なぜなら今日ではもはや社会のために直接の隣人たちに頼る必要などは毛頭ないからだ。単に近所に住んでいるという理由によってではなく、気が合っているという理由によって私たちの仲間を選ぶということが、いよいよますます、可能となってきている。ところで、幸福というものは同じような趣味、同じような意見をもった人々との交わりによって促進されるものである。社会的交際は今後ますますこうした線に沿って発達するものと期待してよい。そしてそれとともに、このような交際によって、今日なお非常に多くの因襲的な人々をなやませている孤独感は、だんだん消えていき最後にはすっかりなくなってしまうことも望まれるだろう。こうしたことは明らかに人々の幸福を増大せしめるだろう。しかも、今日因襲的な人たちが因襲的でない人たちを自分の勢力下においているということから取り出しているところのあのサディズム的快楽も、もちろん、消えてなくなるだろう。こういう快楽はこれを大いに保存しておくことが必要だなどと、私はもとより考えるものではない。

世論に対する恐怖も、他のすべての形式の恐怖と同じように侵害的なものであり、成長を阻害するものだ。この種の恐怖が強力に働いている間は、いかなる種類の偉大さをも実現することはむつかしい、そしてまた、真の幸福を成り立たしめるところの精神《スピリット》の自由を獲得することも不可能である。なぜなら、私たちの生き方が、たまたま私たちの隣人でありあるいは親類であるような人たちの行き当たりバッタリの趣味や希望の中からではなく、私たち自身の深い衝動のなかから湧《わ》き上がってくるものであるということ——これこそ幸福にとって本質的なことであるからだ。ごく間近な隣り近所を恐れるということは、明らかに今日では昔ほどでなくなっている。しかし、そこには新しい恐怖の種類がある、つまり、新聞がどんなことを書きたてるかもしれないという恐怖である。これは全く中世の魔女狩りに結びついていた恐怖と同じように恐ろしいものである。新聞がたまたま、おそらく全然無害の人物を人身御供《ひとみごくう》にするためにとりあげる場合には、その結果はまさに最も戦慄《せんりつ》すべきものであるかもしれない。幸いにも、今日のところ、こうした事は、多くの人々が社会的に無名であるがために のがれている運命である。しかし世間一般に知らせるということが、もっともっとい まよりも完全な方法をもつようになったときには、その新しい形式における社会的迫害の危険は増大するばかりだろう。こうした危険はその迫害の犠牲になった個人によって一笑に付されるにはあまりにも深刻な事柄である。そして新聞の自由という偉大な原理についてどんなことが考えられ得るにしても、現存の誹謗《ひぼう》禁止法よりももっと鋭い一線がこの事について引かるべきだと私は考える。また、何にも罪のない個人が、たまたま新聞で発表されたために、彼の声望を地におとすような事柄を言ったりあるいは行なったりした場合にすらも、このような個人の人生を堪えがたいものにさせるような事柄は、いやしくも、いっさい禁止さるべきだと、私は考える。しかしこういう災禍に対する唯一のそして究極的な治療法は、一般公衆の側に寛容の心が増大するということである。寛容の心を増加せしめる最善の方法は、まことの幸福をたのしんでいる人々、そしてまたそれゆえに、自分の仲間の上に苦痛を加えることをもって、その主たる楽しみとしないような人々の数を増加させることにほかならない。

第二部　幸福をもたらすもの

10　いまでも幸福は可能であるか?

私たちはいままで不幸な人間を考察してきた。今や私たちは幸福な人間を考えるという愉快な仕事を始めようと思う。ところで、私の数人の友達との会話からもまた彼らの著書からも、私は近代世界における幸福が一つの不可能事になってしまったのだという結論にほとんど導かれてしまった。けれども、私はまたこのような見解が、内省によって、外国旅行によって、また私の家の庭師との会話によって、かき消されていくものであることを見出《みいだ》すのだ。文筆にたずさわっている私の友人たちの不幸については、私はすでにさきの章でこれを考察した。だからこの章では、私は、私のいままで一生のうちに巡り合った幸福な人々について研究してみたいと思う。

幸福には二つの種類がある、もちろんその間《かん》に中間的な度合いがあるということは言うまでもないのだが。私はこの二つの種類を、はっきりしたものと空想的なもの、動物的なものと精神的なもの、あるいはまた心情におけるものと頭脳におけるもの、といったふうに区別することができるかもしれない。これら幾つかのあれかこれかの間でどれを選んで定めるかということは、むろんのこと、それによって立証さるべき命題《テーゼ》のいかんにかかっている。だが、私はしばらくどの命題をも立証しようなどとは考えないで、ただこれを叙述するだけにとどめよう。おそらく、この二つの種類の幸福の相違を示すためのいちばん手っ取り早い方法は、一方のものがすべての人間に開かれているのに対し、他方のものはただ読み書きのできる人にのみ開かれているということである。私は少年のころ、幸福にみちみちている一人の人間を知っていた。彼の仕事は壁に穴をあけることであった。彼は非常に背が高かったし、驚くべき筋肉をもっていた。彼は読むことも書くこともできなかった。そして一八八五年、国会議員選挙のための一票をもつに至ったとき、彼は生まれて初めてこうした制度が存在していることを知ったのだ。だから彼の幸福は知的な源泉にかかっているものではなかった。それは自然の法則に対する信頼の上にも、種の完全性の上にもあるいは公共福利に対する一般所有権の上にも、ないしは「土曜日キリスト再降論者」の最後的勝利の上にも、つまりまた知識人たちがその生活を享受するために必要と考えている他のなんらかの信条の上にも、かかっているものではなかった。その幸福は肉体的な勇気、仕事が充分あり余っていること、そしてまた岩石の形をしたどうにも始末におえぬ障害を克服するということの上に、かかっているものであった。私のところに来る庭師の幸福もこれと似たような種類のものである。彼は兎《うさぎ》どもに対して永久の闘争を行なっている。彼はその闘いについて、ちょうどロンドンの警視庁がボルシェヴィキについて語るように、語るのである。彼は兎どもは不可解で陰険でかつ凶悪だと考えている。そしてそれゆえに兎どものもっているのと同じような奸智《かんち》によってのみ取り扱い得るものだという意見である。あたかも毎日を一匹の野猪《やちょ》——それは毎晩殺すのだが翌朝になると不思議にまた生き返ってくる野猪なのだ——を狩り立てることに過ごしている北欧神話の中のヴァルハラ（戦死者の行く極楽境）の英雄たちのように、わが庭師もまた翌日になったらその仇敵《きゅうてき》が消えてなくなるのではないかという心配などはいっさいしないで、彼の敵を屠《ほふ》ることができるのである。彼はとっくに七十歳を越えている。それでも彼は終日働き、往復十六マイルの坂道を自転車で行ったり来たりしている。しかもこの喜びの源泉は尽きることを知らない。そしてこの喜びを提供してくれるものは「彼ら兎ども」なのだ。

ところで諸君は言うだろう、こういう単純な喜びはわれわれのような優秀な人間には開かれてはいない。兎のごときちっぽけな生きもの相手の戦闘のなかにわれわれはいかなる喜びを見出し得ようか？　と。しかし、私に言わせれば、その議論は舌ったらずである。兎は猩紅熱《しょうこうねつ》のバチルスよりはるかに大きい、それでも一人の優秀な人間はバチルス相手の闘いのうちに幸福を見出すことができるではないか。その感情に関するかぎり、私の庭師のそれとそっくりの快楽は、最も高い教育を受けた人々にも開かれているのである。教育によって作り出された相違はただ、それによってこうした快楽が得られる活動に関するだけのものである。物事を達成する快楽のためにはいろいろな困難が必要である、たとえば、結局はいつも達成せられるのだが、目前の成功は疑わしいといったふうな。これこそ人間が自分自身の力を謙虚に評価することがなにゆえ幸福の源泉であるかということのおそらく主なる理由であろう。自分自身を低く評価するところの人間は、つねに成功によって驚かされる。その反対に自分自身を高く評価し過ぎる人間はまさにしばしば上と同じように、失敗によって驚かされる。前のほうの種類の驚きは愉快であり、後のほうのそれは不快である。それゆえあまりに謙虚にすぎて何事も企てられないのもいけないが、不当にうぬぼれないことが賢明なのだ。

今日の社会で、非常に高い教育を受けた人たちのなかで、最も幸福なのは科学者たちである。彼らのうちの最も優秀な人の多くは感情の点では単純であり、彼らの仕事から非常にふかい満足を得ている。それがため食事や、いな結婚することからさえ快楽をとり出すことができるほどである。芸術家や文筆家というものはその結婚において不幸であることが「儀礼上必要だ《デ・リグウル》」と考えている。ところが、科学者たちは、非常にしばしば、いまなお、昔風な家庭の祝福をもつことができるのだ。その理由はほかでもない。彼らの知能の高等な部分が彼らの仕事によってほとんど全部吸収されてしまい、彼らが果たすべきなんらの機能ももっていない領域にまで侵入することを許されていないためである。彼らが仕事をしているとき彼らは幸福である。なぜなら、近代の世界においては、科学は進歩的でかつ強力であるから、さらに、なぜなら、科学の重要性は彼ら自身によってもまた俗人どもによっても決して疑われることがないから。そこで、彼らの単純感情はいかなる障害物にもぶつからぬため、彼らはまた複合感情を少しも必要としないのである。感情における複合性《コンプレクシティ》は川のなかの泡《あわ》のようなものである。それはスムースリーに流れ走っている流れを妨げるところのじゃまものによって生み出されるものである。しかしその生命力が妨害されざるかぎり、彼ら川はその表面にさざなみひとつ立てず、しかもその力のほどは不注意な人間にはまるでハッキリしないのである。

　幸福のいっさいの条件は科学者の生活のなかに実現されている。彼はその能力を精いっぱいに使うところの活動をもっている。しかも彼は自分自身にとってのみならず、一般公衆にとっても重要に見えるところのいろいろの成果を――いや、彼ら公衆が最小限度にしかこの成果を理解し得ないときでも、彼らには重要に映ずるのであるが――達成する。この点で、彼は芸術家よりもはるかに幸せである。民衆が一枚の絵画あるいは一つの詩を全然理解し得ない場合には、彼らはそれができの悪い絵でありあるいは下手《へた》くそな詩であると結論する。ところで、彼らが相対性理論を全然理解し得ない場合には、彼らは（まことに正当にも）自分の受けた教育が不充分であったためだと結論する。その結果、アインシュタインは尊敬され、一方一流の画家たちは屋根裏の部屋で餓死するままにほうっておかれる（あるいは少なくともほうっておかれた）。アインシュタインは幸福であり、画家たちは不幸である。人々が自分自身を自分たちの仲間のなかに閉じこめ、冷たい外部の世界を忘れるのでなければならぬような、――つまり、人類大衆のもっている懐疑主義に対抗して、絶えず自分自身を肯定しつづけねばならぬような生活において、ほんとうに幸福であり得るような人はほとんどまれにしかいないものだ。ところで、科学者には仲間が不要である、けだし、彼は同僚以外の誰にも彼にもよく思われるのだから。この反対に、芸術家は世間から軽蔑《けいべつ》されるか、それともみずから卑しくするか、このうちのどっちかを選ばねばならぬという苦しい状況のもとにおかれている。芸術家の力が第一級のものである場合にも、彼はこの二つの不幸のうちのどっちかを受けずにすますわけにはいかないだろう、彼が自分の力を使う場合には、世間から軽蔑され、これを使わぬ場合には、みずから卑しくするよりほかはない。だが、こうした事がいままでのところいつも、そしてどこにおいてもあったわけではない。すぐれた芸術家たちが、たとい年少であったとしても充分尊敬された時代もかつてはあった。ジュリアス二世はなるほどミケランジェロをよく待遇しなかったかもしれない。しかし彼とてもミケランジェロが全然絵の描けない人だなどと思い込んだことはなかった。近代の百万長者たちはもはやその創作力をうしなってしまった後の年とった芸術家たちに黄金の雨をふらせるかもしれない。しかし、彼らは決して芸術家たちの作品が彼ら自身の事業と同じように重要なものだとは考えてもみないのである。おそらくこうした状況は、芸術家たちが一般に科学者よりも幸福ではないという事実となにほどかの関係をもっているにちがいない。

西欧諸国における最も知的な青年たちは、自分の最善の才能を適当に使う機会を全然持っていないというそうした不幸を持っている——これはどうしても認めずにはおれないことだと私には思われる。ところが、こうした事は東方の国々においてはないのだ。今日、知的な青年たちは世界じゅうの他のいずれの国におけるよりも、ロシアにおいてはいっそう幸福であるだろう。そこでは彼らは創《つく》り出すべき新しい世界をもち、これを創り出そうとするにふさわしい熱烈な信仰をもっている。老人たちは迫害され、餓死させられ、追放されあるいはなんらかの仕方で、粛清されてしまった。その結果、彼らは、すべてのヨーロッパ諸国におけるように、青年たちを強制して、悪いことをするか、それとも何もしないでいるか、そのどっちかを選ばせるようなことはできなくなってしまった。口の達者な西洋人にとっては、若いロシア人たちのもっている信仰は粗雑きわまるものに映ずるかもしれない。けれども、結局、その信仰に対して反対して言うに足るほどのどれだけのことがあるというのか？　ロシアの青年は一つの新しい世界を作りつつあるのだ。この新しい世界は彼らの好みに合っている。この新しい世界は、それが創り出された暁には、間違いなく、革命前にあったよりも、普通のロシア人をいっそう幸福にさせるだろう。それは小理屈の好きな西欧の知識人たちだったら、その中で幸福にしておれるような世界ではないかもしれない。だがこういう理屈のすきな西欧知識人たちは何もその世界に住む必要はないのだ。だから、なんらかのプラグマティックなテストによって、若いロシアの信仰が是認されたとしたら、それを粗雑なものとして難ずるためには、理論的根拠以外に何一つ承認するに足る理由もないのである。

インド、中国、日本においては、政治的性質の外部的状況は若いインテリゲンツィアの幸福を妨害している。けれども、そこには西欧に存在するごとき内部的な障害はいっさい存在していない。そこには、青年たちにとって重要と映ずるさまざまな活動がある。そしてこれらの活動が成功しているかぎり、青年たちは幸福である。彼らは自分たちが国民生活のなかで一つの重要な役割を演じていると感じている。そしてたとい困難であっても、決して実現不可能ではないところの追求すべき目的をもっているのだと感じている。西欧の最高の教育を受けた若い男女の間に非常にしばしば見出されるところのシニシズム（道徳的懐疑主義）なるものは、いったい、自慰《カンフオート》と無力感との組み合わせから生ずるものである。無力感は人々をして、この世には何一つやってみる値打ちのあるものは存在しないと感じさせる。そして一方、自慰がこうした感情の苦しさを堪え忍ばせるのだ。東洋全般にわたって、大学生たちは、近代西欧世界において大学生が持っているよりはるかに強い世論への影響力を希望することができる。ところが、東洋の大学生は実質的収入を獲得する点では、西洋におけるよりもずっと少ない機会しか持っていない。だが、それでも、彼は無力でも自慰的でもないために、道徳的懐疑主義者にはならずして、改革者ないし革命家となるだろう。改革者とか革命家の幸福はもろもろの社会的事件がどういう経過をたどるかということにかかっている。けれどもおそらく彼が迫害されている間でも、彼はみずからを気持ちよく慰めている懐疑主義《シニック》にとって可能であるよりもいっそう多くのほんとうの幸福を楽しむだろう。私はかつて私の大学に訪問してきた一人の若い中国人を思い出す。彼は中国の反動的なある地方に、私の大学と同じような学校を建設しようとしていま故郷に帰りつつあるところであった。彼はそうした学校を建てたとしたら自分の首が胴から離れるだろうという結果を予期していた。しかしそれにもかかわらず、私がただもううらやみたくなるような静かな幸福を彼はたのしんでいた。

だがしかし、こういう高い世界に舞い上がったような幸福の種類がただ一つの可能なものだと、私はもとより言おうとしているのではない。こういう幸福は事実きわめて少数の人に開かれているにすぎない、つまりそれにはある種の能力と関心の広さが必要であり、そうしたものは決してそこいらにありふれたものではないからだ。仕事を通して快楽を摂取し得るのはひとり優秀な科学者のみではない。あるいはまた大義名分の擁護ということを通して快楽をもち得るのは、ひとり指導的な政治家だけでもない。仕事の喜びは、なんらかの特殊な技能を発達さすことのできる人々にはすべて開かれているのである——ただし、彼が世間の賞賛などを要求せず、彼のこの技能の行使によって満足することができるならば、のことだ。私はかつて、その幼少時代に両脚の使用をうしなってしまった一人の男を知っている。しかし彼はその長い生涯を通じていつも朗らかに幸福であった。彼がこのような幸福を獲得したのは、バラの害虫について五巻の著述を書くことによってであった。この害虫に関して、彼が一流の専門家であったことを、私はいつも理解していた。私はいままで多数の貝類学者を親しく知るという喜びを持ったことがない。けれども、私の知っている彼らから推してみて、貝類の研究がこれに従う人々に満足をもたらすものであることを、私はつねに知っていた。私はかつて世界じゅうでいちばん上手だといわれていた一人の植字工を知っていた。彼は芸術的な母型を発明することにみずからをささげているあらゆる人々によって引っぱりダコにされていた。彼が喜びを見出していたのは、軽からぬ尊敬を彼に与えていたところの人たちのほんものの尊敬のうちにではなくして、むしろ彼の手練を使うときの現実的な喜び——それは上手なダンサアがダンスのうちに見出す喜びにまさにそっくりのものであった——のなかにおいてであった。私はまた数字とか筆跡とか楔形《くさびがた》文字とか、その他一風変わったしかもむつかしい字型を作ることにおいてエキスパートであった幾人かの植字工を知っている。私はこの人たちの私的生活が果たして幸福だったかどうかを知ってはいなかった。しかし、彼らが働いている時間中は、彼らの構成的本能はきっと充分に満足していたであろうと思う。

今日のような機械時代にあっては、かつて職人たちがその熟練した仕事の中に見出したような喜びを発見する余地は少なくなっている、——こういうのがいまは普通である。だが、私はこういう言い方が必ずしもほんとうだとは思わない。たしかに、今日の熟練労働者は、中世のギルドの注意を占めていたような事柄とは全然別個の事柄について労働している。けれども、彼は依然として機械経済の中では非常に重要であり、いなくてはならぬ人間である。今日世の中には科学上の要具や繊細な機械類を作っている人々がいる。設計家もいる。あるいは航空機械工もいるし運転手もいる。その他ある点まで発達さすことのできる技能をもって商売をしているところの多くの人々もいる。農業労働者や、比較的原始的な社会の農民たちは、私のいままで観察し得たかぎりにおいては、運転手や機関手ほど幸福ではない。自分自身の土地を耕作するところの農民の仕事は、なるほど、変化には富んでいる。彼は耕し、種を播《ま》き、刈り入れる。しかし彼は自然力の支配下にいるものだし、彼がこの自然力に左右されるものであることを強く意識している。ところが、これに反し近代的な機械の仕事をしている人間は力を意識し、しかも、人間が自然力の奴隷ではなくして、主人であるという感じを持っている。もちろん、この仕事が最小の変化をもって幾度も幾度もある機械的作業を反覆している単なる機械番人の多くの人々にとってきわめておもしろくないものであることは言うまでもない。しかしその仕事がおもしろくなくなればなくなるほど、それだけ機械によってなされることは多くなるのだ。機械生産の最終の目標――われわれがまだこの目標から非常に遠いことは言うまでもないが――は、おもしろくないいっさいの仕事が機械によって行なわれ、人間は変化と創意をもった仕事のために留保されるような一つの制度にほかならない。このような世界においては、仕事はかつて農業が始まって以来いかなる時代においてあったよりも、いっそう退屈することが少なく、いっそう圧迫的でなくなるだろう。実際、農業に着手するとともに、人類は餓死の危険を少なくするために単調と退屈に屈服することを決意したのであった。人間が狩猟によって彼らの食物を獲得していたころには、仕事は一つの喜びであった。これは今日でも金のある連中がこうした昔ながらの娯楽の仕方を追求しているという事実からも明らかに見ることができるとおりである。ところが、農業を始めるとともに、人類はくだらなさとみじめさと狂気ざたの長い時期にはいってしまったのであり、今日、ようやく機械の便利な働きのおかげで人類はこれから解放されつつあるのである。大地との接触やハーディの描く哲学的農民の成熟した智慧《ちえ》を云々《うんぬん》することはセンチメンタリストにとってはたいへんけっこうなことにはちがいない。けれども、田舎のすべての青年たちのただ一つの望みは、町の中に仕事を見出すことである。けだし町においてこそ、彼らは風や天候への隷属状態あるいはまた暗い冬の夜の寂しさからのがれて、工場と映画のある信頼し得る人間的雰囲気《ふんいき》にはいることができるからである。仲間をもつことと協力することとは、普通の人間の幸福においては欠くべからざる要素である。そしてこの二つのものは農業においてよりも工業においていっそう充分に獲得せられるだろう。

一つの主義主張を信ずることは、大多数の人々にとっては、幸福の源泉である。といったところで、私は革命主義者とか社会主義者とか抑圧されている国々の国家主義者等々のことだけをさして言うのではない。私はまたいっそう卑近な多くの種類の信仰をもさして言うのである。たとえば、私がかつて知っていた人たち——つまり、英国民はもはや消滅してしまった十の種族であったと信じている人々はほとんどいつも幸福であったたし、英国民は元来エフライムとマナセの種族だけであったと信じている人たちにとっても、彼らの祝福は全く限界を知らざるものであった。私はもとより、だから読者諸君もこうした信仰箇条をもつべきだなどと言うのではない。なぜなら、私にとっては虚偽の信仰としか思われぬものの上にいかなる幸福にせよこれをきずきあげることを、私はすすめるわけにはいかないからだ。これと同じ理由によって、人間はもっぱら果実をたべて生きるべきだという信仰がたとい——私の観察し得たかぎり——常に完全な幸福をもたらすものであるとしても、まさか私としてこういう信仰を読者諸君にすすめることもできない。だがしかし、いかなる程度においても空想的でないような何かの主義主張を見つけ出すことは困難なことではない。そして何かこうした主義主張に対して感ずる興味がほんものであるところの人々は、その余暇をつぶすための仕事を与えられるのであり、また、人生は空虚だといった感情に対する完全な解毒剤を与えられるのである。

いいかげんな主義主張に献身することとそれほど大して違っていないものに、趣味道楽に対する熱中がある。いま存命中の最も優秀な数学者の一人は彼の時間をキチンと平等に数学と切手収集とに分けている。おそらく数学の研究が行き詰まった時、切手の収集が慰めてくれるのであろうか。だがしかし、数学の理論におけるいろいろな命題を立証することの困難は、決して切手の収集によっていやされ得るただ一つの悲しみでもないし、切手が収集できる唯一のものというわけでもない。たとえば、古陶器、煙草入れ、ローマの貨幣、矢尻《やじり》、火打ち石などを考えてみるときいかに広大な陶酔の世界が想像せられるかを考えてみよ。なるほど、今日私たちの過半の者はこういう単純な快楽をよろこぶにはあまりに「高級」であるかもしれない。私たちは少年時代にすべてこれらの快楽を経験した、しかるにその後、なにかの理由のために、そうしたものは成人した人間にとっては価値のないものと考えるに至った。だが、これは完全な間違いである。なぜなら、他人に害を与えぬいかなる快楽も高く評価さるべきものであるのだから。私のことを言えば、私は河川道楽である。私はヴォルガ河を下り揚子江《ようすこう》を上ったことに快楽を見出した。そしていまだに一度もオリノコ河やアマゾン河を見たことのないのが残念でたまらない。こういう感情は単純であるかもしれない。しかし私は別段それを恥とは思っていない。あるいはまた、もう一度野球ファンの情熱的な歓喜を考えてみたまえ。彼はむさぼるように新聞によみ入り、ラジオは彼に最もきわどいスリルを与える。私はいまアメリカのもっている指導的な文筆人の一人に初めて会ったときのことを思い出す。彼の書いた本から想像して、私は彼が憂愁に満たされた人だと思っていた。ところで、たまたま彼と会っているとき、最もハラハラさせるような野球の勝負がラジオを通して報道されつつあった。彼は私のことも文学のことも、その他この地上の生活のいっさいの悲しみを忘れてしまった。そして彼のひいきのチームが勝った瞬間、彼は喜びのあまり大声をあげてわめいてしまったものだ。この事があって以来、私は彼の本を彼の不幸な性格によって押しつぶされるような思いをしないで読めるようになった。

だがしかし、道楽や物好きは、多くの場合、いや、おそらく十中八、九まで根本的な幸福の源泉ではなくして、むしろ現実からの逃避の方法であり、直面するのにはあまりにも困難な何かの苦痛を忘れるための手段にすぎないだろう。根本的な幸福は、他のいかなるものにも増して、人や物に対する友情的な関心と呼ばれているところのものに依存している。

人に対する友情的な関心とは、愛情に満ちていることの一つの形であって、熱烈な反応を常に求めてやまぬ貪欲《どんよく》にしてかつ所有欲にかられた形式ではない。ここにあげた後の方の形式はしばしば不幸の源泉ですらあるだろう。幸福を作りあげるところの関心の種類は、人々を観察することを好み、彼らひとりひとりの特色のうちに喜びを見出すような種類のものであり、また接触をもつに至った人々の上に権力をふるうとか、あるいは彼らの熱烈な賞賛を得ようなどとは考えないで、彼らのもっている関心や喜びに機会を与えたくなるような種類のものである。他人に対する態度がほんとうにいま言ったような種類に属する人こそ幸福の源泉であり、かつお互いの親切を受け取るところの人であるだろう。こうした人の他人に対する関係は、たとい取るに足らない場合にせよ、あるいはまじめな場合にせよ、等しく彼の興味と愛情をみたしてくれるだろう。彼は忘恩といったことによって苦い思いをさせられることはあるまい、なぜなら、彼が忘恩などを苦にするようなことはめったにないだろうし、彼がこれを苦にする時にも、それを大して気には止めないだろうから。怒った時でさえ相手の人の神経と同じような特質をもち合うということは、彼にとっておだやかな楽しみの源であるだろう。彼は他の人であったら長い闘いの果てにも到達できないと思われる結果を、努力をまたずして、達成するだろう。彼自身がみずから幸福であることによって、彼はまた人に対しては一人の愉快な仲間であるだろうし、この事は、さらに転じて、彼自身の幸福を増大せしめもするだろう。だがしかし、いま言ったようなすべてのことはほんもののものでなければならない。つまりそれは義務の感覚によって導き出された自己犠牲の観念から湧き上がってくるようなものであってはならない。義務感は仕事においては有益なものであるが、個人的関係においては不愉快なものである。人々は人から好かれることを欲するものであるが、辛抱強いあきらめをもって我慢されることを欲するものではない。多くの人々を、進んでなんらの努力なしに好きになるということは、おそらく個人的幸福のあらゆる源泉のうちで最も大いなるものであるだろう。

　私はさきほど、いわゆる物に対する友情的関心ということに言及した。しかしこの言い方はあるいは幾分無理にきこえたかもしれない。つまり、物に対して友情を感ずるなどということはあり得ないことだと言われるかもしれない。けれども、地質学者が一つの岩石に対して抱き、あるいはまた考古学者が一つの廃虚に対して抱くところの興味にはなにか友情に似通ったものがある。そしてこのような関心こそ個人に対するあるいは社会に対する私たちの態度において一つの根本的要素であるべきものなのだ。もちろん、物に対して友誼《ゆうぎ》的というよりも敵対的な関心をもつこともあり得る。ある男は蜘蛛《くも》がきらいで、蜘蛛のあんまりいないところで生活したいために、蜘蛛の習性に関する事実を集めるといった場合だってないとは言えない。ところでこういう種類の関心は地質学者が岩石に対してもつと同じような満足を与えることはないだろう。事物に対する非個人的な興味は、たとい私たちの人間の仲間に対する友情的な態度よりも、日常生活の幸福の要素としては幾分価値のないものであるにしても、それでも非常に重要なものである。世界は広大であり、私たち自身の力は限られたものである。私たちのいっさいの幸福が私たちの個人的境遇に全然限定されるものとしてもなお、生活が与える以上に、生活から要求しないということはむずかしいことである。そしてあまりに多く要求するということは、得られるよりもいっそう少なく獲得するためのいちばん確実な方法である。ほんとうの興味、たとえばトレントの会議についての、あるいは星の生活史についての興味などによって彼の心配事を忘れることのできる人は、やがて、彼がこの非個人的な世界への遠足からもどってきたとき、いまや休息と静けさを獲得したことを発見するだろう。そしてこのような休息と静けさこそ彼の心配事を最もよい仕方で取り扱うことを可能にさせるものなのだ。かくて彼はそのうちに、たといしばらくの間にもせよ、ほんものの幸福をつかんだことになるだろう。

幸福の秘訣《ひけつ》は次のごときものである——すなわち、諸君の関心、興味をできるかぎり広くすること、そして、諸君の興味をそそる人や物に対する諸君の反応をでき得るかぎり、敵対的ではなく友誼的たらしめること。

幸福のいろいろな可能性についての以上の序論的検討は、以下の数章においていっそう拡大されることになるだろう、つまり不幸の心理的源泉からの逃避法に関するいろいろな示唆と相まって。

11　熱　意

この章で、私が取りあげたいと思うのは、幸福な人々のもっている最も一般的な、また最もはっきりした特徴として私には考えられるところのもの、つまり熱意のことである。

ところで、熱意とはどういうことであるかを理解するためのいちばんよい方法は、おそらく人々が食卓にすわっている時、彼らがどんなふうにさまざまな仕方で振る舞うかを考えてみることであろう。食事などは単なる小めんどうなことにすぎないものだと考えている人々がいる。その食物がどんなに美味なるものであろうと、彼らには、それがちっともおもしろいものとは感じられないのだ。彼らはいままでうまいものを食ってきた、おそらく、ほとんど食事のつど食べてきた。彼らは、飢えが一つの荒々しい情熱となるほど、何も食べないで出かけることがどんなことであるかを、まるで知っていない。それどころか、彼らは食事をもって、彼らがその中で生活している社会の流行によって指定された単なる因襲的な出来事としてしか考えてはいないのだ。

したがって、食事もまた他のいっさいの事と同じように小めんどうなことなのである。食事について大騒ぎする必要などは毛頭ない、なぜなら、大騒ぎをすることによって食事以外の他のものがいくらかでも退屈の度を減ずるというようなことはないのだから。さらにまた世の中には、一種の義務感から食事をしている病人がいる。つまり、体力を回復さすためにある程度の栄養をとることが必要だと医者に言われたからなのだ。さらにまた世の中に快楽主義者がいる。彼らは大いに希望にあふれて食卓につくのだが、さて食卓についてみると、こうあるべきだと予想したほどに何もかも美味に料理されていなかったのを見出《みいだ》す。あるいはまたそこには大食漢がいる。彼らは非常な食欲をもって食物の上に襲いかかり、大いに食べ過ぎ、そして大いに多血的になり、いびきをかいて寝てしまう。最後にそこにはまた、健康な食欲をもって食べ始めるところの人々がいる。彼らはその食物を喜びとし、充分にたべるまでたべれば、そこでやめてしまう。人生の饗宴《きょうえん》の前にすわっているところのさまざまな人々は、人生が提供するさまざまのよき物に対して、ちょうどこれと同じようにいろいろの態度をとるだろう。ところで、幸福な人とは、いま最後にあげたような食事に対する態度をとる人のごときものにほかならない。飢餓が食物に対して持つ関係は、熱意が人生に対して持つ関係と変わらない。その食事に対してウンザリしている人は、ちょうど、バイロン的不幸の犠牲になっている人に似ている。一片の義務感から食事する病人は、つまり禁欲主義者にほかならず、大食漢は耽溺《たんでき》家に相当する。美食家は、人生の喜びの半分を反美学的なものとして非難するところの選《よ》り好みのすきな人と言えるだろう。ところで奇妙なことに、これらすべてのタイプは——ただしおそらくは大食漢は別であろうが——健康な食欲の持ち主を軽蔑《けいべつ》し、自分のことを優秀な人間だと考えているのだ。彼らの眼には、諸君が腹がへっているために食物を楽しみ、あるいはまた人生がさまざまな興味ぶかいながめや驚くべき経験を提供するがゆえに人生を楽しむことは、卑しいことだと映ずるのである。彼らは彼らの立っている幻滅という高い世界から、彼らの軽蔑するそれらの人たちを見下して、そしてこれを単純な人間だと呼ぶのである。私としては、こういった見方に対しては全然同感をもち得ない。私に言わせれば、幻滅とは一種の病気にほかならない。なるほど、ある種の境遇は否応《いやおう》なしに幻滅を与えるかもしれない。しかし、言うまでもなく、そういう幻滅は、それが発生した場合、できるだけ早く治療さるべきものなのだ。いわんや、それをもって智慧《ちえ》の一つの高尚な形式としてなぞ考えらるべきものではないのだ。たとえば、いまいちごの好きな人と、好きでない人とを想定してみたまえ。どういう点で、好きでない人はいっそう優秀なのか？　いちごがいいものであるか、それとも大したものではないかということについてはいかなる抽象的なまた客観的な証拠もないのである。それの好きな人にとっては、いちごはいいものであり、きらいな人々にとってはいいものではないというにすぎない。だがしかし、いちごの好きな人はこれをきらいな人がもっていないところの一つの快楽を持っているわけである。そしてその点で、彼の人生はそれだけいっそうたのしいのであり、したがって、これを好きな人もきらいな人もともにその中に生きるよりほかはないこの世の中に対して、彼はそれだけよく適応しているのである。ところで、いまあげたこの些細《ささい》な例について真実なことは、同じくもっと重要な事柄についても真実である。フットボールを見ることの好きな人は、それだけ、これをきらいな人よりもすぐれているのだ。読書を楽しむ人は、これを楽しまない人よりも、フットボールの場合よりもいっそう、それだけすぐれているのだ。なぜなら、読書のための機会はフットボールを見物する機会よりもいっそう多いのだから。つまり、一人の人間がいっそう多くの事物に興味をもてばもつほど、それだけ彼は幸福の機会を多く持つわけである。そしてそれだけ運命の慈悲にすがらなくてもいいわけである。なぜなら、彼が一つの事物を失えば、彼はもう一つ別の事物のもとにおもむくことができるのだから。もちろん、あらゆる事物に対して興味をもつには、人生はあまりに短すぎる。けれども毎日の生活をみたすに足るほどの多くの事物に興味をもつことは、幸福なことである。私たちすべての者は、今日、内向的な人間の持っている疾患にかかりやすい傾向の所有者である。内向的な人間とは彼の前にくりひろげられた多彩なこの世の眺《スペクタクル》めから眼をそらし、ただひたすらに内なる空虚の世界を凝視する人間にほかならない。だがいずれにせよ、このような内向的な人間のもつ不幸のなかに何か偉大なものがあるなぞと、空想しないことにしようではないか。

むかし昔、あるところに二つのソーセージを作る機械があった。それは豚を最もおいしいソーセージに一変させる目的のために上手に作られた機械であった。一方の機械は豚に対する彼の熱意をいつも持ちつづけていた、そして次から次と無数にソーセージを作り出して行った。ところが、もう一つのほうの機械はこう言うのだ、「自分にとって豚のごときは何ものであろうか？　私自身の働きはいかなる豚よりもはるかに興味ぶかく、はるかにすばらしいものなのだ」。そこで彼は豚を拒絶した、そして彼の内部の研究に着手した。だが、その本来の食物がなくなるとともに、この機械の内部は働くことをやめてしまった。そして彼がその内部を研究すればするほど、いよいよますます彼にとってその内部なるものが空虚でかつバカらしいものに映じてきた。いままですてきにうまいものを豚から作り出していた彼の精妙な機構はいまやぴたりと止まってしまい、いったい自分には何ができるのかということを考えて、彼はハタと途方に暮れてしまった。この第二のほうのソーセージ製造機はあたかも彼の熱意を失ってしまった人間のごときものであり、最初のほうの機械はいつまでも熱意を失うことなき人間に似ている。人間の精神もまた一つの不思議な機械である。それは精神に提供せられたさまざまな材料を最も驚くべき仕方で結合し得るものである。しかし外界からの材料がなくなれば、精神はいっさいの力をうしなってしまう。そしてソーセージの機械と異なるのは、機械が自分自身がその材料をつかみ上げねばならぬという点である。けだし、もろもろのでき事は私たちがこれに興味をもつことによってのみ、経験となるものなのだから。もろもろのでき事がもし私たちの興味を引かないとすれば、私たちはそれらのでき事を無に帰せしめているにすぎなくなる。そこでその注意を自分の内部に向けている人間は、彼の注目に値いするような何ものをも自分のうちに見出すことがなくなる、一方これに反して、その注意を自分の外側に向けている人間は、たまたま彼が自分の魂をのぞき込むというそのまれなる瞬間にも、そこに美しいあるいは有益な幾つもの型《パタン》に分離され結合されているさまざまな構成要素からなる最も変化に富みまた最も興味ぶかいいろいろな物を見出すことができるだろう。

熱意の形式は無数である。たとえば、ちょっと思い出してみたまえ。名探偵シャーロック・ホームズがたまたま往来におちている一つの帽子を発見しこれを拾い上げた。

その帽子をしばらくながめているうちに、彼は帽子の持ち主が間違いなしに酒をしたたかのんでここを通りかかったのだろうということに気がついた、そしてその男の妻はもはやかつてのようにこの男を愛しなくなっているのだろうということを考えた。つまり人生というものは、偶然の事実がこれほど豊かな興味を与え得るような人間にとっては、決して退屈なものではあり得ないのだ。田舎の道を散歩しているときに気がつくさまざまな事物のことを考えてみたまえ。ある者は小鳥を注意するだろうし、他の者は野菜を、さらに他のものは地質に、そしてさらに他のものは農業に、等々といったぐあいに気をつけるだろう。もしこれらの事物のどれか一つでも諸君の興味をひきつける場合には、それは興味ぶかいものとなるのであり、したがって他の条件が同じだとすればこれらのもののどれか一つに興味をもった人間は、興味をもたなかった人よりも、いっそうこの世界に適応した人間にほかならない。

ところで、その仲間の人間に対して種々なる人々が取る態度のいかにはなはだしく千差万別であることだろうか！　ある男は長い汽車の旅をしているうちに、全然、乗り合わせた乗客たちを観察するなどということはしなくなるだろう。ところが別の男は、乗客たち全部を注意してながめ、彼らひとりひとりの性格を分析し、そのひとりひとりについて彼らの境遇を慧眼《けいがん》にも推測し、おそらくはまたひとりひとりの最も内密な生活の歴史についてもこれを断定しようとするかもしれない。人々は、彼らがお互いにどんなふうに感ずるかということにおいても、また彼らについて断定し合うことにおいても、ひどく千差万別なのだ。ある人たちは誰でも彼でもウンザリするだろうし、他の人たちは自分と接触する人々に対していち早くしかも容易に友誼的な感情を湧き上がらせるだろう、ただしむろんのこと、これ以外の感情を湧き上がらせるための決定的な理由がある場合は別として。たとえばもう一度旅行の場合を取りあげてみよう。ある人たちはさまざまな国々を旅行する。その際彼らはいつもホテルはいちばんいいホテルに泊まり、彼らが自宅でたべていたとまさに同じ食事をとり、自宅でいつも会うのを常とした怠惰な金持ち連中と出会い、彼らの自宅の晩餐《ばんさん》の時にかわし合ったと同じ問題について会話を交えるだろう。そこで彼らが自宅へ帰った時、彼らの感ずる唯一の感想は、やたらに金ばかりかけて退屈な旅行をしたものだということにつきるだろう。ところで別の人々は、どんな所へ行ったにしても、その土地の特徴を見、その地方色を代表するような人々と近づきになり、歴史的にあるいは社会的に興味あるところのものを見物観察し、その地方の食事をたべ、その地方の生活慣習や言葉づかいを学び、このようにして冬の夜のための愉快な思い出のかずかずを新しく仕入れて帰宅するだろう。

すべていま言ったようないろいろな場合においては、生活に対する熱意をもっている人はこれを全然もっていない人よりも、いっそう利するところが多いわけである。こういう人には不愉快な経験ですらも、なおその用途をもっている。私は中国人の人だかりや、シシリィ島の村々のにおいをかぐのが好きである。むろん、このにおいをかいだとき、私の喜びが非常に大きなものだったなどと心にもないことを言うわけにはいかないが。冒険好きな人は、自分の健康をそこねる程度にまで至らぬかぎり、船の難破、暴動、地震、大火、その他あらゆる種類の不愉快な経験をたのしむものだ。たとえば地震に会ったとき、彼らは自分自身に向かってこう言うだろう、「地震とはこういうものだったのか」。そしてこの世についての彼の知識がこの新しい問題によって一つふえたことを喜びとするだろう。こういう人々は決して運命によってもてあそばれるものではないと言うのは間違っているかもしれぬ。なぜなら、こういう人々でももし彼らの健康をそこなうときには、確実にそうだと言えないにしても、たぶんこれと同時に彼らの物事に対する熱意を失うであろうから。私はいままでのうちにも、数か年の緩慢な苦痛の果てに死んでしまった人々、しかしそれにもかかわらず、ほとんどその最後の瞬間まで彼らの熱意を持ちつづけ得た幾人かを知っている。たしかにある種の健康の喪失は熱意を失わせる、しかし他のものはそうではない。こうした人間の種類を生化学者たちが果たして見分けることができるものかどうか、私は知らない。けれどもおそらく生化学がいまよりももっと進歩した場合には、私たちは私たちの感情をしていつまでもすべてのものに興味を持たせてくれるような薬品をとることができるようになるだろう。しかし、そういう時代が来るまでは、ある人々はすべてのものに興味を持ち得るのに、他の人々は何ものにも興味を持つことができないということの原因はいったいどこにあるのか、——こういう問題を判断するためには、私たちは人生についての常識的な観察にたよるよりほかはあるまい。

熱意はある時には一般的に何にでも向けられ、他の場合には特殊的である。いや、非常に特殊化される場合もなくはない。ボロウをよんだことのある人は『ラヴェングロ』の中に出てくる一人の人物について覚えているだろう。彼は非常に愛していたその妻をうしなった。そしてその当座、人生が全く空虚になったと感じた。ところで、彼の職業は茶の商いであった。彼は人生に堪えていくために、独学で彼の手もとに来る茶箱の上の中国の文字をよむことを勉強しだした。とうとう、最後にこの事は人生に対する新しい興味を彼のうちに目ざめさせた。そして彼はむさぼるように中国に関するあらゆることを研究し始めたのである。私はまたグノスティック派の異教についてなんでもかんでも知ろうとする努力に夢中になってしまった人々を知っているし、さらにまたホッブスの原稿と初版本との対照にその畢生《ひつせい》の興味を注ぐに至った人々のことも知っている。もちろん、どんな事がある人の興味をそそるかということを前もって推測することはとうていできないことである。けれども、過半の人々は何かに激しい興味を持つことができるのであり、そしてひとたびかような興味が目ざめてきた暁には、その人の生活は退屈をのがれることができるだろう。しかしながら非常に片寄った特殊な興味は生活に対する一般的な熱意よりも幸福の源としてはいっそう不充分なものである。なぜなら、こういう特殊な興味がその人の時間の全部を充《み》たすというようなことはとうていあり得ないことであり、しかも、それが道楽となれば、その特殊な事柄について知り得べきいっさいの事を知らずにはおれなくなるという危険がいつでも出てくるからである。

私はさきに食卓を前にした人々のいろいろなタイプの中で、大食漢についてはこれをあまりほめることをしなかった。ところで、読者諸君は私たちがいまほめたたえてきたところの熱意をもった人間がこの大食漢となにかハッキリした仕方で異なるものではないというふうに考えるかもしれない。そこで、この二つのタイプの相違をもっとはっきりと区別すべきところへ来たようである。

誰でも知っているように、古代の人たちは、節度あることをもって、本質的な徳の一つと考えていた。ところが、ロマンティシズムとフランス革命の影響のために、こういう考え方を多くの人々は捨ててしまった。そしてその代わりに、たといバイロンの詩の主人公のそれのように、その情熱が破壊的なまた反社会的な性質のものであるにせよ、人間を圧倒し去るごとき情熱がたたえられるに至った。だが、この点で古代の人たちが正しかったということは明瞭《めいりょう》である。よき生活にあっては、いろいろな活動の間に当然一つのバランスが保たれていなければいけない。そしていろいろな活動のうちのどの一つも他の活動を不可能にさせるほどに行なわれるようなことがあってはならない。大食漢というのはたべる快楽のために、その他の快楽をすべて犠牲にし、そうすることによって、彼の人生の全体的幸福を減少せしめる人のことである。だが、たべること以外の多くの他の情熱もまた、同じように過度に行き過ぎることがあるだろう。皇后ジョセフィンはまさに着物については一個の大食漢であった。最初のうちナポレオンは彼女の仕立屋の勘定を自分で払っていた。そのうちだんだん文句を言わずにおれなくなってきた。そこでとうとう最後に、彼はジョセフィンにこう言った、もう少し節制を学ぶようにしなければいけない、これからさき、その支払額が穏当なものであるときにのみ、勘定を払うことにするからと。やがて次の仕立屋の勘定書が届けられたとき、彼女はしばらくの間全く途方に暮れてしまった。しかし突然彼女は一つの計画を思いついた。彼女は軍需大臣のところへ出かけて行った、そして戦争のためにとってある準備金のなかからこの勘定を支払うことを彼に要求した。軍需大臣はジョセフィンが自分を首になし得る権力をもっていることを知っていた。そこで彼は言うとおりにした。その結果、フランス軍はジェノワを失ってしまった。こんなふうに少なくとも、二、三の書物は伝えている。もとよりこの物語の正確に間違いないことを証明しようなどというつもりは毛頭私にはないのだが。現在の私たちの目的にとっては、この話がほんとうだろうが誇張だろうが、どっちでもいいことである。とにかくそれはいかに着物への情熱がそれに耽溺する機会をもった一人の女性をとんでもないところまで連れて行くものであるかを示すに役立ちさえすればいいのだ。飲酒狂も色情狂もこれと同じ種類の明白な例である。こうした事柄における原理は相当ハッキリしている。いったい、私たちの個々の趣味や欲望は生活の全般的な枠《わく》にはめ込まれるものでなければいけない。もしそれらの趣味や欲望が幸福の源泉たるべきものとすれば、それは当然健康や、私たちの愛する人々の感情やあるいはまた私たちがその中で生活している社会の尊敬と両立し得るものでなければいけない。ところで、ある種の情熱は、こういう制限を突破することなしに、ある程度、これにおぼれることのできるものであるが、他の情熱はそうではない。たとえばチェスの愛好者をとりあげてみよ。彼がたまたま自分で独立して食える人間であり独身者である場合には、彼はある程度この情熱をおさえる必要はないだろう。けれども、もし彼が妻子をもちまた自分で食っていけないような場合には、彼はその情熱を非常にきびしく制限するよりほかはあるまい。飲酒狂と大食漢とはいずれも別段社会的な拘束をもっているわけではない。けれども自分をたいせつにするという観点からすれば、この二つとも賢明なものではない。けだし、この快楽に耽溺することは健康をそこない、かつしばらくの快楽の代償として長い悲惨の時間を彼らの上にもたらすからである。こうした個々の情熱が不幸悲惨の原因とならないためには、それらの情熱がその中で営まれるための枠をある種のものが形成するのでなければいけない。つまり、ある種のものとは健康であり、その人のさまざまな能力を全般的に所有し維持することであり、生活必需品を備えるための充分な収入であり、また妻や子供たちに対する最もたいせつな社会的義務である。こうしたいろいろなものをチェスのために犠牲にしてかえりみない人は、本質的には、飲酒狂と悪しき点では異ならない。私たちがチェス好きな人間をこんなにまでひどく普通非難しない唯一の理由は、そういう人間があまりたくさんいないためであり、また多少なりとまれなる才能をもった人間だけしか、こうした知的ゲームにこれほどまでおぼれないためである。節制中庸というギリシアの法則は事実上、いまあげたような場合をも含むものである。晩になったらやってやろうというチェスについて、昼間働いている時間もこれを待ち望んでおれるほどチェスの好きな人は幸せである。だが終日、チェスをやりたいばかりに仕事をすてかえりみぬ人は中庸の徳をすでにして失っている。伝えるところによればトルストイは、その若くかつでたらめな青春時代に、戦場における勇猛のために勲章を授けられることになった。ところが、その勲章を授与される時が来たとき彼はひどくチェスに夢中になっていて、とうとう行かないことに決めてしまった。私たちはこの事でトルストイを非難する気にはならない。なぜなら彼にとっては勲章をもらうとかもらわないとかいうことは、どっちでもいい事であったろうから。だが、もっと詰まらない人間においては、こうした行為は愚行の一つであるに相違ない。

ところで、いま述べたような主義に対する一つの限定として、当然次のことは承認されねばならない。つまり、ある種の行為はその行為のためにいっさいのものの犠牲を正当づけるに足るほど本質的に高貴なものとして考えられるということである。その祖国を防衛するために生命をなげすてるところの人は、たといその妻子を一文なしで残すことがあるとしても、責めらるべきものではない。またなにか偉大な科学的発見、発明のために、彼がその家族の人々を貧困に堪え忍ばせるとしても、もし彼の努力が最後の成功をもって報われるとするならば、それについて非難さるべきものではない。しかしながら、彼がもしその企てている発見なり発明なりに決して成功しない場合には、世論は彼をもって一個の変人だと非難するだろう、だがこういう非難は正当なものではない、なぜなら、なんぴともこういう企てについて前もってその成功不成功を断定することができないからだ。キリスト教徒たちが一千年後にキリストが再降誕するだろうと最初信じていた時代に、その聖なる生活を得るために彼の家族を捨ててかえりみなかった人は当時賞賛されたものであった。けれども今日となってみれば、彼は当然その家族のために何かの備えをなすべきであったのだと考えられるだろう。

いったい、大食漢と健康な食欲の持ち主との間には若干の深い心理的相違が常に存在していると思われる。他のあらゆる欲望を犠牲にしてまで一つの欲望に極端に耽溺《たんでき》するような人は、心の深いところになにかの葛藤《かっとう》を——つまり亡霊から逃げようと求めているところの葛藤を常に持っている人である。飲酒狂の場合には、この事は非常に明白である。人々は忘れるために酒を飲むのだから。もし彼らがその生活のなかになんらの亡霊をも持っていないとしたら、彼らはシラフでいることよりも酔っ払っていることのほうがもっと快適だなどとは考えぬはずである。伝説のある中国人は言っている、「俺は飲むために飲むんじゃない、飲まれるために飲むのだ」。これこそ耽溺的なまた一面的な情熱の典型である。そこに求められているところのものは、対象そのものにおける快楽ではなくして、忘却にすぎない。もちろん、忘却がバカげた仕方で求められるのと、それ自体望ましい才能の行使のうちに求められるのとでは、非常に相違がある。妻をなくして悲しみに堪え得るために中国語を独習したボロウの友人も忘却を求めていたのであった。しかし彼はこの忘却を有害な結果をもたないばかりか、むしろその反対に彼の知性と知識を進歩せしめるような活動のうちに求めたのである。こうした形の現実逃避については、非難すべきものは一つもない。ところで、酒を飲むとか賭《か》け事をするとかその他のためにはならない興奮の種類のなかに忘却を求めるところの人の場合はこれとはちがっている。もちろんそこには、どっちつかずの曖昧《あいまい》な場合もあるだろう。たとえば、人生がその人にとって煩わしいものとなったために飛行機や登山に狂おしい危険を求めるような人については、私たちは何と言うべきであろうか？　もし彼の冒険がなんらか公共のために役立つものとすれば、私たちは彼を賞賛してもさしつかえないだろう、しかし、もしそうでなければ、私たちは、彼を賭博《とばく》者や酒飲みよりほんの少しばかり上位に置くよりほかはあるまい。

ほんものの熱意、言い換えればほんとうのところは忘却に対する求めであるような種類のそれでない熱意は、それが不幸な境遇によってたたきこわされないかぎり、人間を本来作りあげているものの一部である。たとえば幼い子供たちは彼らが見聞きするほとんどいっさいのものに興味を感ずる。彼らにとってこの世界は驚嘆に満ちている。そしていつでも熱心に知識の探究にしたがっている。もちろんその知識は学者的な知識ではない、それは彼らの注意をひくところの事物になじもうとすることのうちに成り立つ知識である。動物は、一人前になった時でも、なお彼らが健康であるかぎり、その熱意を持ちつづけている。見知らぬ部屋に入った猫《ねこ》は、彼がどこか鼠《ねずみ》のにおいのかぎ分けられるような未来のチャンスを、至るところのすみずみでかぎ終わってしまうまではすわり込むことをしないだろう。人間にしたところで、もし彼が今までのうちに一度も根本的にじゃまされることがなかったとすれば、やはり外界に対していつまでも自然の興味を持ちつづけるだろう、そして彼がこのような興味を持ちつづけるかぎり、しかも彼の自由が不当に奪われることがないならば、人生をたのしいものと感ずるだろう。文明社会における熱意の喪失は、大部分、私たちの生きていくうえに欠くべからざるところの自由を制限されたことによるものである。野蛮人は腹が減ったとき狩りに出かける。そして狩りに出かけることによって直接の衝動に従っているのだ。ところで、毎朝一定の時刻に働きに出かけるところの人間も根本的にはこれと同じ衝動、つまり生活を確保したいという要求によって動かされているのであるが、しかし彼の場合においてはその衝動は直接、その衝動が感ぜられる時に働くわけではない。むしろその衝動は抽象、信念、意欲を通して間接的に働いているにすぎない。彼がこれから働きに出かけようとしている時に、彼は別に空腹を感じているわけではない、彼は朝飯を食ったばかりのところなんだから。彼は単に空腹がいずれは起こるだろうということを知っているにすぎない。そして彼が働きに出かけるということは、この将来の空腹を満たすための手段にほかならない。ところで、衝動は不規則なものであるが、これに反し、習慣は文明社会においては規則的でなければならぬものである。野蛮人の間においては、集団的な行動の計画ですら、そうした計画があるかぎりにおいては、自発的であり衝動的である。一族が戦争に出かけようとする時には太鼓の音は戦争熱を呼び起こし集団的な興奮はひとりひとりを必要な行動にかりたてるだろう。だが、近代的な事業はこういうやりかたで処理することはできない。列車がいままさに出発しようとするとき、あたかも野蛮人の意気が音楽の演奏によって盛んならしめられるように、赤帽や機関士や信号手の意気をあおりたてるわけにはいかない。つまり、これらの人たちの動機は間接的なのである。彼らは行動に対してなんらの衝動ももっているわけではない。彼らのもっているものは仕事の究極的な報酬に対する欲求だけである。社会生活の大半もこれと同じような欠点をもっている。人々はお互いに話をとりかわす。だが、話をしたいから話をするのではない。彼らがお互いの協力によって引き出したいと思う何か究極的な利益のために話し合うのである。今日のいかなる生活においても、文明人は衝動の制限によって垣《かき》を張りめぐらされている。たとえば彼がたまたま愉快になったとしても往来で舞ったり歌ったりしてはいけないのであり、たまたま悲しみを感じたとしても舗道の上にすわり込んで泣き出したりしてはいけないのである、通行人の交通妨害になるからである。青年時代においては文明人の自由は学校で制限され、成人の生活においてはその労働時間によって制限される。すべてこうしたことは熱意をもち続けることを非常に困難にさせる。なぜなら、絶えず制限を受けておれば疲労と倦怠《けんたい》が生じやすいからである。文明社会は人間の自発的な衝動に対して強い制限を加えずしては成り立ちえない。つまり、自発的な衝動は社会的協力のもっとも単純な形を生み出すだけであって、近代の経済組織が要求するような高度に複雑な協力の形を生み出すことがないからである。熱意に対するこうしたさまざまな障害をのり越えるためには、人間は健康とあふれるばかりのエネルギーを持つことが必要であり、あるいはまた、運がよければ仕事そのもののうちに興味を見出せるような仕事を持つことが必要である。統計の示すところによれば最近百年間において人間の健康はあらゆる文明国を通じて絶えず増進されてきていた。しかし、エネルギーというものは測定することが非常に困難なものである。健康なときの身体的な力が今日もなお昔あったように充分豊富であるかどうか私には疑わしく思われる。ここにとりあげた問題は大部分一つの社会問題である。それだから私はこの問題を本書の中で論じようとは思わない。もちろん、この問題は個人的なまた心理的な面をもっている。しかし、私たちはすでにそういう面については疲労について述べたときこれを取り扱った。ある人々はこうした文明生活のもっているさまざまな障害にもかかわらず彼らの熱意を持ち続けている。しかし多くの人々は彼らがそのエネルギーの大半を消耗させるその内面的な心理的葛藤から解放されている時にのみ熱意を持ち続けることができるだろう。熱意というものは必要な仕事にとって充分である以上のエネルギーを要求するものであり、そのうえさらに心理機構のなめらかな活動を要求するものである。こういうなめらかな活動をもたらすさまざまな原因については、私は後の章でもっとくわしく述べたいと思う。

女の場合、昔ほどではないがそれでも今日もなお大部分、熱意は世間の評判ということについての誤った観念のために非常ににぶらされてきている。女が男に対してあからさまな興味を持つことや、あるいはまた公共のためにあまりに活動しすぎることを好ましくない事とされていた。男に興味を持たないことを学ぶとともに女たちはしばしば何物にも興味をもたなくなることを、あるいはせいぜいある種の正しい行為を除いてそれ以外の何物にも興味を持たなくなることを学んでしまったのである。何もしないこと、あるいはまた生活に対して引っ込み思案である、そういう態度を教えることは熱意に反するような何かを教え込むことであり、そしてまたある種の自己自身の中へ没入――これは非常に地位の高い女たち、とりわけあまり教育を受けていない女たちの特徴であるが――をさらに強めることにほかならない。彼女たちは普通の男が持っているスポーツへの興味も持っていないし、政治について何も考えようとしない。あるいはまたその態度がまじめくさった超然を示すような男たちに対しても、またその態度が一種の敵意を示し他の女たちは自分たちよりも尊敬に値いしないものだという信念をもっているような女たちに対しても、なんら意を用いようとはしない。彼女たちは自分だけの世界を持っていることを自慢にしている。言い換えれば、自分たちの仲間に何の興味も持たないことが彼女たちには道徳的であるように映ずるのである。もちろん、こういう彼女たちの態度について彼女たちを責めるのは当たらない。彼女たちとしては数千年間、女に関するかぎりいままであたりまえとされていた道徳的教えを受け入れているにすぎないのだから。実際、彼女たちはその不法を見破ることができなかった。彼女たちは一つの圧制の犠牲にほかならず、まことに気の毒な人たちなのである。このような女性たちにとっては寛容でないことはすべて善いことであり、すべての寛容は悪いことと映ずる。彼女たち自身の社交生活においては、彼女たちは悦《よろこ》びを殺すようなことだけを行ない、政治においては彼女たちは抑圧的な法令を愛する。幸せなことにこういう女性のタイプはだんだん少なくなりつつある、それでも自由な社会に生活している人たちが想像するよりもまだまだよほど一般的なのである。私のこういう言い方を疑う人があったら貸間を捜しているたくさんの女たちのところへ行ってみるがいい、そしてだれでもいい出会いがしらに会う田舎出の女たちについて注意してみるがいい。彼女たちがいわゆる女らしい点——つまり女らしさとは生活に対するあらゆる熱意を失っていることを一つの重大な要素とするものだが——によってはじめて生活しているのを、そして彼女たちの精神と感情がその結果押しつぶされて縮こまっているのを見出すであろう。正しく考えれば、男の長所と女の長所との間に何の相違もないはずである、少なくとも伝統が数えあげているような相違は何一つないはずである。男にとっても女にとっても同じように熱意こそ幸福と健康に暮らすことのための秘訣《ひけつ》である。

12　愛　情

熱意を欠くということの主なる原因の一つは、自分が愛されていないという感情である。その反対に、自分は愛されているのだという感情は他のいかなるものにも増して、熱意を促進せしめる。もちろん、ある人が自分は愛されていないのだという感情を抱くにはさまざまな理由があるだろう。ある人は、誰もが自分を愛し得ないほど自分はいやな人間だと自分で考えるかもしれない。つまりそういうふうに考える人は、子供の時分、彼が他の子供たちに比べてわずかしか愛されなかったことに自分を馴《な》らしてしまった人であるか、それともまた、事実、誰もが愛し得ないような人柄であるか、どっちかである。しかし、後のような場合だとしても、あるいはひょっとすると、彼が幼い時に不幸せであったために自信を失ってしまったことがその原因であるかもしれない。自分を愛されない人間だと感じている人は、その結果、いろいろな態度をとるだろう。たとえば、彼は異常に親切な行為をすることによって他人の愛情をかち得ようと絶望的な努力をするかもしれない。だがしかし、こうした事をしても彼は十中の九まで成功しないだろう、なぜなら、親切の動機というものは容易に親切をされた人によって看破されるものであるし、また親切を要求することが最も少なく見えるような人に、かえって最も多く愛情を示そうとするのが、人間性の構造だからである。それゆえ、他人のためになるような行為によって愛情を買い取ろうと努力する人は、やがて人間の忘恩を経験することによって幻滅の悲しみをなめるだろう。彼の買い求めようとする愛情が、その代価として支払うところの物質的な恩恵よりもはるかに高価なものであるようなことは、彼の場合、決してあり得ないだろう。だがそれにもかかわらず、買い取る愛情のほうがいっそう高価なものであるという感情が彼の行動の根底には潜んでいるのだ。さらに別の人は、自分が人から愛されていないのだと知るとともに、あるいは戦争や革命をあおり立てることによって、あるいはたとえばディーン・スウィフトのごとく毒筆をふるうことによって、この世に復讐《ふくしゅう》しようとするかもしれない。これは不幸に対する一種の英雄的な反応である。だがこういう反応のためには、世界の全部を向こうにまわして自分を闘わせるに足るだけの性格の力が必要である。しかもこういう高さにまで達し得るような人はやたらにはいない。大多数の男女は、彼らが愛されていないことを感ずるや否や、気の小さな絶望のなかに沈み込んでしまい、ただ時々少しばかりの嫉妬《しっと》や意地悪を示すだけで、憂さを晴らすにすぎない。一般的に言って、こういう人々の生活は極端に自己本位になり、しかも愛情の欠如は彼らに不安の感を与える、そして彼らは自分の生活を徹底的にまた完全に支配する習慣をもつことによって、この不安の感じから本能的にのがれようとする。つまり、自分自身を全く変化を知らぬ生活の常軌の奴隷たらしめる人は、普通一般には、冷たい外部の世界に対する恐怖によって、さらにまた、もし自分が幼い日に歩きなれたと同じ道を歩くとしたら、まさか外部の世界に突き当たることもないだろうという感情によって、否応《いやおう》なしにそうさせられている人にほかならない。

安全だという感じをもって生活に直面している人は、とにかくこのような安全感が彼らの上に災厄《さいやく》をもたらさぬかぎり、不安の感情をもって生活に立ち向かう人よりもはるかに幸福である。そして、全部の場合そうだとは言えないにしても、かなり多くの場合、この安全感は、他の人間であったらすぐにへこたれてしまうような危険から彼を脱せしめるうえに役立つだろう。諸君がかりに狭い板の上の割れめに沿って歩いていたとする。諸君がそれをこわいとも何とも思わぬ場合よりも、こわいと思う場合のほうがいっそう落ちる可能性が多いのだ。同じことは生活の行為にもあてはまる。もちろん、恐れを知らぬ人間も時には突然の災難にぶつかるかもしれない。しかし、恐れを知らぬ人間のほうが臆病《おくびょう》な人間が悲嘆にくれるような多くの苦しい状況をケガ一つせずに通り抜ける場合が多いのである。もちろん、このように有益な自信の種類にはいろいろな形がある。ある男は山登りにおいて、別の男は海の上で、さらに別の男は空中で、自信をもつだろう。しかし生活に対する一般的な自信は、人間が必要とする正しい種類の愛情を充分にいつも受けているということから、いっそう多く出てくるものである。私がこの章で述べたいと思っているのは、熱意の一つの源として考えられるこのような心の習慣にほかならない。

このような安全感は、多くの場合、互いに愛し合う愛情から生ずるものにはちがいない、しかしこの安全感を起こさせるものは、与えた愛情ではなくして、受け取った愛情である。だからもっと厳密に言えば、こういう効果をもたらすものは愛情だけではない。賞賛もまたそうである。俳優とか説教師とか演説家とか政治家とかいった一般公衆の賞賛を得ることを商売としている人たちは、この一般の賞賛ということにひどく左右されるようになるものだ。彼らが一般の賞賛という当然予期した報酬を受けとるときには、彼らの生活は熱意に充《み》ち満ち、その反対に彼らがこれを受けとらぬときには、彼らは不平不満をもち、自己本位になってくる。多数の人々の漠然《ばくぜん》たる好意が彼らにとって意味するところのものは、別の人々にとって少数の人々のもっと集中された愛情が意味するところのものと変わりがない。両親にかわいがられている子供は、両親の愛情を自然の法則かなにかのように受け取るものだ。彼らは、この両親の愛情が彼らの幸福にとって大きな意味を持っているにもかかわらず、それについてまるで考えてみようともしない。彼らの考えるのは、世界であり、生活の途上で出会うところのさまざまな冒険であり、さらにまた彼らが成人になったときに出会うであろうところのいっそう驚くべき冒険である。けれども、これらすべての外部の世界に対する興味の背後に、実は、彼らが両親の愛情によって災厄から保護されているのだという感情が存在しているのである。だからこそ、何かの理由で両親の愛情を奪い去られたとき、子供は多くの場合臆病になり冒険ぎらいになり、恐怖と自己憐憫《れんびん》をもって心をみたされるようになり、もはや二度とあの陽気な冒険の気分でこの世間にぶつかることができなくなる。このような子供は、どうかすると時には非常に幼い年ごろから人生とか死とか人間の運命とかについて考え込むことを始めるかもしれない。彼はまず最初には内向的となりメランコリーとなる、しかし最後にはある種の哲学とか神学とかの体系の中に非現実的な慰めを求めるようになる。世界は、彼にとってでたらめな順序で、愉快な事柄と不愉快とを含むまことにめちゃくちゃな場所になってしまう。かくてこのような世界から一つの知的な体系ないしは型を作り出そうとする欲望は、底を割ってみれば、恐怖の生み出したもの、いや、一種の公衆忌避症《アゴラフオビア》、つまりあ

け っ放しの空間に対する恐怖にほかならないであろう。臆病な学生は自分の書斎の四壁のなかで安全を感ずるのである。彼にしてもしこの宇宙もまた書斎と同じようにキチンと片づいたものであると無理にでも思い込むことができるならば、彼が街頭にあえて踏み出した場合にも、同じように安全だと感ずることができるだろう。つまり、こういう人間は、彼がいっそう多くの愛情を与えられたとしたら、この現実の世界をこんなにこわがらなくてもすんだであろう。そして彼の信念の中に一つの理想の世界を描き出すなどということをしなくてもすんだにちがいない。

しかしながら、すべての愛情がこのように進取の気象を高めるという効果をもつのではない。与えられる愛情は小心翼々としたものではなく、むしろ放胆なものでなければならない。それは——言うまでもなく安全感ということに全然無関係なものではないが——愛情を受け取る側に、安全感よりもむしろいっそう多く俺は優秀なんだということを希《のぞ》ましめるようなものでなければいけない。気の小さな母親とか乳母は絶えず起こり得べきさまざまな災難に対して子供を警戒させ、犬はどの犬でも噛《か》みつくもの、牝牛《めうし》はどれでも牡牛《ブル》だと思い込ませるものだが、このようにして結局こういう母親は子供らのうちに、彼女たち自身のそれと同じような臆病さを生み出させ、母親のいるすぐ間近な場所以外はことごとく安全ではないのだという感情を持たせることになるだろう。ところで非常に猫《ねこ》かわいがりに子供を愛する母親にとっては、子供がこうした感情をもつことが気持ちのいいことなのであり、彼女は子供がこの世と闘争する能力をもつことよりも、彼女によりかかってくれることをいっそうのぞむのである。このような場合、子供は彼が全然愛されなかった場合よりも、結局においていっそう不良になりやすい。幼年時代にきずきあげられた心の習慣は、えてして終生継続することになりがちである。多くの人々は、彼らが恋愛をしたあかつき、この世からのささやかな避難所をそこに求めるのであるが、この避難所において、彼らはほめられる値打ちのない場合にもほめられ、たたえられるに値いしない場合にもたたえられることを確信し得るからである。多くの人々にとって家庭とは現実の真理からの避難所にすぎない。彼らをして、その中で恐怖や臆病のごとき感情がやわらげられるような仲間を喜びをもって求めさせるもの、それは彼らの恐怖と臆病にほかならぬ。彼らはその妻から、彼らが幼い日に愚かな母から与えられたところのものを期待する。そしてそれにもかかわらず、彼らの妻が彼らを成人になった子供と考える場合には、驚いてしまうのである。

愛情のいちばんよい種類は何であるかを定めることは決して容易ではない。つまり、愛情のなかには明らかになんらかの保護的な要素がはいってくるからだ。私たちは私たちの愛する人々の受けた傷害に対して無関心でいるわけにはいかない。けれども、現実に生じた不幸に対する同情とは相いれ得ないようなその不幸についての理解は愛情においてはできるだけわずかしか役割を演じないようにすべきものだと、私は考える。他人の感ずる恐怖は自分自身にとっての恐怖よりも、幾らかましな一つの影にすぎない。いや、それどころか、他人の感ずる恐怖が、自分自身恐怖にすっかりとりつかれてしまっていることのカモフラージュである場合もまれではない。だから他人の恐怖心をかき立てることによって、恐怖に対するいっそう完全な支配力が得られることを人は望むのである。これこそ、言うまでもなく、なぜ男たちが臆病な女たちをいままで好んだかという理由である。言い換えれば、臆病な女たちを保護することによって、男たちは自分たちの価値を認めるに至ったのである。ある人が自分自身をなんらそこなわずにしかも他人から慰められる対象にどこまでなり得るかということは、その人の性格のいかんにかかっている。たくましくかつ進取の気象に富んだ人間は、自分を傷つけることなしになお相当多く他人の慰めを受け入れることができよう。これに反して、臆病な人についてはこういう点であまり期待せずに、彼をはげましてやるべきだ。

受け取られた愛情は二つの機能をもっている。私たちはさきにこういう愛情が安全感と関連をもつものであることをのべた。ところで成人の生活においては、それは非常に本質的な生物的目的つまり親となるという機能を持っている。男や女を性的愛情に燃え立たせることができないということは、いかなる男女にとっても一つの重大な不幸である。なぜなら、それは彼や彼女から生命が与える最大の喜びを奪い取ることであるから。こういう喜びを奪い取られるということはおそかれ早かれほとんど間違いなしに熱意をなくさせてしまい、内向性を生み出《い》だすだろう。だが幼年期におけるさまざまな不幸が大きくなってから異性愛を獲得しそこねる原因となり、それが性格のさまざまな欠陥を生み出すということも決してまれではない。この事はおそらく女性に関する場合よりも男性についていっそう多くあてはまるだろう。というのはほかでもない、全体的に見て、女性は男性をその性格のゆえに愛するのに反し、男性は女性をその容貌《ようぼう》のゆえに愛する傾向が多いからだ。この点で、男性のほうが女性よりも劣っていると言わざるを得ない。つまり、男性が女性のうちに好ましいものとして見《み》出《いだ》す性質はだいたいにおいて女性が男性のうちに好ましいものとして見出す性質よりも、いっそう望ましからぬものであるからだ。といってももちろん、美しい容貌を持つことよりも、いい性格をもつことのほうが容易であるとは、私は断言し得ない。がとにかく、美貌のためにとるべき必要な手段は、男性がいい性格のために取るべき必要な手段よりも、いっそうよく女性によって理解されているだろうし、いっそう容易に追求されているだろう。

以上、私たちは一人の人がその対象であるところの受け取られた愛情についてのべてきた。私は次に一人の人が与えるところの愛情について語りたいと思う。これにもまた二つのちがった種類がある、その一つはおそらく人生に対する熱意の最も重要な表現としての愛情であり、もう一つのほうは恐怖の表現である。前者は私には全幅的に賞美すべきもののように思われる。だが、後者はどんなによく言ってもせいぜい一つの慰めにすぎない。諸君がいま一艘《そう》の舟にのってある晴れた日に美しい海岸沿いに航行していたとする、諸君は沿岸を鑑賞し、そのことのうちに快楽を見出すだろう。この快楽はまさに外を見ることから得られる快楽である。そしてこの快楽は諸君自身いやでも応でも必要とするところのものとなんらかのかかわりを持っているものではない。これに反し、もし諸君の舟が難破し諸君が海岸に向かって泳いでいるとする。諸君はその時にも一つの新しい種類の愛情を沿岸に対して持つだろう。つまり、沿岸は波に抵抗してなお安全だということを表わしており、この場合には、沿岸の美醜のごときは全然問題にはならない。よりよい愛情の種類に応ずるものは、その舟が安全であるような人間のいだく感情である、そしてよりすぐれたものでない愛情の種類に対応するものは難破して泳ぎつつある人間のいだく感情である。この二種類の愛情のうち、最初のものは人間が安全をいだいているかぎりにおいてのみ、あるいはともかくも彼にふりかかるところの危険に対して無関心であるかぎりにおいてのみ、可能なものである。しかるに後者は不安全の感情によって導き出されたものである。不安全によって生み出される感情はもう一つの感情よりもいっそう主観的でいっそう自己本位なものである。なぜなら、不安の感情のために愛された人は、その人が本来持っている性質のためにではなく、その人の提供してくれたサービスのいかんによって高くも低くも評価されるからだ。だがそれだからといって、この種の愛情が人生において正しい役割をいっさい演ずることはないと、私は言おうとは思わない。事実、ほとんどすべての現実の愛情はこの二種類のなんらかの混合物を含んでいるのである。そして愛情というものが現実に不安の感覚をいやすものであるかぎり、愛情は人間の感情を解きほごし、危険や恐怖の瞬間にくらまされていたところのこの世に対する興味を再びいだかしめるのである。けれどもこのような愛情が人生において演ずる役割を認めると同時に、私たちはやはり、この不安に基づく愛情がもう一つのそれよりもすぐれたものでないことを主張せざるを得ない、なぜなら、この不安の感に基づく愛情は恐怖に依存し、恐怖は一つの悪であるからであり、そしてまた、その愛情が自己本位のものであるからだ。最善の種類の愛情においては、人は古い不幸からの脱却よりもむしろ新しい幸福を希望するだろう。

最もいいタイプの愛情はお互いに生命を与え合うものである。一方は喜びをもって他方の愛情を受けとり、なんらの努力なしに愛情を与える。そして二人ともこのように交互的に幸福であることの結果として全世界をいっそう興味ぶかいものと見出すだろう。ところで、世の中にはまた別種の愛情、それも決してまれなるものではない愛情がある、この愛情においては、一方の人は他方のものの生命力を吸い取ってしまい、他方が与えるところのものを受け取りはするが、しかしその返しになんらの愛情をも与えようとはしない。ある種の非常に旺盛《おうせい》な人々はこのような吸血型に属している。彼らは一つの犠牲《いけにえ》から次の犠牲へとその生命力をしぼり取る、しかも、彼らがそれによって繁栄しいっそう生活に対して興味旺盛となるに引き替え、相手の人間は青ざめ、ぼんやりとし、鈍くなっていく。このような人々は他人を彼ら自身の目的のための手段として利用するものであり、他人を決してそれ自体として目的とは考えない。根本的に言えば、こういう人たちは彼らが愛しているのだと自分で考えている瞬間にも実は相手の人に何の興味ももっていないのである。彼らの興味を引いているものは、単に彼ら自身の活動に対する刺激――それもおそらくは非人間的な種類の刺激だけである。明らかにこのようなタイプは彼らの性質におけるなんらかの欠陥から由来するものである、だが、その欠陥がどういうものであるかを診断することも、ないしはまたこれを治療することも共に容易ではない。それはしばしば大きな野心と結びついた性格である。そして私をしてあえて言わせるならば、それは人間の幸福を作りあげるものは何かということについて不当に一面的な見方をもっていることに根ざしているものであろう。二人の人間がほんとうにお互いに興味を持ち合っているという意味での愛情――言い換えれば、お互いに相手を単にお互いの幸福のための手段として見るばかりでなく、一つの共通の幸福をもった結合体として感ずる愛情は真の幸福の最も重要な要素の一つである。そしてそれゆえに、その自我が鋼鉄の壁をもってとじこめられ、ためにその自我の拡大が不可能であるような人は、たといどれほどその職業において成功するにもせよ、人生の与える最もよきものをうしなえる人にほかならない。その視野から愛情を排除してしまうところの野心は、一般には、人間に対するある種の怒りないしは憎しみ――これらのものはある場合には青少年期における不幸によって、他の場合には成人してからの生活における不義不正によって、さらにあるいは被害妄想狂《もうそう》に導くところのさまざまの原因のうちのいずれかによって生み出されたものである――の結果にほかならない。あまりに力強い自我は一つの牢獄《ろうごく》である、もし彼がこの世をいっぱいにたのしみたいと思うのであったら、彼はこの牢獄からぬけ出さねばいけない。このような自我の牢獄からぬけ出した人間のもっている特質のひとつ——それこそ真の愛情に対する能力である。愛情を受け取るだけでは決して充分ではない。受け取られる愛情は与えられるべき愛情を解き放つものでなければならぬ。そして受ける愛と与える愛とが共に同じ分量で存在する場合にのみ、愛情はその最もいい力を発揮するであろう。

このような交互的愛情が花開くために、心理的にも社会的にも障害をなしているものは、一つの重大な悪であり、この世は今までも常にこの悪に悩まされてきたのであり、またいまも現に悩んでいる。人々は賞賛を送ることに緩慢である、というのは賞賛が見当ちがいのものにならないかを恐れているからだ。さらにまた人々は愛情を注ぐのに緩慢である、というのは人々が愛情を注いだその相手によってあるいはまたせんさく好きな世間によって、かえってひどいめに会わされるのではないかを恐れるからだ。用心警戒は道徳の名において、また処世術の名において等しく命ぜられているものである。だが、その結果、愛情について言えば、寛容もさらにまた進んで愛しようとすることも共に妨げられるに至っている。すべてこうしたことは人間に対する臆病と怒りを発生させる傾向をもっている。つまり、これによって多くの人々はほんとうに根本的に必要なものが何であるかを一生涯悟ることなく、また十人のうち九人まではこの世に対する幸福で広やかな態度をもつための最も必要な条件を見失ってしまうからである。だが、普通不道徳と呼ばれている人がこの点でそうでない人よりもすぐれているなどと考えてはいけない。性的関係においては、真の愛情と呼び得るようなものが全然存在しないことがまれではなく、また、その関係のなかに根本的な反対敵意の存することもまれではないのである。誰も彼も今日彼自身をあるいは彼女自身を与えきらないように試みている。誰も彼も根本的な孤独性を捨てきらずにいる。そしてそれゆえに誰も彼も互いに無関係であり、何一つ実を結ぶことをしないでいる。このような経験のなかには根本的に価値あるものは絶無である。私はこういう人たちを用心ぶかく避けるようにすべきだと、言うものではない。なぜなら、彼らを避けるために必要な一歩を踏み出すならば、より長い価値をもった深い愛情が成長し得るような場合にも、かえってその出現をじゃま立てすることになりやすいからである。私はむしろこう言おう、ほんとうに価値あるところの性的関係とは、ただ、その間にいかなる沈黙もないところの関係であり、二人の全人格が一つの新しい集合的な人格にまでとけ合うような関係だけであると。あらゆる形の用心警戒のうちで、愛における警戒こそおそらく真の幸福にとっては最も致命的なものであるだろう。

13 家庭

過去から私たちに伝えられてきたところのあらゆる制度のうちで、今日、家庭ほど混乱し本来の軌道からはずれているものはない。子供に対する両親の愛情と、両親に対する子供の愛情は幸福の最大の源泉の一つとなり得るものであるが、事実現代においては、親子の関係は十のうち九まで親子双方にとって不幸の源泉であり、百のうち九十九の場合を通じて、少なくとも親子どっちか一方にとって不幸の源泉となっている。家庭が本来与え得るところのものである根本的な満足感をそれが与えられなくなっているということは、現代をみたしている不幸不満の最も根深い原因の一つにほかならぬ。自分の子供たちと幸せな関係をもちたいと思う親たち、あるいはまた自分の子供たちに幸せな生活を送らせたいとねがう親たちは、親であるということについて深く反省しなければならない。そしてまた反省したうえで、賢明に振る舞わねばならない。家庭という問題はこの本で取り扱うにはあまりに大きなものである。だから、われわれの特殊な問題、つまり幸福の達成という点でだけこれを取り扱うことにする。

しかも、この問題についても、私たちは、社会構造の修正にはふれず、ただその改善が個々の個人の力の範囲内にあるかぎりにおいてのみ、いまはこれを取り扱い得るだけである。

これは言うまでもなく非常に思いきった制限である。なぜなら、今日、家庭の不幸には非常にたくさんの種類――心理的、経済的、社会的、教育的、それからさらに政治的種類があるからだ。社会の比較的裕福な階級をとりあげた場合にも、今日の女性をして、前代の彼女たちに感ぜられた以上に、親となることを重い負担と感じさせる二つの原因が結ばれ合っている。この二つの原因とは、一方においては独身女性のために職業の門が開かれていることであり、他方においては家庭的労働《サービス》が崩壊していることである。昔は、女たちは結婚に否応《いやおう》なしにかり立てられた、というのはほかでもない、中年の独身婦人にとって生活の条件が堪えがたいものであったからだ。中年の独身婦人は家庭では、経済的に第一に父親に、次にはあまりいい顔をしない兄弟たちに依存して生きるよりほかはなかった。彼女たちは一日の時間をつぶすためのいかなる職業ももっていなかった。また垣根で四方を囲まれた家屋敷の外で、自分自身でたのしむいかなる自由も持ってはいなかった。彼女たちはまた性的冒険のためのいかなる機会もいかなる傾向ももっていなかった、性的冒険などというものは、結婚以外の場合には、一つの忌まわしい行為であると深く思い込んでいたからである。もしそのあらゆる防衛にもかかわらず、ひとたび彼女が計画的な誘惑者にだまされてその処女を失ったような場合には、彼女の立場は極度に気の毒なものであった。それはこの上なく正確に、『ウェークフィールドの牧師』のなかに描かれている――

彼女の罪を覆いかくし、
彼女の恥をすべての人々の眼から隠し、
彼女の恋人に後悔を与え、彼の胸を苦しませるためのただひとつの方法――
それは死ぬことである

ところで、近代の中年独身婦人はこういう場合にも死を必要だとは考えない。もし彼女が相当の教育を受けているとすれば、彼女は快適な生活を送るのになんらの困難も持たないであろうし、それゆえまた両親の賛否を問う必要もない。その両親が娘たちに対しもはや経済力を振るうことがなくなってしまった以上、両親は娘について道徳的非難をあびせるうえにひどく遠慮がちになってしまった。実際、ゆっくりとしかられていたくないと思う人間をしかるほど、無益なことがあろうか。そこで、今日、職業を持っている未婚の若い女性たちは、もし彼女の知能や魅力が普通以下でないならば、そして彼女にして子供を持ちたいという欲望から自由であるかぎり、充分快適な生活をたのしむことができるだろう。けれども、もしこの子供を持ちたいという欲望が彼女を圧倒し去るならば、彼女は結婚するよりほかは仕方がないだろうし、そしてまたほとんど確実にその仕事を失うよりほかはあるまい。しかもそうなれば彼女はかつて以前にあったよりもずっと低い水準の快適さで我慢するよりほかはなくなる、なぜなら、彼女の夫の収入はたぶん彼女が以前に稼《かせ》いでいたものとそれほどに大差はないであろうし、しかもその収入で一人の独身女性ではなく、家族を養わねばならないのだから。経済的独立を一度経験したことのある彼女にとっては、必要な支出の一円ごとにこれを人に求めねばならぬということはいとわしいことである。すべてこうした理由のために、このような女性は母親となることをためらうだろう。

新しい方針を決して試みようとしないところの女性は、農業時代の女性と比べて、彼女自身が一つの新しいしかもおどろくべき問題、言い換えれば、家庭労働の僅少《きんしよう》ということとこの労働の質の低劣さという問題の前に立たされているのを見出《みいだ》すだろう。実際、この家庭労働の結果として、彼女はいまやその家庭にしばりつけられてしまい、彼女の能力やいままで受けた教育に全然値いしないような無数の些末《さまつ》な仕事をしなければならないのだ、あるいは、もし彼女がこれらの仕事を自分自身でやらない場合には、これらの仕事をなおざりにする女中たちをしかりとばすことによって、彼女の気質をだいなしにせざるを得ないのである。子供の保育についてはどうか。もし彼女がいままでのうちに苦労して育児の知識を身につけていたとすれば、彼女が何かそうした施設で充分な訓練を受けてきた乳母をつけでもしないかぎり、とうてい大きな災難の危険なしには、その子供たちを乳母の手にまかせ、あるいはまた清潔や衛生ということについて、その最も基本的注意を他人まかせにすることができないことを見出すだろう。あの数限りない些末な仕事に押しつぶされながら、しかもなお彼女が間もなく彼女の魅力とその知能の四分の三を失うことがないとすれば、彼女はまことに幸せな女である。どうしてもしなければならない数々の義務を単にひととおり果たすだけで、あまりにしばしば、女たちは彼女の夫にとっては興ざめた人間となり、彼女の子供たちにとっては口うるさいやっかい者になってしまうのだ。夕方になって彼女の夫が仕事から帰ってきたとき、彼女の昼間のさまざまなトラブルについてしゃべり立てる女は、夫にとって一個のうるさい人にすぎないし、何もしゃべり立てることをせぬ女は夫にとっては「ぼんやり」にほかならない。子供についてはどうか。彼女がその子供たちを持つためにいままでに払ってきたかずかずの犠牲は彼女の心にあまりにも生き生きとしている、そしてそのため、彼女はそれについて期待することが望ましい以上にこの犠牲に対して報酬を要求せずにはおれないはずである。ところが、つまらぬ小さな事に気を使うというままでの習慣は彼女をただ騒々しくさせ、小心翼々たらしめるだけである。以上は彼女が悩まねばならぬあらゆる不正不当のうちの最も有害なるものである。つまり彼女の家庭によって課せられる彼女の義務をはたすその結果として、彼女は家族のものたちの愛情を失ってしまったのだ。だからもし彼女が彼女の義務を怠っていたとしたら、そしていつまでもキレイでかつ魅惑的であったとしたら、家族の人たちもおそらく彼女を愛していたであろう。*

*このような問題全体が職業を持っている階級にどんなふうな影響を与えているか――これをすばらしい洞察力と建設的な能力とをもって取り扱っているのは、ジェーン・アイリン『親となることからの避逃』Jean Ayling ; The Retreat from Parenthood である。（原著注）

以上のようなトラブルは元来経済的なものであるが、ほとんどこれに劣らぬ重要性をもっている別のトラブルがある。私の言うのは大都会に人口が集中した結果生じてきたところの住居に関するさまざまなむつかしい問題である。中世のころには、都市は今日の田舎のようにのんびりしていた。子供たちはいまもこんな子守唄《こもりうた》を歌っている――

　セントポール寺院の塔の上に木がそびえている
　鈴なりになっているのはリンゴだろう、
　ロンドンの街の子供たちが
　それをたたき落とそうとして棒切れをもって走っていく
　垣《かき》から垣へと走っていき
　とうとうロンドン橋まできてしまう

セントポール寺院の塔はもうなくなっている。セントポール寺院とロンドン橋の間のいくつもの垣がいつごろなくなったものか私は知らない。上の小唄が歌っているような悦《よろこ》びをロンドンの少年たちが楽しむことができたのは、数世紀前のことである。けれども人口の大部分が田舎で暮らしていたのは、それほど遠い昔のことではない。そのころ、町はそれほど大きなものではなかった。町を出はずれることも容易であったし、町の中の家々に庭園をみるのが普通であった。ところが、今日英国では田舎の人口にくらべて都会の人口はいちじるしく多い。アメリカではこの差がまだわずかであるが、それでも急速に大きくなりつつある。ロンドンやニューヨークの街は今日非常に大きくなっていて街を出はずれるのに相当の時間がかかる。都会に住んでいる人々は普通貸間で満足するよりほかはないのだが、この貸間にはもちろん一インチ平方の土地もくっついていない。そして普通程度の人々は最小限の空間で満足するよりほかはない。小さな子供たちがいるとすれば貸間の生活は楽ではない。子供らには遊び場がないし、親にとっては子供たちの騒音からの逃げ場がない。そこで勤め人たちはだんだん郊外で生活するようになる。これは子供の立場からみれば明らかに望ましいことであるが、しかし大人の生活には非常に疲労を加えることになり、彼がその家庭で演ずる役割は非常に小さなものになってしまう。

ところで、こういう大きな経済問題は私がいま論じようと思っている事柄ではない。こういう問題は私たちがいま取りあげている問題、言い換えればいまここで一人一人の個人が幸福を見出すためには何をなし得るかという問題の外にある。私たちがこのような問題に近づいてくるのは、今日親子の間に横たわっているさまざまな心理的問題にふれる時である。

親子間の問題はほんとうのことを言えば、デモクラシーによって見出された問題の一部分にほかならない。昔は主人と奴隷がいた。そして主人が何をなすべきかを決定し、主人たちはだいたいにおいてその奴隷たちをかわいがっていた。つまり、奴隷が主人たちの幸福を満足させていたからである。奴隷たちは時にはその主人を憎んでいたかもしれない。しかし、それとてもデモクラシーの理論で今日のわれわれが想像するほど一般的な事ではなかった。いや、たとえ奴隷たちがその主人を憎んだとしても主人たちはこの事実にいつまでも気がつくことがなかった。そしてそれだから、ともかくも主人たちは幸福であった。ところが、デモクラシーの理論が一般に受け入れられるとともに上のような事情は一変した。今まで黙認していたところの奴隷はもはや黙認しなくなった。いままで自分の権利について何の疑いももたなかった主人は躊躇《ちゅうちょ》と不安を見せるに至った。摩擦が起こり、それは両方の側に不幸をもたらすに至った。私はデモクラシーに反対するためにこういうことを言っているのではない。なぜなら、いま取りあげたような問題はすべての重要な転換期には避けることができないものなのだから。が、だからと言ってこの転換期が現に進行しつつある時にこういう問題が世の中を不愉快なものにさせているという事実を無視しようとしたところで何の役にも立たないだろう。

親と子の関係における変化はデモクラシーが一般に流布したことの一つの特別な実

例である。親たちはもはやその子供たちに対するその権利について確信をもっていないし、子供たちはもはや彼らのその両親を必ず敬うべきものとは感じていない。かつてなんらの疑問もなしに行なわれた服従の美徳はいまや季節はずれになってしまい、そしてそうなったことは間違いではないのである。精神分析は親がその子供たちに知らずに加える害悪の恐ろしさをもって教養のある両親をふるえ上がらせてしまった。親が子供に接吻《せっぷん》すれば親はエディプス・コンプレックスを生み出すかもしれないし、接吻しなければしないで嫉妬《しっと》の炎を生み出すかもしれない。親が子供たちに何かある事をせよと命ずる時、それによって親は罪悪感を生み出させつつあるかもしれないし、命令しなければしないで子供たちは親として望ましくないと思われる習慣を身につけるだろう。赤ん坊が親指をしゃぶっているのをみかけるとき、親はあらゆる種類のいまわしい推測をそこから引き出すのであるが、これをやめさせるのにはどうしたらいいかということになると親は全く途方に暮れるだろう。いままで高飛車に権力を振るうのになれてきたところの親は臆病《おくびょう》になり、気がかりになり、そして良心的な疑いをもって満たされてしまった。昔の単純な喜びはなくなってしまった。そしてちょうどこのような時機に独身女性の新しい自由が出現したのである。このようにして母親はかつて母となることを決定する時にはらったよりもいっそう多くの犠牲をはらわざるを得なくなったのである。こうした状況のもとに一方では良心的な母たちはその子供たちに求めるところがあまりに少なくなり、一方良心的でない母親たちはあまりに多く求め過ぎるに至った。良心的な母親はその自然の愛情をおさえるようになり、はにかむようになってきた。良心的でない母親は彼らの子供たちのうちに彼女たちがかつてつつしむことを命ぜられた喜びの償いを求めるに至った。前の場合には子供は愛情に飢え、後の場合には子供はあまりに刺激され過ぎるに至った。どっちの場合にも最もいい家庭が与えることができるあの単純で自然な幸福はなくなってしまったのである。

以上のようなさまざまなトラブルを考えてみるとき、出生率が減少したとしても何の不思議があろうか？　人口全体における出生率の低下は人口が急速に少なくなりつつあることを示すような点にまで来ている。だがしかし、富裕な階級においては――単に一国においてのみならず事実すべての高い文明国において――この低下点ははるか以前に突破されていたのである。富裕階級の出生率を示す統計はそんなに多くはない。しかしさきに参照したジェーン・アイリンの著書から二つの事実を引用することができる。一九一九年から一九二二年にかけて、ストックホルムにおいては、職業婦人の受胎妊娠率は全人口のうちの女性の三分の一にすぎなかった。そしてさらに、一八九六年から一九一三年の期間内におけるウェルズリー・カレッジ（北米合衆国）卒業生四千人によって生まれた子供の数は約三千人であった。ところで、民族の現実的人口減退を防止するためには、そのうちの一人といえども早死にしないものとして、八千人の子供たちがいなければならぬのである。白人によって生み出された文明は、たしかに疑いもなく、一つの特質を持っているようである、つまり男も女もこの文明を吸収すればするほど、それだけ彼らが不妊になるということである。最も文明開化した人間は最も不妊なのである。文明の最も未発達なものは最も妊娠力が高いのである、そしてこの両者の間に一つの連続的段階が存在しているのだ。今日、西欧諸国民のうち最も知能の進んだ部分は死に絶えつつある。おそらく非常にわずかな年数の間に、その種族がその文明の低い地方からの移民たちによって再び満たされでもしないかぎり、西欧諸国民は全体としてはその数を減少せしめるだろう。そしてこの移民たちが彼らのはいり込んだ国々の文明を身につけるや否や、今度は彼らが相対的に不妊となっていくだろう。こうした特質をもつ一つの文明が不安定なものであることは明らかである。その文明が成員の再生産をするように勧められぬかぎり、その文明は早晩、死滅し、したがってまた親となりたいという欲求が非常に強く、したがって人口の減少を防ぐだけの力をもっている別の文明に席をゆずるよりほかはないだろう。

西欧諸国におけるいわゆる公認の道徳論者たちはいままでさまざまな忠告や感傷主義によってこの問題を取り扱おうと努めてきた。一方における彼らは次のように言う、生まれた子供たちが健康と幸福を持ち得るか否かということは別として、すべての夫婦が神の欲したもうだけその子供を生むことこそ義務なのだ、と。他方、男の牧師僧《そう》侶《りょ》たちは母性たることの聖なる喜びについてしゃべり立て、病気と貧困にさいなまれた幼児たちから成る大きな家族たちはひとつの幸福の源泉にほかならぬものだとまことしやかにのべ立てている。国家は国家で、適当な分量の大砲の餌食《えじき》はまさに必要なものだという議論に味方している、けだし、もしこれを殺戮《さつりく》するために残されたある程度充分な人口がなかったとすれば、いったいこれらの精巧にして優秀な破壊力をもつ武器をどうして使ってみることができるだろうか？　個々の両親たちが——たといよその親たちに適用されるものとしてこうした議論を受け入れるとしても——なお彼ら自身にもあてはまるところのこうした議論に対していつまでも全然耳をふさいでいるということは、まことに奇妙なことである。牧師や愛国主義者たちの心理は間違っている。なるほど牧師たちは彼らが言葉たくみに地獄の劫火《ごうか》をもって脅かすことができるかぎり、成功するかもしれない。しかし今日こういうおどかしをまじめに受け取るような人間は人口のうちのごくわずかにすぎない。しかもまじめに受け取られることのないようなおどかしが本質的にプライベートな世界における行動をどうして有効にコントロールできようか。国家について言うならば、その口にする議論はあまりにも、凶悪である。大砲の餌食になるはずのものが他国の人民だということに人民たちは承認を与えるかもしれない、しかし、こういうやり方で彼ら自身の子供たちが利用されるのだと考える時、彼らはこの議論に迷わされることはあるまい。だからこそ国家のなし得るいっさいの力を集めて、貧乏人たちをいつまでも無知のままにしておこうと国家は努力するのだ。だが、こういう国家の努力も、統計の示すところでは、西欧諸国の中でもいちばんおくれた国民を除いては、決して成功をもたらしていない。子供を持つという公共の義務のあることが非常にハッキリしているとしても、このような義務感から子供をもとうとするような男女はそうそういるものではない。男女が子供を持つ場合、彼らがそうするのは、子供たちが彼らの幸福に加えるものがあると信ずるためか、それとも子供の出生の防止法を知らないためか、そのどっちかである。この後のほうの理由は今日でもなお強力に作用しているのだが、それでもだんだんその力は弱められていきつつある。そして国家や教会がなし得るいかなる方策もこの漸次的減少を食い止めることはないだろう。それゆえ、もし白人種が今後も生きつづけるべきものとすれば、親となることが再び両親の幸福に寄与するようになることこそ必要なのだ。

現代という状況を度外視して、人間性だけを考えてみる場合、親となるということが人生の提供し得る最大のまた最も永続性のある幸福を、心理的に、与え得るものであるということは、明白であるように思われる。このことは、疑いもなく、男性よりも女性についていっそうよくあてはまる。けれどもそれはまた過半の近代人が想定したがるような男性についても強くあてはまるだろう。この事は今日までのほとんどあらゆる文学においてわかりきったこととされている。たとえばヘキューバはプリアムに対してよりもその子供たちのことをいっそう心配しているし、マクダフはその妻のことよりもその子供たちの事にいっそう多く心を用いている。旧約聖書においては、男も女も共に子孫を残すことに情熱的な関心を払っているし、中国や日本においては、こういう態度は今日もなお衰えていない。こういう男女の欲望は、祖先崇拝にもとづくものだと言われるだろう。しかし私はその反対がほんとうだと思う。つまり、祖先崇拝とは人々がその家族の維持に対して払うところの関心の反映にほかならないものである。私たちが少し前に問題にしていた職業婦人の場合に立ち返って考えてみよう。彼女たちにおいて子供を持ちたいという欲望が非常に力強いものであるに相違ないことは明らかである、なぜなら、もしそうでないとすれば、この欲望を満たすために必要なあの犠牲を誰も払おうとはしなかったであろうから。私自身として個人的に言うならば、私はいままでのところ私の経験した他のいかなるものよりも親となることの幸福がいっそう大きなものであることを見出している。四囲の事情が男女をしてこの幸福をみずから捨てさせるように働いている場合、一つの非常に深い要求がいつまでも満たされぬままに残り、そしてこの事が依然として原因の全くわからない不満や無気力を生み出だすのだと思う。この世において、とりわけ青春時代が過ぎ去ってしまったときに、幸福であるためには、間もなくその一生が終わるであろう一人の孤立的な個人として自分を感ずるだけではなく、さらにこの生命の流れの一部分が最初のそもそもの胚種《はいしゅ》から遠い未知の未来にまで流れつづくものであることをみずから感ずることが必要である。この事は、意識的な感情としては——決まり文句で言うならば——明らかにこの世に対する超文明的なまた知的思想を含んでいるものであり、しかも曖昧《あいまい》な本能的情緒としてはそれは原始的で自然なものである。そして超文明的であるものは、文明を持たぬものである。その足跡を遠い未来の時代にまで印するほどのなんらか偉大にしてかつ顕著な仕事をなし得るような人は彼はその仕事によってこういう人間の感情を満足させることができるかもしれない、しかしなんら特別の才能を持っていない男女にとっては、このような感情を満足させる唯一の道は、その子供を通してのみ可能なのだ。その生殖衝動を萎縮《いしゅく》させることをみずから許した人たちは自分自身を生命の流れから隔離させてしまった人々であり、そうすることによって自分を乾物《ひもの》にさせてしまう思いきった冒険をあえてした人々にほかならない。こうした人々にとっては、彼らが特別非人格的である場合は別として、死はいっさいのものの終焉《しゅうえん》である。彼らの後につづく世界は彼らにいかなる関心をも持たぬであろう、そしてそのゆえに、彼らのさまざまな行為は彼らにとって愚劣で些末なものに映ずるだろう。子供たちをもち、孫たちをもち、そして彼らを自然の愛情をもって愛するところの男女にとっては、未来は重要なものである、少なくとも彼らの生きている間だけでも。そして未来が重要なのは道徳やないしは想像の努力によってのみではない、自然に本能的にそうなのだ。そしてその関心がこの程度まで彼の個人的生命を越えて伸びたところの人はおそらくはまたその関心をこれ以上に未来にのばすこともできるだろう。アブラハムのように、彼は自分の播《ま》いた種子が約束の地をつぐべきだという思想——たといこの思想は数世紀の間実現することはなかったにしても——から満足をくみとるであろう。そしてこのような感情によって、もしそれがなかったとしたら彼のいっさいの感情を食いつぶしてしまったであろうところの、自分はつまらぬものだという感じから救われるのである。

言うまでもなく、家庭の基礎は両親がその子供たちに対して特別な、つまり両親がお互いに感じ合うところのあるいはまた他の子供たちに対して感ずるところのそれとは全く別な愛情を感ずるという事実である。もちろん、ある両親たちが親としての愛情をほんのわずかしか、あるいはまた全然感じないということもあり得るし、ある種の女性が、自分の子供たちに対して感ずるのと劣らぬほど強い愛情を自分の子供でない子供たちに対して感ずるということも事実である。けれども、両親の愛情というものが普通の人間ならば彼あるいは彼女の子供に対して——他のそれ以外の人々に対してとはちがって感ずる一種特別な感情であるという広い事実はいまも昔もかわるまい。こうした感情は私たちが私たちの動物的祖先から受けついでいるところのものである。この点で、フロイトはその思想において充分生物学的でなかったように私には思われる。実際、動物の母親とその子供を観察する人は、彼女の子供に対する行動が性的関係をもった雄に対する行動とは全然ちがった型をもっていることを見出すことができよう。そしてこれと同じように一種ちがった本能的な型が、修正されそれほどハッキリしない形においてにせよ、人間の間にも存在するものである。もしこういう特殊な感情が全然なかったとしたら、一つの制度として家族を云々《うんぬん》するに足るようなものは絶無であるだろう。そしてまた子供たちは母親の場合と同じように専門家たちの保護に委《ゆだ》ねてもさしつかえないだろう。けれども、実際の事実が示しているように、両親の子供に対して持つ特別な愛情は、その本能が麻痺《まひ》されないかぎり、両親自身にとってもまた子供たちにとっても高い価値をもつものである。両親が子供に対して持つ愛情の価値は、主として、それが他のいかなる愛情よりも信頼度の高いものであるという事実のうちに存する。人はその友を友の長所のゆえに愛するだろう、人はまたその恋人を恋人の魅力のゆえに愛するだろう。だからもしその長所なり魅力なりが消えてしまえば、友も恋人も消えてなくなるかもしれない。ところが、両親が最も多く頼りにされるのは不幸に出会った時であり、病気の時であり、さらに両親が正しい心の人であるならば、恥辱を受けた時である。私たちは私たちが自分の長所や手柄のゆえに賞賛されるとき、すべて喜びを感ずる、しかし、私たちの過半はこうした賞賛が実はいいかげんなものであると感ずるほど心底は謙虚なのだ。私たちの両親が私たちを愛してくれるのは、私たちが彼らの子供であるからなのだ、しかもこれはどうにも変えることのできない事実である。そしてそれであるからこそ、私たちは両親のもとで、他のいかなる人のもとにおけるよりもいっそう強く安全であることを感ずるのだ。成功しているときには、この事は大して重要には映じないかもしれない、しかし、失敗したとき、両親の愛は、これ以外のどこでも見出すことのできない慰めと安心感を与えてくれるだろう。

すべての人間関係において、片方の側だけで幸福をつかむことは割合たやすい、しかし両方の側でこれを確保することは非常にむずかしい。看守は囚人を見まもることを喜びと感じ得よう、雇い主は使用人をしかり飛ばすことを楽しみと感じ得よう、さらにまた支配者は強固な手をもってその家来たちを支配することを喜びと感じ得よう。そしてさらに昔風の父親は疑いもなく鞭《むち》をもってその息子《むすこ》に徳を強制することを楽しんだものであった。けれども、これらのものはすべて一方の側だけの快楽である。そして他方の側の者にとっては、それだけ逆に、事態は不愉快なのである。私たちは今日ようやくこうした一方的な喜びには何か不充分なものがあるということを感ずるに至った。私たちは、いい人間関係とは両方の側に満足を与えるべきものだと信ずる。この事はとりわけ親と子供の関係にあてはまる。つまり、その結果、今日の両親は昔の両親よりも子供たちから喜びを受けることがずっと少なく、一方、それと引きかえに、子供たちは過去の時代にあったよりも両親のもとでずっと苦しむことが少ないのである。だが、こうしたことが疑いもなく今日の現状であるとしても、両親たちがかつて以前に感じたよりはずっと少ない幸福をなぜその子供たちから受け取らねばならぬか、ということについてなんらか真実の理由があるとは、私には考えられない。さらにまた、今日の両親たちがなぜその子供たちの幸福を増加させることにおいて失敗しなければならぬのか、ということについて、そこになんらかの真実の理由があるとも私には考えられない。けれども、この両親の幸福は、近代の世界が樹立しようと企てているすべての平等な人間関係の場合と同じように、他の人格に対するある程度の尊敬を必ず必要とするものであって、しかもこうした尊敬は日常生活の対立反目によっては決して促進され得ないものである。とにかく私たちは親であるということの幸福をまず第一にその生物的意味において考えてみよう、そしてその次に、平等を信頼する世界にとっては本質的なものであると私たちがさきにのべたところの他の人格に対するこういう態度によって、親たるものの幸福がどのように深められ得るかを考察することにしよう。

親であることの喜びのための最もプリミティブな理由には二つある。第一に、そこには人間自身の身体の一部分が外的に表現され、しかもその外形化されたものの生命がその人自身の身体の残りの部分が死んだあかつきにもなおそれを越えて延長し、さらに今度はその新しく延長した生命がその身体の一部分を前と同じ仕方で外形化し、かようにして生殖質の不死不滅を確保するのだという感じがある。第二に、そこにはまた力と優しさとの解きはなちがたい融合がある。新しく生まれた子供は力なきものである。そしてそれゆえにそこには、この幼児の要求を満たしてやりたいという衝動――言い換えれば、子供に対する親の愛情を単に満足させるだけではなく、力に対する親の欲望をも満足させるところの衝動がある。幼児が力なく助けなきものと感ぜられるかぎり、幼児の上に加えられるところの愛情は、全然非利己的なものとは感ぜられないだろう、なぜなら、そうした愛情は自分自身の持っている傷つけられやすい部分に対する保護であるという性質をもつであろうから。けれども、子供の非常に幼い時代から、そこには親としての力に対する愛と子供の幸福を願う心持ちとの間に一つの葛藤《かっとう》が現われてくるだろう、けだし、子供に対する権力ということがある程度まで事物の自然の勢いであるにもかかわらず、しかも子供ができるだけ早く、いろいろな仕方で一本立ちになることを学ぶということは希《のぞ》ましいことであり、しかも子供が一本立ちになるということは、親の権力衝動にとってはあまり愉快なことでないからである。だがある種の親たちはこのような葛藤を決して意識することがなく、子供が叛《はん》逆《ぎゃく》の態度をとるに至るまでいつまでも暴君であるだろう。これに反し、別の親たちはこの葛藤を意識するようになり、かくて自分自身が相闘う二つの感情の餌食となるのを見出すだろう。こうした葛藤を意識するとき、その親としての幸福感は消え失《う》せる。親たちがその子供の上に与えたあらゆる保護のあとで、その子供が両親の希望したたところのものとは全然別個な人間になっていくことを、悲しみとともに、見出すだろう。両親は子供が軍人になってくれることを希んだのであった、ところで、いま両親は子供を一個の平和主義者として見出すのである。あるいはまたトルストイの場合のように、平和主義者となってくれることを希んだにもかかわらず、子供はいまや「黒百人組」に加盟しているのである。だがしかし、やっかいな問題が感ぜられるのはこうした成長の暁においてのみではない。諸君がもし、もうすでに充分自分自身でものを食べることのできる幼児に対してなお食べさせてやる場合には、諸君は、たとい困っている子供の手つだいをしてやることによって単に少しばかり親切をしたにすぎないというふうに自分には考えられるとしても、実は子供の幸福の代わりに諸君の権力愛を行使しているにほかならないのだ。あるいは諸君が子供にあまりに仰々しい仕方で危険だというふうに教える場合、諸君はひょっとしたら、子供を諸君にいつまでもよりかからせておきたいという欲望に駆り立てられているのかもしれないのだ。あるいはまた諸君が子供に返礼を期待するような明からさまな愛情を与える場合、諸君はひょっとすると子供の感情によって子供をいつまでも自分につなぎ止めておこうと努力しているのかもしれないのだ。実際ありとあらゆる大小さまざまな仕方で、親の所有欲(子供に対する)は、親が自分の心の中をよほど注意ぶかく観察するか、ないしはよほど純粋でもないかぎり、親をして邪道に迷い込ませるだろう。近代の両親たちはこうした危険に気がついている、そしてそれゆえにしばしばその子供の取り扱い方に自信を失い、さらに、両親が自分で失敗したと感ずる場合よりも、いっそうしばしば子供たちにとって有益であることができないのだ、実際、成人の側における確信と自信の欠如ほど、子供の精神のうちに煩悶《はんもん》をまき起こさせるものはないのである。だから、やたらに世話好きであるよりも、その心において純粋であることのほうがはるかに望ましいのだ。子供に対する権力というようなことではなく、ほんとうに子供の幸福を希《こいねが》うところの親は、もし充分に賢明であるならば、何をなすべきか、なさざるべきかというようなことについてあえて精神分析の教科書を必要とはしないだろう、むしろそういう親は本能によってあやまることなく導かれるだろう。しかもこのような場合には、親と子の関係は最初から最後まで調和あるものであり、子供のうちにいかなる叛逆心をも起こさせず、また両親のうちにいかなる動揺感をも起こさせないだろう。だがしかし、こういうふうに行くためには最初から子供の人格に対する尊敬が親の側に必要である――しかもこのように尊敬は、道徳的なものにせよ、ないしは知的なものにせよ、決して単に原理的なものだけにとどまるものであってはならない、むしろそれは子供に対する所有欲も圧迫も全然不可能であるほど、ほとんど一種の神秘的な確信をもって親のうちに深く感ぜられる尊敬でなければいけない。こういう態度が望ましいのはもちろん、ひとり子供に対してのみではない。それは結婚においても、さらに友情においても——ただし友情の場合にはそれほど困難ではないが——きわめて必要な態度である。よき世界においては、こういう態度は人間の集団と集団との間の政治的関係にもおそらく浸透するであろう。——だが、ほんとうのところ、これはあまりに遠方すぎる希望である。だからこういう希望について私たちはあまりかれこれのべないことにしよう。だが、こういう種類の温厚さがあらゆる面で必要であるにしても、とりわけこういう態度の必要なのは子供に関する場合である。なぜなら、子供たちが助けなきものであるがために、また彼らの身体が小さくその力が弱々しいために、ややもすれば、野卑な人々は彼らを軽蔑《けいべつ》することになりやすいからだ。

だが、とにかくこの本の取り扱っている問題に立ちもどろう。近代世界における両親の最大の喜びは、私が上にのべたような子供に対する尊敬の態度を充分ふかく感ずることのできる両親にして初めて味わい得るものである。けだし、こういう両親にとっては彼らの子供に対する権力愛になんらのめんどうくさい制約をおく必要もないであろうし、子供がその自由を獲得したときに、専制的な両親の感ずるあの苦々しい幻滅の悲しみを恐れる必要もないからである。そしてこういう態度をもつ両親にとっては、そこに専制的な親がその親の権力の全盛時代に感ずることのできたそれよりもいっそう多くの喜びが親であるということのうちに見出されるだろう。実に、子供に対する尊敬にみちたこの温厚さによって、暴君性のいっさいの傾向をすでに洗いきよめてしまったところの愛、――こうした愛のみが最も純粋な、最も優しい喜びを与え得るのであり、日常生活のもつあらゆる卑金属を神秘的陶酔の純金に変え得るのである、いや、この不貞不信な世間の中でその子供たちを守り育てようと悪戦苦闘している父親に恵まれるいかなる感情よりも、もっと純粋でもっとやさしい喜びを与え得るのである。

私はいま親の愛情に非常に高い価値を結びつけた、だが、私はそうすることによって、あまりにしばしばそこから引き出される結論、つまり、だからこそ母親は彼女の子供らのためにできるかぎりのことをしてやるべきだという結論を引き出そうとしているのではない。母と子という問題には一つの因襲的な観念がある、こういう観念は、老いたる女が若い女に伝授したあの非科学的な奇怪事以外に、子供の保育について何一つ知られることのなかった時代においては、たしかにけっこうなものであったかもしれない。けれども、今日は、この問題のうちの若干の部門について専門的な研究をして来た人々によって、初めて最もよくなされ得る子供の保育の仕方がたくさん見出されている。この事は、いわゆる「教育」と呼ばれている子供たちの教育について、はっきり認められるところである。母親がその子をどんなに愛するとしても、母親がその子供に算数を教えることは期待されてはいないのだ。本をよむ技術の獲得にしたところで、子供たちはこの技術を身につけている人々によって、これを身につけていない母親によってよりは、いっそうよく学び得るということはわかりきったことである。だがしかし、子供の保育に関するこれ以外の多くの部門については、この事はまだ一般には認められていない、つまり、そのために必要な経験がまだ一般に認められていないからである。疑いもなく、ある種の事柄は母親によってなされるのがいっそういいのである。けれども、子供が大きくなるにつれて、母親以外の人々によって初めていっそうよくなされるような事柄がだんだん多くなっていくだろう。もしこの事がハッキリ一般に認められるならば、母親たちは彼らにとって実に煩わしいたくさんの仕事——というのは、母親たちはこれを専門的に学んだのではなかったのだから——をしなくてもすむようになるだろう。なんらか専門的な技能を身につけた女性は、たとい彼女が母親になったとしても、彼女自身のためにもまた社会のためにも、当然、その技能をつづけて働かせていくだけの自由は持つべきである。なるほど、彼女は妊娠の後期において、さらに授乳期においてこれをつづけていくことはできないかもしれない、だが、その子供が満九か月以上になった場合には、その母親の専門的活動に対して、子供が乗り越えがたい障壁をきずくようなことがあってはならないのだ。社会が一人の母親から理性を越えた程度でその子供のために犠牲になることを要求する場合には、必ず、――その母親がまれなる聖者でもないかぎり――その母親はその子供から彼女の権限を越えた償いを期待することになるものだ。昔からいわゆる自己犠牲的と言われているところの母親は、大半の場合、その子供に対して、異常に利己的である。実際、親となるということがいかに重要な人生の一部分であるにしても、もしその事が人生の全部であるかのように考えられるならば、それは決して親を心から満足させることにはならないだろう。そして満足しない親はややもすれば感情のうえで貪欲《どんよく》な親になりがちなのだ。それゆえ、子供のためにも、また同じように母親のためにも、重要なことは、母親が母である事以外のいっさいの関心や追求をみずから捨て去ってはならないということである。もしある母親が子供の養育に対してほんとうの使命を感じ、また彼女のもつ知識の量が彼女をして子供をほんとうによく養育させ得るほどのものである場合には、彼女のそうした技能はもっと広く一般に利用されるべきであり、彼女は子供たちの集団――その中に当然彼女の子供は含まるべきだが――の養育に専門的に従うべきである。両親が国家によって要求される最低限の要求を満たしている以上、そのような母親がその子供の教育の仕方について、またそれにふさわしい人である限り、いかなる人によって教育されるかについて、発言権をもつべきだということは、わかりきったことである。けれども、他の女性がいっそうよくなし得ることを、すべての母親がなすべきであると要求するようなしきたり《コンベンション》は存在すべきものではない。その子供たちに向かい合ったとき——多くの母親たちがそうするように——当惑し自分の無能力であることを感ずるような母親は、自分の子供たちを、そういう仕事に適性をもちまたすでに必要なそのための訓練を受けてきた他の女性たちによる養育に一任することをためらうべきではない。その子供にとって、なすべき正しい事が何であるかを母親に教えてくれるような本能を母親は決して天から与えられているわけではない。しかもある一定の限度を越えて母親が寂しさを感ずるのは、子供の所有欲に対する一つのカモフラージュにほかならぬ。母親の無知にして感傷的な取り扱いによって心理的に汚毒された子供たちのいかに多いことであろうか。いままでも常に認められてきた事であるが、父親というものはその子供たちに多くのことをしてやれないものである。しかもそれにもかかわらず、子供たちは彼らが母を愛するのと全く同じようにその父をも愛する傾向を持っている。もし女性の生活が不必要な奴隷状態から解放さるべきであるならば、またもし子供たちが最近数か年内における子供の心身の養護に関して蓄積されつつあるところの科学的知識によって恩恵をこうむることを許さるべきものとするならば、母と子との関係は、将来、今日父親たちが子供に対して持っている関係に、いっそう似通ったものになるべきであろう。

14 仕事

仕事が幸福をもたらすもののなかに置かるべきかどうかということは、おそらく一つの疑わしい疑問として考えられるかもしれない。たしかに世の中にはとてもやりきれないような仕事がたくさんあるし、仕事の過剰はいつでも非常に苦しいものである。それにもかかわらず、私の考えによれば、仕事が分量において過剰でないならば、最も退屈な仕事でもなおかつ過半の人々にとっては、なまけてノラノラしていることよりも、苦痛でないように思われる。仕事にはいろんな程度がある、仕事の性質により、また仕事をする人の能力のいかんによって、退屈を単にまぎらすための仕事から、最も深い喜びを与える仕事に至るまで、あらゆる程度のものがある。過半の人々がなさねばならない仕事の大半は、それ自体としてはおもしろくないものである。だがしかしそうした仕事でもある種の大きな長所をもっている。まず第一に、仕事は、何をしようかということを決定する必要なしに、一日のうちの相当の時間をつぶしてくれる。いったい、たいがいの人は、自分の好きなように自分の時間を使えと言われたとなると、さて、充分おもしろくもあり、やってみるだけの値打ちもあるというものを、考え出すことができなくて困ってしまうものだ。そして、いったんやるときめた事がどんなことにもせよ、これをきめたとなると、なにか他のことをやったとしたらいっそう愉快であったろうにという苦い感情をいだくものである。閑《ひま》な時間を賢明にすごすことができるようになるということは、文明の最後の産物である。だから、こういうレベルに達しているような人は、今日なおごくまれにすぎない。それのみではない。いったい何をしたらいいかという選択そのことがすでにめんどうなことである。普通以上にすぐれた創意《イニシアテイブ》をもった人々を別とすれば、その命令があまりに不愉快なものでないかぎり、その日一日なすべき時間割を与えられるということは、明らかに愉快なことである。怠惰な金持ち連中の過半は、彼らが骨の折れる仕事から解放されている代償として、たいがいは言語に絶した退屈になやまされているものだ。もちろん、時々は、彼らはアフリカへ猛獣狩りに行ったり、飛行機で世界一周をやったりして、気をまぎらすこともできる。しかし、こういうセンセーショナルな気晴らしにしたところで、彼らの青春がすでに過ぎ去っている場合には、なおのこと、その種類には限りがある。そこでもう少し賢明な金持ち連中は、まるで彼らが貧乏人であるかのように、せっせと働き、一方、金持ちの女は女で、大半まるで大地震かなにかのような重大性をもっているのだとみずから堅く思い込んでいる無数の些末《さまつ》な事柄で自分を忙しくさせているのである。

それゆえ、まず第一に何よりも、仕事は退屈の予防策として望ましいものである。実際、おもしろくはないがしかしどうしてもやらねばならない仕事をやっているときに感ずる退屈感は、毎日来る日も来る日も何一つすることもないとき感ずる退屈とは比較にならないものである。仕事がもたらすこうした利益と結びついている別の利益がある、ほかでもない、仕事が休日を——それがやってくる時には——非常に楽しいものにさせるということだ。もし、すっかり元気をなくさせてしまうほど激しい仕事をもっていないとすれば、そういう人はなまけ者がその自由な時間にもつことのできるそれよりもいっそう強い熱意を休みの時に持つことができるだろう。

大半の有給仕事、さらにまたある種の無報酬の仕事のもたらす第二の利益は、それが成功のチャンスと野心のための機会を与えてくれるということである。多くの仕事においては、成功は収入によって測られる、そして資本主義社会が継続するかぎり、これは避けがたいことである。この収入という測定標準が普通の尺度としてあてはまらなくなるのは、ただ、最も善い仕事に関する場合だけである。人々が彼らの収入を少しでも多くしたいという欲望は、成功に対する欲望であると同様に、そのいっそう多くの収入がもたらしてくれるであろうところの特別《エキストラ》な快楽に対する欲望でもある。どんなにやりきれないような仕事にもせよ、もしそれが大きくは世間での、あるいは自分たちの仲間うちだけの名声にしろとにかく名声をつくりあげるための手段である場合には、それは辛抱できるものだ。いったい、目的の連続性ということは、結局、幸福をつくりあげる最も本質的な部分の一つにほかならぬものであるが、こうした連続性は、多くの人の場合、主として仕事を通してのみ訪れてくるものだ。この点で、日々の生活で家事に追われている女たちは男たちよりもかなり不幸であり、あるいはまた、家庭の外で働いている女たちよりも、より不幸である。主婦というものは賃銀をもらわない。彼女自身を向上させるいかなる手段ももっていない、そしてこういう主婦もその夫の眼から見ればあたりまえのことだと考えられている、そして夫が主婦を高く評価するとすればそれは彼女の家事のゆえでなく、全くちがった別の性質のゆえである。もちろん、いま言ったことは、その家庭や庭園をいっそう美しくさせ、隣人たちをうらやましがらせるほど裕福な主婦たちにはあてはまらない。しかしこういう主婦は比較的まれであり、大半の女たちにとっては、家事というものは、家事以外の仕事が男たちにあるいはまた職業婦人たちにもたらすような満足を決してもたらさぬものである。

たといどんなにつつましやかなものにせよ野心のために時間をつぶし、あるいはまた野心に対する何かのはけ口をもつという満足は、ほとんどすべての仕事にそなわっている、そしてこのような満足感こそ単調な仕事をしている人々をも、何一つなすべき仕事をもたない人々よりも、だいたいにおいて、いっそう幸福にさせるものである。ところで、もしその仕事が興味ぶかいものである場合には、それは単に退屈からのがれるというよりも、はるかに高い種類の満足をもたらすことができるだろう。興味のある仕事のいろいろな種類は、これを一つの系列に配置することができる。私は以下、ほんのわずかしか興味を与えないような仕事をまず考え、それから一人の偉人の全エネルギーをも吸収するに足るほど興味にみちた仕事を考えてみることにしよう。

仕事を興味ぶかくさせる二つの主要な要素がある。一つは熟練、もう一つは建設である。

すでにある程度普通以上の技能を獲得した人間は誰でも、その技能が目をつぶっていてもできるようになるまでは、あるいはまたその人がもはやこれ以上自分自身を進歩向上させ得ないようになるまでは、その技能を実地に使ってみることを楽しみとするものである。活動に対するこうした動機は幼年時代に芽を出すものだ。たとえば、少しばかりへんくつで口の達者な少年は自分でちゃんと独立してやっていくことをいやがるようになるだろう。大半の仕事というものは、ちょうど、熟練した技能の競技によって与えられるものと同じような喜びを与えるものである。弁護士とか政治家とかいった人たちの仕事は、トランプ遊びから与えられるのと同じような喜びを、非常に愉快な形で、相当多くそのなかに含んでいるに相違ない。もちろん、これらの人の場合、そこには単に技能を使ってみるということだけではなく、熟練した技能をもっている相手を一杯くわせるという喜びも存在している。しかしこういう競争的な要素が全然ない場合にも、困難な離れ業《わざ》をやってのけるということは、愉快なことである。曲乗り飛行をできる人間は非常にそのことに喜びを見出《みいだ》すものであり、そういう喜びがあればこそ、彼は好んで自分の生命を危険にさらすのだ。おそらく私の想像するところでは、有能な外科医というものは、手術をするのに非常にむつかしい条件があるにもかかわらず、その手術を巧妙正確に行なうことのうちに満足を見出すのであろう。しかもこれと同じような喜びの種類は、たといこれほど強烈な形でないにせよ、もっとつつましやかな類いの多くの仕事の場合にも相当強くもつことができるだろう。すべて熟練した仕事は、その身につけた技能が改変の余地をもっているものであるかぎり、ないしはまた無限の進歩をなし得るものであるかぎり、悦《よろこ》ばしいものとなり得る。そしてもしこういう条件がない場合には、その人が最高の技能を身につけるとともに、その仕事はもはやおもしろいものではなくなるだろう。三マイル競走の選手にしたところで、彼が自分の以前の記録を破るような年齢を過ぎてしまえば、もはやこの仕事のなかに喜びを見出すことがなくなるだろう。幸せなことに、この世には非常にたくさんの仕事があり、それらの仕事にあっては、さまざまな新しい条件が新しい技能を要求し、そして人はとにかく中年に達するまではその技術の進歩向上を続けていくことができる。ある種の熟練した仕事――たとえば政治のごときものにおいては、政治家がその最高技能を発揮し得るのは六十歳と七十歳の間であるように見える、つまり、この職業においては他人についての広い経験が必要であるからだ。だからこういう理由のために、成功した政治家というものは、七十歳になって、同年齢の他の人々よりもいっそう幸せであることがまれではない。この点で、彼らの唯一の競争相手は大実業家たちである。

ところで、非常にいい仕事のなかにはさらに別の要素が含まれている。そしてこの要素は、幸福の源泉としては、技能の熟練よりも、いっそう重要なものである。それは建設という要素である。ある種の仕事においては――もちろん、過半の仕事というわけにはいかないが――その仕事が完成されたあかつき、永久に記念碑として残るような何かあるものが作りあげられるだろう。ここで、建設と破壊ということを私たちは次のような規準で区別してもいい。建設の場合には、事物の最初の状態は比較的に偶然であるが、その最後の状態は明らかに一つの目的を具体的に示している。ところが、破壊の場合にはちょうどその逆である。つまり事柄の最初の状態が一つの目的を示しているのに、最終の状態はデタラメである、言い換えれば、破壊者が意図するところは、すべてこれ、一定の目的を示すことのないような事物の状態を造り出すということにほかならない。このような規準は建築物の建設と破壊という場合、最も文字どおりにまた最も明白にあてはまる。一つの建物を建設する際には、あらかじめ定められた計画が実行に移されるのであるが、これをたたきこわす場合には、その破壊が完了したあかつき、その材料をどんなふうに置くかなどということを誰も決めてはいないだろう。破壊はもちろん次に来たるべき建設のための序曲として非常にしばしば必要なものではある。そしてそのような場合には、破壊は建設的な性質をもつ一つの全体のなかの部分である。けれども、人はしばしば次に来たるかもしれないいかなる建設をも顧慮することなく破壊そのことを目的とするような活動に従事するだろう。この場合、彼は往々自分がただ新しく建設し直すためにのみ古いものを一掃しようとしているのだとみずから思い込むことによって、自分自身をごまかそうとするだろう。だがしかし、こういうことがもし単なる見せかけの口実にすぎぬような場合には、次にいかなるものを君は建設しようとしているのかをたずねてみることによって、この口実的な仮面を剝《は》ぐことが普通には可能である。つまり、こういうふうに尋ねた場合、彼が曖昧《あいまい》にまたなんらの熱意も示さずに未来を語るということが明らかにされるだろう、――最初破壊するときにはあんなにハッキリとまた熱情をもって語ったにもかかわらず。いまここにのべた事はおそらく少なからぬ革命主義者たちに、また軍国主義者たちに、さらにその他の暴力の使徒たちにあてはまる。こうした人たちは、普通、自分自身についてなんらの自覚もなしに、ただ憎悪によって突き動かされる。つまり、彼らが憎悪するところのものの破壊だけが彼らの真の目的であって、そのあとに来たるべきものは何かという問題については彼らは割合に無関心なのだ。ところで、破壊という仕事のなかにも、建設という仕事におけると同じようにそこに喜びがあり得るということを私は毛頭否定するものではない。それはひとつの非常に激しい喜び――おそらくその瞬間には非常に強烈な喜びであろう、だがしかし、その喜びは深い満足を与えるものではない、なぜなら破壊のもたらす結果は、その中にいかなる些少の満足も見出されないような結果にほかならぬものだからである。諸君がいま諸君の仇敵《きゅうてき》を殺したとする。その仇敵が死んでしまえば、諸君の仕事も終わってしまう、そしてそれとともに諸君がこの勝利からとり出すところの満足は急速に消えてなくなるだろう。これに反して、建設の仕事は、それをなし遂げられたあかつきには、それをあらためて考えてみることが喜びである、しかもそれのみではない、決して充分過ぎるほどに、つまりそれについてもはやなんら考えてみるに足るものがいっさいなくなってしまうほどに、決して完成されるものではない。最も大きな満足を与える目的とは、一つの成功から次の成功へと、いつまでも死せる終点に達することなく限りなく導いてくれるところの目的のことである。そしてこの点で、建設が破壊よりもいっそう大きな幸福の源泉であるということが理解せられる。いや、むしろこう言ったほうがいっそう正確であるかもしれない、建設のなかに満足を見出すところの人は、破壊を愛する人間が破壊のなかに見出し得るものよりもいっそう大きな満足を建設のなかに見出すものだ、なぜなら、もしひとたび諸君が憎悪をもって心を満たされるに至るならば、諸君はもはや、他の人々が建設の中からくみとるごとき愉悦を、建設の中からさえくみとることが容易ではなくなるだろうから。

同時にまた、何か重要な種類の建設的仕事に従事する機会ほど憎悪の習慣をなおすに与《あずか》って力あるものは他にはあまりない。

ひとつのすばらしい建設的な事業における成功によって与えられるところの満足は、人生が与え得るところの最も実質的な満足の一つである、もちろん残念なことに、こうした満足の最高の形式はただわずかに特別な才能をもった人々に対してのみ開かれているにすぎないのであるが——。実際、その仕事が結局において善くないものであったという証拠でもある場合は別として、何かひとつの重要な仕事に成功しこれを成就したときの幸福感を、その人から奪い取ることのできるようなものは絶無である。こうした満足にも、もとよりいろいろな形があるだろう。たとえば、ある灌水法《かんすい》を用いて、荒れ地にバラのような花を咲かせることに成功した人は、この満足をその最も具体的な形で楽しむだろう。あるいはまた、一つの組織を新しく創《つく》るというようなことも非常に意義のある仕事であるだろう。その生涯を混沌《こんとん》から秩序を作り出すためにささげた若干の政治家の仕事はまさにこのようなものであり、今日、その高い実例を求むるとすればレーニンをあげることができる。さらにまたその最も明白な実例は芸術家や科学者である。シェークスピアは彼の韻文について次のように言っている、「人間が呼吸することを止めないかぎり、あるいはまた両眼がものを見ることができるかぎり、この詩は生きながらえるだろう」。そしてこのような考えが不幸なときの彼を慰めたであろうということは明らかである。彼はその幾つかの短詩《ソネット》のなかで、友人について考えるとき自分は人生に対して勇気づけられたと歌っているが、むしろ、彼がその友のために書いた短詩そのものがこのような目的のために友人自身よりもいっそう効果的であったのだと私は考えざるを得ない。偉大な芸術家や偉大な科学者は、それ自体喜びに満ちているところの仕事をしているのである。実際、彼らがその仕事をしつづけているかぎり、その仕事は彼らに、その尊敬を受けるに値いするような人たちの尊敬を保証してくれるであろうし、しかも彼に対する人々のこの尊敬は最も根本的な種類の力を、つまり人々の思想や感情に訴える力を、彼らに与えてくれるだろう。このようにして、偉大な芸術家や科学者は、自分自身を幸福と考えるための最も確実な理由をもつだろう。そこで、こういう幸せな条件が組み合わさってくれば、否《いや》応《おう》なしに、それはどんな人々をも幸福にさせるに足るものだと、ひとは考えるかもしれない。けれども、そうとばかりも言えない。たとえば、ミケランジェロはほんとうに不幸な人であった。そして、もし自分が貧乏な親類たちの借金を支払わなければならないというようなことがなかったとすれば、おそらく自分は作品を創ろうなどと考えもしなかったろうと言っている（ただし、私はこの言葉がほんとうだとは思わないが）。偉大な芸術作品を生み出す力は、決して常にそうだというわけではないが非常にしばしば、気質のうえでの不幸と結びついている。しかもこの気質的な不幸はたいへん強力なものであって、もし芸術家がその仕事のなかからくみとる喜びを持つことがなかったとすれば、おそらく彼はこの不幸のために自殺に駆り立てられていたにちがいない。だから、最もすばらしい仕事でもなお必ず人間を幸福にさせずにはおかぬものだと、私たちは主張することはできない。私たちはただそういう仕事が彼を必ず幾らかでも不幸にさせなくするものだと言い得るのみである。ところが、科学者というものは気質のうえでは芸術家たちよりもしばしばいっそう不幸ではないことが多い。それどころか、だいたいにおいて科学のうえで偉大な仕事をしている人たちは幸福な人たちであり、彼らのこの幸福は元来彼らの仕事の中から湧《わ》き出てくるものなのだ。

現代の知識人たちの間に見受けられる不幸の原因の一つは、彼らの多くが、特に文筆をその技能とする人たちが彼らの才能を自分で自由に使うべき機会をもっていないということである。それどころか、彼らは俗物がその実権を握っている金権組織に自分自身を売り払い、そしてこの組織が彼らに迫って否応なしに有害なナンセンスにすぎないものとみずから考えているところのものを書かせているのである。早い話が英国でもアメリカでもいい、諸君がかりにそれらの国々のジャーナリストたちに向かって、いったい君たちはそのために君たちが働いているところの新聞の政策をほんとうに心から支持しているのか、ときいてみるがいい。ただきわめてわずかな人たちだけがそうだというのみであって、残りの大半は、彼らの生活のために、自分では有害無益だと思っているさまざまな目的のためにその技能を売淫《ばいいん》しているにすぎないことを、諸君は確実に見出すだろう、少なくとも私はそう信じている。ところで、こうした仕事は決してほんとうの満足をもたらすものではない。こういう仕事をつづけていくことに自分自身を妥協させているうちに、人間は否応なしに自分をシニカル（冷笑的）にさせてしまい、そうなればもはや彼は仕事以外のいかなるものからも全心的な満足をくみ取ることができなくなるだろう。こういう種類の仕事にたずさわっている人たちを、私はもとより非難する気にはならない。なぜならこういう仕事と引き替えに餓死を選ぶということはあまりに深刻であるから。けれども、ものを建設したいという人間の衝動に満足を与えるような仕事を、全然、餓死の心配なしに、やっていくことができるにもかかわらず、その人自身の幸福の見地からして、彼が自分ではやってみるだけの値打ちがないように思いながら、ただ給料が高いばかりにそういう仕事を選ぼうとするのであったら、これは充分忠告に値いするものだと私は考える。自尊心のないところに、どうして真の幸福があり得ようか。そして自分自身の仕事をはずかしいと思っているような人は決して自尊心を持つことができないだろう。

建設的な仕事の与える満足は、もちろん、実際のところごく少数者のみの特権であるかもしれない、しかしそれでも、それはなお相当多数の少数者の特権ともなり得るものである。その仕事においてみずから主人であるところの人ならば誰でもこの満足を味わうことができるし、その仕事が自分にとって有益であると思い、そしてまたその仕事が相当の技能を必要とするような仕事の持ち主もまたこれを味わうことができよう。親を満足させるような子供たちを持つということは、一つの困難な建設的仕事であるが、それはそれだけに深い満足を与え得るものだ。この母という仕事を成就した女性は、彼女の分娩《ぶんべん》の結果として、この世が他のものの場合にはとうてい含まれることのないような価値あるものを持つに至ったのだということを感ずることができるだろう。

人間というものは自分の人生を一つの全体として考える傾向の有無によってひどくお互いに異なってくるものだ。ある人々にとって、自分の人生を全体として考えることは当然のことになっている。しかも幾らかの満足をもってこういうふうに考えることができるということは、彼らの幸福にとって必要欠くべからざるものである。ところで、他の人々にとっては、彼らの人生は一定の方向をもった動きもなく、また統一もない個々バラバラな事件のよせ集めにすぎない。前者のような人々はおそらく後者のような人々よりもずっと幸福を容易に獲得するだろうと思う、なぜなら、前者の人々はそこから満足と自尊心をくみとれるような環境的条件を一歩一歩きずきあげていくだろうし、これに反して、後者の人々は環境の吹きまくる風に流されて今日はこっちへ明日はあっちへというふうにただよい、結局いかなる港にもたどりつくことがないであろうから。人生を一つの全体として考える習慣、これこそ英知と真の道徳との本質的な部分をなすものであり、このような習慣は教育によって与えらるべきものの一つである。一貫して変わらぬ目的をもつということだけで人生を幸福にするわけにはいかないかもしれぬ。しかしこのような目的は多くの場合幸福な人生のための一つの不可欠な条件である。そして一貫して変わらぬ目的が具体的に実現されるのは、主として、仕事においてである。

15　非個人的な興味

私がこの章で考えてみたいと思っているのは、ある一人の人の生活がその上に築かれているような大きな生活的関心のことではなくして、むしろその人の暇な時間をみたしているところの、そしてまたその人がどうでもしなければならない非常に重要な仕事についてのの緊張をときほごしてくれるところのいわばさまざまな小さな興味についてである。普通平凡な男の生活においては、彼の妻や子供たち、彼の仕事やその経済状態が彼の真剣なまた最も気になる事柄の大部分を占めている。よしんば彼が家庭の外での恋愛事件をもっているとしても、それらのラヴ・アフェアーはおそらく事件そのものとしても、さらにまたそれが彼の家庭生活に及ぼし得るかもしれぬ影響の点からしても、それほど深刻に彼の関心をとらえないだろう。彼の仕事にむすびついているさまざまな興味については、差し当たり私はこれを非個人的な興味として数えないことにしよう。たとえば、科学者はその専門の分野においてはその研究が時代に遅れないように努めざるを得ない。このような研究に対しては、彼の感情は熱度と溌剌《はつらつ》さをもつだろう、それは自分の一生に堅く結びついたものに対する感情である。ところで、もし彼がそんなに深い関心をもっていない何か全く別の科学上の研究について読む場合には、彼は全く別の精神をもって、つまり職業的にでなくまた批判抜きでしかも全然利害を離れて、これを読むだろう。そこに書かれていることについていくために、その精神を働かせねばならないような場合にも彼のこの読書は緊張からの一つの解放であるだろう、つまりその読書は彼のいろいろな責任と全く結びついていないからだ。その本が彼の興味を引いたとしても、その興味は、それが彼自身の主要問題に関する書物にはそのままあてはめることができないという意味で、非個人的《インパーソナル》なものにすぎない。私がこの章で語ってみたいと考えているのは、こういった、いわばその人の生活の主たる活動の外にあるところのもろもろの興味についてである。

不幸とか疲労とか神経緊張とかの原因の一つは、自分自身の生活にとって実際上重要性をもっていないところのものに対して、興味をもつことができないということである。その結果、彼の意識的精神はある種の些細《ささい》な事柄からもいかなる休息をも見出《みいだ》すことができず、それどころかそれら些末な事柄の一つ一つはおそらくなんらかの心配や煩悶《はんもん》の種子を含むことになるだろう。そして睡眠中を除けば、彼の意識的精神はグッスリと休養をとることが許されず、一方、意識下のいろいろな思想はだんだんとその智慧《ちえ》を発達させることになるだろう。その結果でてくるものと言えば、すぐに興奮してしまいやすいことであり、思慮分別の欠如であり、いらだちやすいことであり、さらにまた均衡感《センス・オブ・プロポーション》の喪失である。すべてこれらのものは疲労の原因であり同時にまた結果でもある。人間は疲労困憊《こんぱい》するにしたがい、その外的興味も色あせていくものであり、外的な興味が衰えていけば、それだけこれらの興味が彼に与えるところの気分転換を失うことになり、結局、いよいよますます困憊してしまうというわけである。そしてこの悪循環はどうかするとただ最後的破滅を招きよせることにしかならないだろう。外部的な興味が気分を転換させ気分を休めさせるのは、これらの興味がいかなる行動をも要求しないためである。実際、決断をなすこと、意志を決定することは非常に疲れることである。特に、これらの事が大急ぎで、また無意識の援助を待たずに行なわれねばならない場合には、よけい疲れることである。重要な決定に到達する前に、「まず一晩ゆっくり寝る」ことが必要だと考える人は、たしかに、間違っていない。けれども、意識下の心の過程が活動し得るのは何も眠っている間だけのことではない。こういう精神過程は、人間の意識的な精神が占領している場合にも、活動し得るのである。仕事が終わってしまえば、仕事のことをケロリと忘れてしまい、翌日仕事にとりかかるまでそれを思い出さずにすますことのできるような人は、合い問合い間の時間にもしじゅう仕事について考え込むような人々よりもいっそうよく仕事をなし得るだろう。そして、もし仕事以外にいろいろな興味をもっているとすれば、そういう人はこれを全然もっていない人の場合よりも、当然仕事のことを忘れるべきときに、これを忘れることがはるかに容易である。だがしかし、こういう仕事以外の興味が日々の仕事によって疲労させられるのと同じ心の能力を使うものであってはならないということ、これはたいせつなことである。これらの仕事以外の興味は当然意志や迅速な決断を含むものであってはならない。それはまた賭《か》け事のようになんらか経済的要素を含むものであってはならない。それはまた、一般的に言うならば、感情上の疲労を生み出し、意識的精神も無意識的精神も同様にこれを占居するに至るほど興奮に富んだものであってはならない。

多くの娯楽はすべてこれらの条件をみたしている。運動競技の見物も、観劇もゴルフ遊びもすべてこういう見地からすれば非難さるべきものではない。読書の好きな人にとっては、自分の専門の仕事に関係しない読書は非常に心をたのしませるものであるる。実際一つの心配事がどんなに重要なものであるにしろ、それは眼ざめている全時間を費やしてなお思い煩わるべきものではない。

この点で、男と女とは非常にちがっている。だいたいにおいて、男は女よりもその仕事を忘れることがはるかに容易である。その仕事が家庭のなかにある女の場合、これは当然のことである。なぜなら、新しい気分をもつために事務所を出て男がどこか外に求めるような場所の転換を女たちはもつことがないのだから。けれども——もしそれが私の思い違いでないとしたら——家庭の外で仕事をもっている女たちもこの新しい気分をもつという点では、その仕事を家庭の中にもっている女たちと全く同じように、男たちとは違っている。つまり、女というものは、彼女たちにとってなんらの実際的意味ももっていない何かあることに興味をもつことが非常にむつかしいのだ。彼女たちの思想や行動を支配しているものは彼女たちの目的であり、したがって何か全然自分に責任のない興味のなかに彼女たちはめったに浸りきることがないのである。もちろん、これには例外があるだろうし、私もこの例外を決して拒むものではない。しかし私は私にとってごく普通の場合と思われるところのものについて語っているのだ。たとえば、女子大学において、女の先生たちは、もしそこに男が居合わせないならば、夕方など、世間話の中へ専門の職業の話を持ち込むものであるが、男の大学においては、男たちはこういうことはやらない。こういう女の特質は女たち自身の眼には、男のそういう性質よりも、いっそう強く良心的であるというふうに映ずるかもしれない。だがしかし、こういう女の性質が結局彼女たちの仕事の質をいくらかでも向上させるとは、思われない。それどころか、こういう女の特質はしばしば一種の熱狂性《ファナティズム》に導くところのある種の見解の狭隘《きょうあい》さを生み出しやすいものだ。

　すべての非個人的な興味は、それが緊張の弛緩《しかん》という意味をもっていることは別としてもなおその他いろいろな長所をもつものである。第一に、これらの興味は人をして均衡感をもたせるに役立つ。私たちが自分自身の職業や、自分自身の仲間《サークル》や、自分自身の仕事のタイプといった事にのみ心を奪われ、その結果、こうした事が人間活動全体のなかのいかに小部分を占めるにすぎないものであるか、この世には私たちのしていることに全然影響されないいかに多くの事物が存在するものであるか、ということをまるっきり忘れてしまうことは、いとやすいことである。だが、こういうふうに言えば、何だって人間はそういったことをいちいち考えていなければいけないのか？――諸君はこうきくかもしれない。それにはいろいろな解答がある。第一に、どうしてもしなければならない必要な活動と矛盾することがないようなこの世の真の姿について観念をもつことはためになることである。私たちひとりひとりは決してこの世の中にそういつまでも長く生きているわけではない。だから、彼がいかなる人間にもせよ、その短い一生の間に、この地球という奇妙な惑星について、またこの惑星が宇宙のなかで占める地位について知るということが必要である。知識のための機会――それがたといかほど不完全なものにもせよ——をまるっきり無視するということは、劇場に行って、劇を傾聴しないのと異ならない。この世はあるいは悲劇的なあるいは喜劇的な、あるいは英雄的なあるいは陳腐な、さらに驚くに足るごときさまざまな事物に充《み》ち満ちている。しかもこの世が提供してくれるこの一大スペクタクルに興味をあえてもち得ないような人間は、人生が提供してくれる特権の一つをみずから失うものにほかならない。

次に、均衡の感覚は非常に価値が高いものであり、かつ時には非常に私たちを慰めてくれるものである。私たちはすべて不当に興奮し、不当に緊張し、私たちがその中に生きているこの世界の小さな片すみのもつ意義について不当に買いかぶり、私たちの出生と死の間にまたがるたまゆらの期間について不当に思い過ごす傾向を持っている。だがこうした興奮や私たち自分自身の意義についての過重評価ということのうちには好ましいものは絶無である。なるほど、こういう過重評価は私たちを駆っていっそう激しく働かせるかもしれない。しかしそれは決して私たちを駆っていっそうよりよく働かせることにはならないだろう。それにしてもよき目標をめざしてなされた小さな仕事は、悪しき目標をめざしてなされたたくさんの仕事よりもベターである。たとい、奮闘努力の人生を主張する使徒たちにとってはこんなふうには考えられ得ないとしても。自分の仕事についてあまりにも思い煩うところの人たちは常に熱狂主義《ファナティズム》に陥る危険にさらされている人たちである。けだし熱狂主義なるものは一つかないしは二つの望ましい事柄だけを始終おぼえていて、それ以外のものはいっさい忘却してしまうということから成り立っているのだから。そしてまたこの一つないし二つの事柄を追求しているならば、何か別の種類の偶発的な災害が起こったとしてもそれは大して取るに足りないものだと思い込むことのうちに成り立っているのだから。こういう狂熱的な気質に対しては、人間の一生を、またこの宇宙の中における人間の位置を大きく把握《はあく》することほど、効果的な予防薬は絶無である。こういうことをここで持ち出すのは大げさすぎるように映ずるかもしれない。しかしこういう特別な使い道を別にしても、均衡の感覚をもつことはそれ自体一つの大きな価値をもつ事柄である。

ある種の技能の獲得についてあまりに多く訓練し、この世の客観的な考察によって理性と感情を拡大することについてはあまりにわずかしか訓練しなかったということ、これこそ現代高等教育のもつ欠陥の一つにほかならない。たとえば、諸君がいま一つの政治的闘争に心を奪われたとする。諸君は諸君自身の属する政党の勝利のために大いに奮闘するだろう。そしてここまでは、けっこうなのだ。ところがその闘争をやっているうちに、憎しみや暴力や世間に対する疑惑などをあおるのにはもってこいの方法を使うことになるような勝利のための機会がたまたま顔を出してくることがあるだろう。たとえば、他国民を侮辱することが勝利のための最善の道であるということを諸君は発見するかもしれない。しかもそのときもし諸君の精神の視野が現代ということにのみ限局されているならば、あるいはまた結果第一主義と言われているもののみが心を用うるに足る唯一のものであるという理論を諸君がこれよりさきいだいているとするならば、諸君はやがていま言ったような怪しげな手段を採用することになるだろう。諸君はそうした手段によって諸君の眼前の目的については勝利をつかむだろう、——そういう手段がもたらすさきざきの結果はおもしろくないものであるかもしれないのに。これに反して、もし諸君が諸君の精神の習慣的な内容の一部として、人類の過去のもろもろの時代を、未開野蛮からの人類の徐々たるしかも部分的な脱出を、あるいはまた天文学上の各時代に比べてみたとき人類の存在全体がいかに短いものであるかを、持っているとすれば、——つまり、いまのべたような思想・観念がこれよりさき諸君の習慣的な感情をすでに型取っているとすれば、諸君はきっと悟るだろう、諸君のいま従っている瞬間的な闘争なるものが、いままで人間が徐々にそこから脱出してきたところの暗黒への逆転の一歩をあえて歩み出すに足るほど重要な意義をもったものではあり得ないということを。それのみではない。諸君がたとい目前の目的に失敗することがあるとしても、諸君は諸君をしていやいやながらこの退歩的な武器を取らしめたところのものが実に瞬間的《たまゆら》なものにすぎないのだという前と同様な考え方によって救われるだろう。諸君はかくて諸君の目前の直接的活動をはるか越えて、遠方のしかも徐々に展開してくるところの人生の目的をもつようになるだろう、そしてそのような目的をもつに至るとき、諸君はもはや一個の孤立した個人ではなく、むしろ人類を文化的存在にまでいままで導いてくれたところのあまたの人々から成る偉大な軍隊の一兵卒となるだろう。もし諸君にしてひとたびこのような見方に到達するならば、諸君の個人的運命がいかようなものであるにしろ、ある種の深い幸福感が諸君を見捨てるようなことは決してなくなるだろう。諸君の人生はいまやあらゆる時代の生んだ偉人たちとの交わりをもつことになり、諸君の個人的死のごときは、さして重大ならぬ一つのでき事にすぎないものになるだろう。

もし私が自分の思いどおりに高等教育を組織する権力をもっているとしたら、私はあの昔ながらのオーソドックスの宗教——そのような宗教はただきわめてわずかな青年、それも一般にはきわめて知能の低い、かつ蒙昧《もうまい》な人々にアピールするものにすぎないのだが——の代わりに、確実に証明された事実に対してのみ注意を集中せしめるがゆえにおそらく宗教とは呼ばれ得ないようなあるものを、設置するように努めるだろう。私は青年たちをして人類の通ってきた過去を生き生きと知らせるようにし、人間の未来がおそらくはその通ってきたよりも測り知れないほど遼遠《りょうえん》なものであるだろうことを生き生きと悟らせ、また、私たちがその上で生活しているこの地球という遊星のいかに微小なものであるかについて深く考えさせ、さらにまた、この遊星の上でのわれわれの生活が一つの瞬時的な事件にすぎないものだという事実に対して眼を開かせることに努めるだろう。同時にまた、このように個人が大して意味のないものだということを強調するその一方において、私はまたもうひとつ別の一連の事実——つまり、このような個人が実現することのできる偉大さについて、さらにまたこの宇宙的空間の底知れぬ広大さの中で、個人というものに匹敵するに足る価値が私たちにとっては他には絶無であるという知識を、若い人々の精神に深く銘記せしめるように努めるだろう。スピノザは、はるか以前、人間の制限束縛と人間の自由とについて書いた。彼の著述の形式や言葉づかいは彼の思想をあらゆる哲学の学生たちに近づきがたいものにさせている。けれども、私がいまここで伝えようと思っている事柄の本質は、スピノザがかつて語ったところのものとほとんどちがわないものである。

たといそれがいかほど瞬時的なものであり、またいかに短命なものであるにせよ、人間の魂の偉大さを作りあげるものが何であるかを、ひとたび悟ったところの人でも、もし彼が自分を卑小な、自己本位な、つまらぬ些細な不幸に思いなやみ、これからさき自分の運命がどのようなものであるかを心配するような人間たることを許すならば、もはや決して幸福ではあり得ないだろう。魂の偉大さに眼を開かれた人間は、彼の精神の窓を広々とあけ放ち、その窓々を通して宇宙のあらゆる部分から吹いてくる風を自由に吹き通わせるだろう。彼は自己自身を、彼の生命を、またこの世を、私たち人間のもつ限界の許す範囲で、真実に、ながめるだろう。人間の一生の短くたまゆらであることを悟りながら、しかも、このような個人の精神のうちにこそ、われわれの知るかぎりでの宇宙のもっている価値が集約的に宿っているのだということを悟るだろう。そしてさらに、その精神がこの宇宙を映しとっているような人間こそ、ある意味においては、この世界と同じように偉大なものとなるのだということを知るだろう。環境の奴隷としての人間を包囲しているところの恐怖から解放されたとき、人間ははじめて深い歓喜を経験するだろう、そして彼の外的生活のもっているあらゆる欠点にもかかわらず、彼は永遠に、その人間的存在の深所においては一個の幸福な人間であることをやめないだろう。

さて、こういう壮大な瞑想《めいそう》はやめて、われわれのもっと直接の主題である非個人的興味のもつ価値に立ちもどろう。非個人的興味をして幸福のためのすばらしい一助たらしめるところのさらに別の理由がある。最も幸せな人生においてさえ、物事がまずくいく場合があるものだ。独身者は別にして、その妻と一度も争ったことのないような夫はめったにいるものではないし、子供たちの病気について深刻な心配をしなかったような両親とてもめったにいるものではない。経済的不況時代に一度も出会ったことのない実業家も至ってまれであるし、その眼前に失敗が立ちはだかるような時期を一度も通ったことのない専門家もまれである。こういう時期に、その心配の原因以外の何かあるものに興味をもつことができるという能力はまさに一つのすばらしい恩恵である。たとえば、心配事があるにもかかわらず、その瞬間には何一つすることもないといったこうした時期に、ある人は将棋をやるだろう、他の人は探偵小説をよむだろう、第三のものは素人《しろうと》天文学に熱中するだろう、さらに第四の人はカルデア人の遺跡発掘に関する書物をよむことによってみずからを慰めるだろう。これら四つのやり方のどれでも賢明な行動である。これと反対に、自分の精神を思い迷わすこと以外に何一つあえてしようとはせず、結局、その心配事をして彼の精神のうえに完全な支配を振るうことを許すところの人は、下手な行動をしている人であり、一朝行動の必要な瞬間が来たとき、立ってその困難と上手に闘うことをみずから不可能にさせる人にほかならぬ。これと全く同じ事は、非常に深く愛した誰かある人の死に直面したときのどうにも手のほどこしようもない悲しみの場合にもあてはまる。いったいこういう際には、悲しみに打ち沈むことをみずからに許すよりほかには、誰にしたってなすところを知らぬものである。その悲しみはどうにも避けることのできないものであり、覚悟してかかるよりほかないものである。けれどもそうかといってその悲しみをいくらかでも小さくしてくれるような事柄は、たといどんなことでもなさるべきである。このような際にある人々がするように、この不幸のなかからさらに最高の悲しみの滴《したた》りを絞り出すということは、単なる感傷にすぎない。もちろん、だからといって、人がこういう際悲しみによってうちのめされてしまうことを私は全然拒否するものではない。むしろ私はこう言いたいのだ、なんぴともこういう悲しい運命を離脱するためにその最善をつくすべきであり、たといそれがどんな些細な事柄にせよ、その事自体として有害かつよからぬ事でないかぎり、人はなんらかの気晴らしを求めるべきである、と。私がここで有害かつよからぬ事と言っているもののうちに、飲酒とか麻薬の使用とかを私はあげよう。こうしたものは、少なくともしばらくの間、ものを考えることをなくしてしまうのをその目的としているからだ。実際、この場合、とるべきほんとうの道は考えることをなくしてしまうことではない。そうではなくして、考えを新しい道筋にそらすこと、とにかく、現在の不幸から全然別の道筋に転換されることである。ところで、その人の生活がこれまでごくわずかの興味にのみ集中されていたとすれば、そしてこのわずかな興味もいまや悲しみによって混乱してしまえば、このように心の転換をなすことはむつかしい。悲しみが訪れたとき、その悲しみによく堪え得るためには、平常幸せな時に、ある程度の広い興味を養っておくことが賢明である。つまりそうしておけば、精神は、その悲しみの現在を堪えがたくさせているものとはちがった別の連想や別の感情を示唆するところの混乱されない場所を、どこかに見出すことができるだろう。

充分な生命力と熱意を持っている人は、あらゆる不幸をのり越えて進むものだ、――言い換えれば、生活やこの世界に対する一つの興味が打撃を受けたときでも、なおこの損失を致命的なものにさせるほど心をせま苦しいものにさせ得ない別の興味の発現によって。一つの興味ないしは幾つかの興味の喪失によって打ちのめされてしまうことはセンシビリティ（感受性）の証拠としてたたえらるべきことではなくして、むしろ、生活力における一つの弱点として難ぜらるべきものである。われわれのすべての愛情は死の力のもとにあるものだ、死はわれわれが常に愛するところの人々を打ち倒してしまうだろう。そしてそれであるからこそ、われわれの人生の全体的意味や目的を偶発的なでき事のもとに屈服せしめてしまうような狭隘な激烈さを、われわれの生活がもたないようにすることこそ必要なのだ。

すべていままでのべてきたようないろいろな理由によって、その幸福を賢明に追求するところの人は、彼の生活がその上に築かれている中心的な興味のほかに、さらに幾つかの副次的な興味をもつように心がけるであろう。

16　努力とあきらめ

中庸《ゴールデン・ミーン》の徳とはおもしろみのない教えである。そして私はいまでも覚えているが、私が若かったころ、私はこの徳を軽蔑《けいべつ》と憤激をもって、拒否したものであった。つまり、青春のころ、私が賛美したのは英雄的な極端であったからだ。けれども、真理というものはいつでもおもしろくないものだ。ところが、多くの事柄は、事実上、それが有益なものである大した証拠がないにもかかわらず、おもしろいものであるからという理由で、信じられている。中庸の徳もまた一つの適例である。それはたしかに一つのおもしろくない教義であるだろう、しかし、それは実に多くの場合においてひとつの真実の訓《おし》えである。

中庸をまもることが必要である一つの問題はあきらめと努力との間のバランスをもつことに関している。従来この二つの教義——あきらめ主義と努力主義——はともどもその極端な主張者を持っていた。あきらめの教義を説いたものはいろいろな聖者、神秘主義者たちであった。一方、努力主義を説いてきたのは能率第一を信ずる専門家たちであり、「信仰を盛んにし併《あわ》せて運動を怠らぬ快活なキリスト教の一派」（マスキュラー・クリスチャンズ）であった。この相対立する二つの学派はいずれも真理の一部をもつものであるが、全体を把握《はあく》しているものではない。私はこの章でこれら両者のバランスを作り出すことを試みようと思う。で、私はまず最初に努力主義に味方しながら話を進めよう。

幸福は、非常にまれなる場合を別とすれば、幸福の単なる働きによって、熟したくだもののように、口の中へ落ちてくるものではない。だからこそ私はこの書を「幸福の奪取」（The Conquest of Happiness）と名づけたのである。実際、この世は回避可能なさまざまな不幸、病気と心理的葛藤《かっとう》、闘争、貧困、悪意等に充《み》ち満ちている。だから幸福であろうとする男も女も、その一人一人が襲いつつあるそれら無数の不幸の原因と闘う方法を発見するよりほかはない。もちろん、まれなる場合には、いかなる大きな努力も必要でないかもしれない。たとえば、充分な遺産を受けつぎ、単純な趣味とともに充分な健康を享受しているような気楽な気のいい人であったら、その人生を快適に送っていき、いったいどうしてあんなに悶着《もんちゃく》が多いのかを怪しむかもしれない。あるいはまた怠惰な性質をもった器量のいい女でも、もし彼女からなんらの努力奮闘も要求しないような金持ちの夫とたまたま結婚するとすれば、そして結婚後も彼女に脂肪ぶとりになる心配がないとすれば、そしてさらに彼女の子供たちについても幸せであるとすれば、前の男の場合と同じように、けっこうある程度の怠惰な快楽を楽しむことができるかもしれない。だが、こういう場合は例外なのだ。たいがいの人々は金持ちでもないし、たいがいの人々は生まれながら気のいい人たちでもない。そしてまた多くの人々は動揺してやまぬ情熱の持ち主であり、このような情熱は、静かなよく規律立った生活を堪えがたいほど退屈なものに感ぜしめるだろう。健康にしたところで、なんぴともその確保を保証し得ないところの一つの祝福であり、結婚もまた常にいつでも祝福の源泉だとはかぎらない。いま言ったようないろいろな理由があればこそ、幸福というものは、過半の男女にとっては、神の贈り物であるよりは、むしろ一つの事業の達成《アチーブメント》であるよりほかはないのである。そしてこの事業の達成においては、当然、内面的および外面的努力が大きな役割を演ずるであろう。ところで、内面的な努力は必要なあきらめの努力をそのうちに含むものであるだろう、だから、差し当たり、私たちはただ外的な努力だけを考えてみることにしよう。

男にしろ女にしろ、生活のために働かねばならぬような人の場合、この点で、努力が必要であることは力説するまでもなく明らかなことである。なるほど、インド人の行者は、なんらの努力もせずに、ただ、信者の布施《ふせ》をもらうために椀《わん》を差し出すことだけによって、食っていくことができる。けれども、西欧諸国においては、こういう収入のとり方を当局者たちは好意ある眼ではながめない。加うるに、西欧の気候はいっそう暑くいっそう乾燥した国々におけるよりもこうした乞食をいっそう不快なものにさせるだろうし、冬期においては、とにかく戸外でノラノラなまけているよりも、あたたかい部屋の中で働くほうをいっそう好むだろう。このようにして、西欧においては、あきらめだけが幸福に至る道の一つではないのである。

西欧諸国における大部分の人たちにとっては単に食って生きていく以上のことが幸福には必要である。つまり、彼らが自分は成功しているという感情を欲するからだ。ある種の職業、たとえば、科学研究のごときものにおいては、この感情は大して収入をもたない人々によってもこれを味わうことができよう。けれども、大多数の職業においては、いままでのところ、収入が成功の尺度となっている。この点で、多くの人々の場合、いかなるあきらめの要素が望ましいかという問題にふれてくることになるだろう。なぜならこの競争の激烈な世界においては、ただごくわずかの人々にとってのみ大きな成功というものは可能であるからだ。

結婚は、状況のいかんにより、努力が必要ともなりあるいはまた不必要ともなるところの事柄である。男女一方の性が少数である場合には、――たとえばイギリスにおいて男が少ない場合のように、またはオーストラリアにおいて女が少ない場合のように——この少ないほうの性の人間は、一般にしたいと思う結婚の相手をつかまえるのにほとんど努力を必要としない。ところがその数が多いほうの性にとっては、事情は正反対である。女が多い場合、この点で女が用いる努力や思案の量は、婦人雑誌の広告を研究しようとする人には誰にでも一目瞭然《りょうぜん》である。男のほうが多数である場合には、男たちはしばしばもっと出費の多いほう——拳銃《けんじゅう》の技術といったような——を用いるだろう。これはあたりまえのことである、なぜなら男の多過ぎることが最もしばしば起こるのは文明が境界線上にある時だからだ。もし何か性別によって起こる疫病が生じて、その疫病が英国内の男性を多数にさせたような場合、彼らがどんなふうにするものか、私には見当がつかない。だがあるいはひょっとすると彼らはもう一度古代にかえって、例の女につきまとう優男《やさおとこ》といった風習に立ち返らないともかぎるまい。

子供を上手に育てることに費やされる努力の分量は、いうまでもなく莫大《ばくだい》なものであり、これについてはおそらくなんぴともこれを拒否しないだろう。あきらめというもの、あるいはまた誤って人生の「精神的《スピリチュアル》な」見方と呼ばれているところのものを信じている国々は、同時に乳幼児死亡率の高い国々でもある。医学、衛生、血液、防腐、適切な食餌《しょくじ》、これらのものは現世に対する執着なくしては達成され得ない事柄である。

そしてこれらの事柄に必要なものは、物質的環境に向けられたエネルギーと知性にほかならない。物質はひとつの幻影《イリュージョン》にすぎないものと考える人々は、塵埃《じんあい》についてもこれと同じように考える傾向をもつであろうし、したがってまたそういうふうに考えることによって、彼らの子供たちをも死なせるに至るだろう。

もっと一般的に書いてみよう。ある種の力は、その自然の欲望が萎縮《いしゅく》していないかぎり、すべての人の正常なまた合法的な目標を形づくるものだということができる。一人の人が持ちたいと希《ねが》うところの力の種類は彼の支配的な情熱がいかなる種類のものであるかにかかっている。たとえばある人は人々の行動のうえに自分の力を振るいたいと望むだろうし、他の人は人々の思想のうえに、さらに第三の人は人々の感情のうえに力を振るいたいと望むだろう。ある人は物質的環境を変革することを希望するだろうし、他の人は知的な支配から結果するところの力の感じをもちたいと望むだろう。すべての種類の公共事業は、それが人民の腐敗をいいことにして金もうけしようと企てられたものでないかぎり、ある種の力に対する欲望をその内に含んでいる。人間の悲惨な光景を目のあたり見ることによって純粋に愛他的な苦悩を感ずる人といえども、その苦悩がほんものであるならば、なおこの悲惨を改善しようとする力を望むだろう。力というものに対して全然我れ関せず焉《えん》の人とは、その仲間の人間に対して全然我れ関せず焉の人にほかならない。それゆえ、力に対する欲望のうちのある種の形態は、その人々によってよき社会が作り出されるようなそういう人たちのもつ資質の一部分として当然認容さるべきものである。そしてまた力に対する欲望のあらゆる形態は、それが挫折《ざせつ》されざるかぎり、そのうちに努力の相関的な形態を含むものである。西欧の精神にとっては、以上のような結論はわかりきったこととして映ずるかもしれない。けれども、西欧諸国の中にも、「東洋の智慧《ちえ》」と呼ばれているところのものに媚《こ》びを送るところの人々が少なくない、——東洋自身このような智慧を振り捨てつつある今日において。ところで、こういう人たちにとっては、われわれがいままでのべてきた事柄がひょっとすると疑問に思われるかもしれないし、もしそうだとすれば、いままでのべてきた事は決してムダではなかったろう。

ところで、あきらめもまた、幸福の達成において演ずべき役割を持っている。しかもそれは努力の演ずる役割にまさるとも劣らぬ役割である。賢人は、もちろん、防止できるような不幸のもとに坐《ざ》するようなことはないだろう。だが、そうかといって、どうしても避けることのできないような不幸のために時間と感情を浪費するようなこともしないだろう、そしてまた、それ自体避けることのできるような不幸でも、これを避けるために必要な時間と労力がいっそう重要な目的の追求にじゃまとなるような場合には、これを進んで甘受するだろう。多くの人々は、非常に些細《ささい》なことでも、それがうまくいかない場合には、いらいらしあるいは怒るものであるが、このようにして彼はもっと有益に使えば使えたであろうところの莫大のエネルギーを浪費しているのだ。ほんとうに重要な目的を追求する場合でも、あまりに深く感情的に熱中し、その結果、あるいは将来起こるかもしれない失敗についての考えが心の平和をたえず脅かすようになるなどということは賢明ではない。キリスト教は神の意志に従うことを教えた。ところで、この教義を受け入れることのできない人々にとっても、これと似たような種類の考え方がそのあらゆる活動のなかにしみわたることは必要である。ひとつの実際的な仕事における能率は、私たちがその仕事にそそぎ込む感情のいかんに比例するものではない。それどころか、感情はしばしば能率のための障害でさえある。必要な態度は、最善をつくしながら、その成果は運命に委《ゆだ》ねるということである。あきらめには二つの種類がある、一つは絶望に根ざしたもの、もう一つはどんなにしてもおさえきることのできない希望に根ざしたものである、そして前者は悪く、後者は善い。かつて、そのまじめな仕事の達成について希望をすっかり投げすててしまうほどに根本的な失敗を経験したことのある人は、この絶望のあきらめを学ぶことになりやすい。そして彼がひとたびこれを学びとるときには、彼はいまやいっさいのまじめな活動を放棄してしまうだろう、彼はそこで彼のこうした絶望をあるいは宗教上の美辞麗句によって、あるいはまた瞑想《めいそう》こそ人間のほんとうの目的だという教義によってカモフラージュすることもあるだろう。しかし自分の内心の敗北をかくすためにどのような仮面をかぶるとしても、彼は結局、その性根においては、無益な人間であり、根本的には不幸な人間であるだろう。ところで、もう一つのおさえきることのできぬ希望のうえにそのあきらめを据《す》えるところの人は、以上と全くちがった仕方で行為する。どうしてもおさえきることのできない希望である以上、それは当然遠大なまた非個人的なものでなければならない。私の個人的活動がいかなるものにせよ、私は死によって、あるいはまたある種の病気によって打ちのめされることもあるだろう、私はまた私の敵によってたたきつけられることもあるだろう、あるいはまた所詮《しょせん》成功をもたらし得ないような賢明な生活の行程に私がいつの間にかはいり込んでしまっていることに気がつくこともあるだろう、純粋に個人的な希望の挫折は実にありとあらゆる仕方で避けることのできないものであるかもしれない、けれどもその個人的な目的が人類《ヒューマニティ》に対する非常に大きな希望の一部であったような場合には、たとい挫折に直面したときにも、前の場合のように徹底的な敗北ということはあり得ない。たとえば、偉大な発見をしたいと考えている科学者にしたところで、やりそこなうかもしれない、あるいはまた脳にけがをして仕事を放棄せざるを得なくなるかもしれない。しかしそれでも、もし彼が科学に対する単なる個人的貢献ではなく、科学の進歩を心から望んでいるのであるならば、彼は、その研究がもっぱら利己的な動機にのみ基づいているような人がそういう際に感ずる絶望をおそらく感ずることはないだろう。あるいはまた、差し当たって必要な改革のために働いている人が戦争のためそのいっさいの努力を後まわしにされてしまい、かくて、彼がそのために尽力したところのものの成果が彼の存命中にはとうてい実を結ばぬことを否《いや》でも認めないわけにはいかぬような場合もあるだろう。しかしそのような人も、もし自分が人類の一員に加わっているのだということを度外視して人類の未来に関心をもつのであるならば、おそらく以上のような理由によって完全な絶望のどん底に投げ込まれるようなことはないだろう。

以上私たちの考察してきたところのケースは、あきらめということがいちばんむつかしいケースにほかならない。だが、世の中にはこれよりずっとあきらめの容易な場合がたくさんある。副次的な目的だけは阻《はば》まれたが、その生活の主たる目的は相変わらず成功の見通しを持ちつづけているような場合である。たとえば、重要な仕事にたずさわっている人は、よしんば彼の不幸な夫婦生活によって彼が心をかき乱されるようなことがあったとしても、いわば望ましい種類のあきらめをもってこの失敗に接するだろう、つまり、もしその仕事がほんとうに彼の精魂をうばうに足るほどのものであるならば、彼はその結婚生活が幸せである場合にも、不幸である場合にも同じように働くことができるだろう。

ある人たちはちょっとした小さなトラブル――もちろんこうした小さなトラブルももしそれを成り行きにまかせておくとしたら生活の中の大きな部分を占めるに至るものだが――にも忍耐をもってこれをこらえることができない。汽車に乗りそこなえば、腹を立てるし、昼飯の料理がまずければ猛《たけ》り立ち、煙突が煙《けぶ》れば絶望にうち沈み、洗《せん》濯《たく》に出した衣物が洗濯屋から返ってこなければ、産業組織全体に対して復讐《ふくしゅう》を誓う。こうした人たちがこのような些細なトラブルについて消耗するところのエネルギーは、もし賢明に使われたとしたら、優に一国を作りあげ一国をくつがえすに足るほどのものであるだろう。賢人というものは、女中の責任ではない塵《ちり》ほこり、コックの責任でないポテト、煙突屋の責任でない煤《すす》などというものにはあまり気を使わぬだろう。というのは、彼がこうした事柄をやりなおす時間をもっていたとしてもあえてこれをやりなおそうとしないものだという意味ではない。そうではなくして、賢人はこうした問題を感情抜きで処置するものだということだけを私は言いたいのだ。くよくよ思い悩んだり、不機嫌になったり、いらいらしたりすることは何の目的にも役立たぬ感情である。こういう感情を強く感ずる人々は、どうしてもこれをおさえることができないからだと言うかもしれない。そして私もまた、私たちがさきにのべたような根本的なあきらめがない場合、そういう感情が何かあるものによって必ず克服され得るものと考えていない。しかし壮大な非個人的な希望に心を集中することは人をしてその事業における個人的な失敗や不幸な結婚のもたらすさまざまなトラブルにもこれを堪え忍ばせ得るものであるが、これと同じような種類の精神の集中は、また人々をして彼が汽車に乗りそこなった場合にもあるいはまたこうもり傘《がさ》をドロンコの中へ落とした場合にも、よくこれを辛抱させ得るだろう。もし彼が始終不機嫌な性質である場合、いまいったような方法以外のなにかの方法で彼がそういう性質をなおし得るだろうとは、私には考えられない。

くよくよ思い煩うという王国からすでに解放されたところの人は、いままで常住いらいらしていた時に比べて、その生活がはるかに楽しいものになったことを発見するだろう。以前であったら彼をして大声を立てさせたところの知己友人たちの個人的な奇癖風変わりはいまやかえっておもしろいものに映ずるだろう。A氏がその得意のティエラ・デル・フェゴの僧正についての逸話をこれで三百十七回、しゃべり出した場合にも、それが何回めであるかを数えることによって、みずから興ずるだろう、そしてもはや、自分自身の逸話を持ち出すことによって、A氏に対し虚《むな》しい気晴らしをしようなどという気持ちにはならないだろう。朝早く汽車に乗ろうと急ぎ足で歩いている時にその長靴《ながぐつ》のヒモが切れたとしても、彼は、適切な間投詞を吐いたあとで、結局、靴ヒモの切れた事件などということは、宇宙の歴史から見れば、まるで取るに足りないものだということを反省するだろう。さらにまた、たまたま結婚の申し込みをしているとき、退屈な隣人が訪問してきてこれをじゃま立てした場合にも、彼は、いままでもあらゆる人類が、アダムを別とすれば、これと同じような災難に出会ってきたのだということを、いや、アダムでさえも彼のいろいろなトラブルを持っていたのだということを、考えるだろう。こういう一風変わった比較やおかしな類推によって、些末な不幸の中から慰めを見出《みいだ》す方法についてのべたとしたらおそらく際限があるまい。考えてみれば、すべての文明人は男も女も、彼自身について、あるいは彼女自身について なんらかの画像を描いているのであって、それだからこそ、この自身の画像をスポイルするように思われる何か事が起これば、感情を害されるのである。そこで最善の治療法は、単に一つだけの画像ではなく、むしろ一つの全体的な画廊《ギャラリー》をもち、そして、何かいま問題になっているでき事に適切な一つの自分の画像をその中から選び出すことである。ところで、このなかの幾枚かの自画像がやや少しばかり滑稽《こっけい》なものであれば、なおさら、けっこうである。自分自身のことを終日、すばらしい悲劇の主人公であるかのようにながめることは賢いことではない。といったところで、いつも自身のことを喜劇の中の道化のようにながめることがいいと言っているのでもない。なぜならこういうふうに自分のことをながめる人間は非常に腹立ちやすいものなのだから。つまり、その時々の事情にふさわしい役割を選び出すという技術が必要なのだ。もちろん、諸君が諸君自身のことを忘れることができ、いっさい芝居をしなくてもすませることができるならば、それは賞賛に値いすることだ。けれども、もし役割を演じ芝居をすることが第二の天性のごときものになった場合には、諸君は演出総種目《レパートリー》のなかで演劇をするのだと考えるがいい、そしてそれゆえにいつも同じ役割をする単調さを避けるがいい。

多くの活動的な人々は、ほんのわずかばかりのあきらめの影、ほんのかすかなユーモアの陽《ひ》ざしですら、彼らがそれをもって仕事をするときのエネルギー、それによって彼らが成功をかち得る（と信じている）決定方針をだいなしにするのではないかと考えている。だが私の考えでは、これらの人たちは間違っている。やりがいのある仕事をやってのけることのできる人々とは、その仕事のもつ重要さについてもあるいはまた仕事が容易であるということについても、自分自身を欺くことをしない人々である。自己欺瞞《ぎまん》によってささえられているときにのみ仕事をなし得るような人は、だから、その仕事を職業として続けようとする前に、まず、ありのままの事実に堪えるということを学ぶに如《し》かずである。なぜなら、神話によってささえられているような心の要求は、早晩、その仕事を有益なものとさせる代わりに、有害なものにさせるだろうから。そして有害なことをするくらいなら何にもしないほうがましである。この世の有益な仕事の大半は、有害な仕事と闘うことのうちに成り立つものだ。事実を掛値なしに評価することを学ぶために費やされたわずかの時間は決してむだづかいされた時間ではない。事実の正しい評価のあとでなされる仕事は、そのエネルギーに対する刺激剤として自分自身を不当にふくらますことを必要とするような人々によってなされる仕事よりもはるかに有害ではないだろう。ある種のあきらめは自分自身についての真実に進んで直面するということのうちに含まれている。そしてこのような種類のあきらめは、最初のうちこそその中に苦痛を含んでいるとはいえ、結局は、自己欺瞞者がおち入りやすい失望や幻滅に対して一つの防御を——実際、唯一可能な堡塁《ほうるい》を提供してくれるものなのだ。毎日毎日、日とともに信ずることができなくなるような事柄を毎日毎日、信じ込もうとして努力することほど、疲れることはないだろうし、結局はまた、これほど、疲労困憊《こんぱい》せしめるものはないだろう。だが、こういう努力をもってなされるということは、確実なまた長続きのする幸福のための一つの欠くことのできぬ条件にほかならない。

17　幸福な人間

幸福というものは、わかりきったことであるが、一部は外的条件に、一部は自分自身にかかっている。私がこの本で取り扱ってきたものは、この自分自身に関係する部分であった。そしてこの部分に関するかぎり、幸福になるための秘訣《ひけつ》はきわめてシンプルなものであるという見解にたどりついたのであった。ところで多くの人々は、多少とも、宗教的な種類の信念なしには幸福は不可能だと考えている。あるいはみずから不幸であるところの多くの人々は、彼らの悲しみが複雑なそしてまた非常に知的な理由をもっているものだと考えている。だが、こういう知的なものが幸福にしろ不幸にしろそのほんとうの原因であるとは私は考えない。こうしたものは単なる徴候にすぎないものだと思う。不幸な人は、一般に、不幸な信条を採用するだろうし、これに反して幸福な人は幸福な信条をとりあげるだろう。そしてそのどちらの人も彼の幸福や不幸をこの信条のせいにするかもしれない。しかしほんとうの原因はもっと別のところにあるのだ。多くの人々の幸福にとって一定の事物はもちろん欠くことのできないものである、しかしそれとても単純な事物にすぎない、つまり、食物、住居、健康、愛情、仕事の成功、自分自身の仲間たちの尊敬。さらにある種の人々にとっては、親となることが幸福の必要条件でもある。いまあげたような事物が欠けている場合、それでもなお幸福になり得るのはごく例外的な人にすぎない。だがしかし、これらの事物を与えられていながら、あるいはまた見当違いをしない努力によってこれらのものを手に入れておりながら、それでもなお不幸な人はなんらかの心理的困難（適応困難《マルアジャストメント》）をもっている人にほかならない。この心理的困難はもしそれが非常にはなはだしいものである場合には精神病医の治療を要するものであるが、しかし普通の場合ならば、患者自身によって、つまり、彼が事態を正しいやり方で処理するならば、なおすことのできるものである。外的な条件が決定的に不幸なものでない場合、そしてその人の情熱と興味が彼自身の内部に向かってではなく、外側に向かって動いているかぎり、人間は幸福を達成することが必ずできるのである。それゆえ、教育において、また自己を外部の世界に適応させるためのさまざまな企てにおいて、まず、自己中心的な情熱はこれを避けるようにし、私たちの考えを私たち自身のうえにいつまでも釘《くぎ》づけにさせることを防ぐような愛情や興味を身につけるように努力することこそ、私たちの任務でなければならない。牢獄《ろうごく》の中にあって幸福であるなどということは普通の人間の本性ではない。しかも自分自身のうちに私たちを閉じこめてしまうさまざまな感情こそ、最悪の種類の牢獄の一つを作りあげるものにほかならない。こうした感情のなかでいちばんありふれたものは、恐怖、嫉《ねた》み、罪の意識、自己憐憫《れんびん》、それから自己賞賛である。すべてこれらの感情にあっては、私たちの欲望は私たち自身のうえに集中する。そこには外部の世界に対する真正の興味は一として存在しない。あるのは、下手をすると私たち自身を傷つけやしないか、あるいはまた、私たちの自我を栄養不良にしてしまうのではないか、という関心《きがかり》だけである。恐怖、それはなにゆえ人々が事実を進んで認容しようとしないかということの主たる理由であり、またなにゆえあくせくと自己自身を神話のあたたかい衣の中にくるみこもうとするかということの主たる理由でもある。だが、現実の茨《いばら》はあたたかい衣を引き裂き、冷たい風は裂けめから吹き込まずにはいない。このようにしていままで神話の衣のあたたかさに身をならしてきた人間は最初から現実の冷たい風に身をきたえてきた人間よりも、風の冷たさをいっそう強く苦しみとするだろう。それのみではない。平常自分自身をごまかしてきている人々は、自分がそうやっているのだということを、そしてまた、何か不運な事件が起こって否応《いやおう》なしに気に向かぬ認識を自分にもたらしはしないかと案じながら生活しているのだということを、心の底では知っているのである。

自己中心的な感情のもっている大きな弱点の一つは、それが生活のなかにほとんどヴァラエティを提供することがないということである。ただ自分自身だけを愛している人は、たしかにその愛情における乱婚状態の非難を受けることはあり得まい。しかし、その献身的愛情の対象がいつも変わらず同一の自己であるがために、結局は堪えがたい退屈に悩まざるを得ないだろう。さらに、罪の意識に悩まされている人とは一種特別な自己愛に悩んでいる人のことにほかならない。この壮大な宇宙のなかで、彼にとって最も意義ぶかく映ずるところのものは、自分自身が道徳的な人間であるということなのだ。こういう人たちがこの特殊な自己没入をいままで奨励してきたということは、伝統的宗教のある種の形式における一つの重大な欠陥にほかならない。

幸福な人間とは、客観的に生きる人である、自由な愛情と広やかな興味をもてる人である、これらの興味や愛情を通して、さらにまた、次にはその代わりに彼自身を他の多くの人々にとって愛情と興味の対象にさせるという事実を通して、その幸福を確保するところの人である。愛情の受けいれ手となることは幸福のための一つの強力な原因である、けれども、他人から愛情を要求するところの人は、その上に愛情が与えられるところの人ではない。愛情を受けとるところの人は、ごく一般的に言って、愛情を与えるところの人である。しかし愛情を与えるに当たって、たとえば、利息つきで金を貸す場合のように、計算をしたうえでこれを与えようとするのは無益なことだ、なぜなら計算された愛情はほんものの愛情ではなく、これを受けとる人によって愛情とは感じられないからだ。

それでは、自分自身のなかに閉じこもってしまうゆえに不幸であるような人は、いったい、何をどうしたらいいのか？　彼が依然として不幸の原因について考えることをやめないかぎり、彼はいつまでも自己中心的であるだろうし、このようにしてこの悪循環から脱出することはないだろう。もし彼がそれから脱出したいというのであったら、それはほんものの興味——つまり単に薬品として採りあげられたにせものの興味ではなく——によるほかはない。もちろん、これに伴う困難は相当のものであろう、しかしもし彼が自分の問題《トラブル》を正しく診断しているならば、彼には手のつくし得る多くの事があるだろう。たとえば、彼の問題が、意識的なものにせよ無意識的なものにせよ、罪の意識によるものだとする。彼はまず自分の意識的精神を説得して、自分には罪あるものだと感ずべきなんらの理由もないのだと思い込むことができよう、そしてその次には、私たちがいままで各章にわたってのべてきたところの技術を用いることによって、この理性的な信念を彼の無意識的精神のなかにも植え込み、そうしているうちに、多少なり中性的な（自分に関係しないという意味——訳者）活動をもって自己の関心事となすことができよう。彼がひとたび罪の意識をかき消すことに成功するならば、おそらくやがてほんものの客観的な興味がひとりでに内から湧き上がってくるだろう。彼の問題が自己憐憫であるとしよう。彼は、自分の生活条件のなかにはなんら特別不幸なものが存在してはいないということを、前と同じやり方で、自分自身に思い込ませることができよう。恐怖がその問題である場合はどうか。彼をして勇気を起こさせるためのさまざまな訓練を実習せしめるがいい。戦時における勇気ははるか昔から一つの重要な徳として認められてきている。そしてまた青少年を訓育するということの重要な一部は、戦闘に当たって恐れを知らぬという性格を作りあげることに割り当てられてきたのであった。ところが、道徳的勇気や知的勇気については、従来、ほとんど研究されたことがなかった。だが、これらの勇気にしたところで、これを涵養《かんよう》するための技術をもっている。たとえば、毎日少なくとも一つの苦痛にみちた真理を諸君みずからに課するとせよ。諸君はこの真理があたかもボーイスカウトの日々の親切な行為と同じように有益なものであることを見出《みいだ》すだろう。あるいはまた、諸君がその徳においてまたその知能において諸君のいっさいの友人たちよりも測り知れぬほど立ちまさっているようなことがなくても——もちろん、立ちまさっている場合には言うまでもないことだが——、諸君の人生が生きていくだけの値打ちがあるものだということを、諸君みずから感ずるように、みずから教育するがいい。この種の訓練をもし数年間つづけるならば、諸君は最後にはしりごみすることなくいっさいの事実を受けいれられるようになるだろう、そして、いったんそうなれば、諸君はまた非常に広大な版図をもつ恐怖の王国から解放されるに至るだろう。

諸君が自己没入の病気をすっかり征服してしまった時に、諸君のうちにいかなる種類の客観的な（対外的）興味が生じてくるかということは、諸君の性質や外的事情の自然な作用に一任するよりほかはない。前もって、「切手の収集に没頭できたら私はきっと幸福になるだろう」などと自分自身に言ってきかせ、そこで切手収集に取りかかるようなことはよくない。なぜなら、その切手収集に諸君がまるっきり興味をもてなくなるようなことが起こらぬともかぎらないんだから。ほんとうに諸君の興味を呼び得るものだけが諸君にとってなんらかの役に立ち得るのである。だがしかし諸君が諸君自身のうちにもぐり込まないようになるや否や、ほんとうの客観的興味がでてくるものだということを諸君はある程度信じても間違いあるまい。

幸福な生活は、非常に大きな程度で、道徳的に善い生活とよく似ている。いままで、職業的な道徳家たちは克己（自己拒絶）ということに重きを置き過ぎてきた、そしてこれを重んじ過ぎることによって、強調すべき点を間違えてしまった。意識的な克己は人間を自己没入的にさせ、自分が苦しんで犠牲にしたところのものをあらためて生き生きと意識させるものだ。その結果、克己はしばしばその直接の目的を、そしていつでも常に、その究極の目的を見失わせてしまう。必要なことは克己ではない。むしろ、自分自身の徳の追求に夢中になっている人がただ克己によってのみなし得るのと同じような行為に、自然にまた自発的に人々を導いてくれるような対外的な興味の指導——これが必要なのだ。私はこの書物を一個の快楽主義者《ヘドニスト》として、言い換えれば、幸福を善と同じものと考える人間として書いたのであった。しかし、ヘドニストの観点から推奨さるべき行為は、全体としては、普通の道徳主義者たちの推奨する行為と同じものなのだ。ただ、道徳主義者たちは——もちろん全部が全部そうだとは言えないが——心の状態よりも、むしろ行為ということに重きを置き過ぎるきらいがある。行為がその行為者に及ぼす影響は、その時の彼の心の状態いかんによって、ひどくちがうものである。たとえば、諸君がいま水におぼれかけている子供を見、これを助けたいという直接的衝動の結果として、子供を救った場合、諸君は決して道徳的に悪いことをしたわけではない。けれどもその反対に、「助けなき者を助けることは徳の一部である、そして私は徳ある人間になりたいと思う、それゆえ、私はこの子供を助けなければいけない」——こう諸君が自分自身に言ってきかせる場合には、諸君は前の場合よりいっそう悪い人間であるだろう。いまあげたような場合は極端な場合であるが、同じことは、これほど明瞭《めいりよう》ではない他の多くの場合についても言えるだろう。

私がいままですすめてきた人生に対する態度と、伝統的な道徳家たちがすすめている態度との間には、以上のべたもののほかに、もう少し微妙なものであるが、別の相違点がある。たとえば、伝統的な道徳家たちは、愛が非利己的なものでなければならないと言うだろう。ある意味では、たしかにそうである、つまり、愛はある点以上に利己的であってはならぬものだ、しかし人間の幸福が彼の成功とかたく結ばれているものだということは、疑う余地のない明白な事柄である。だが、ある男がある令嬢の幸福を心から熱望しているという理由のもとに彼女に結婚を申し込み、しかもそれと同時に彼女は彼に理想的な自己犠牲の機会を与えるべきであると考えたとすれば、彼女がそれによって果たして喜ばされるかどうか、私は疑問だと思う。たしかに、私たちは私たちの愛する人々の幸福を希《ねが》わなければならない。しかし、それは私たち自身の幸福と引き替えに希われるのであってはならない。事実、自分自身と自己以外の世界との対立――これは自己犠牲の教義のなかに含まれている理論であるが――は、私たちが私たちの外部の人や物にほんとうの関心をいだき始めるや否や、消えてなくなるものである。このような関心を通して、初めて、人間は生活の流れの一部である自己を——たとえばその衝突の場合以外は別の球となんらの関係をもち得ない撞球の球のようなきびしく分離した存在でないところの自己を感ずるのである。すべての不幸はなんらかの種類の不統一、あるいは融合統一の欠如にもとづいている。そして、自分自身の内部におけるこのような不統一は意識的精神と無意識的精神との協力の欠如によるものである。さらに、自己と社会との融合の欠如――それはこの二つのものが客観的関心や愛情の力によって結び合わされないところに生ずるものだ。幸福な人間とは、この二つの種類の統一融合の欠如をともに知らぬところの人間にほかならない。彼の人格は自己のうちで分裂することなく、また世界に対しても対立拮抗《きっこう》するものではない。このような人間こそみずからを宇宙の中の一員《シティズン》として感じ、宇宙の提供する展望を自由に享楽し、それが与える喜びと自由を享受する人間であり、死を考えることによってもなんら煩わされることなき人間である、なぜならそのような人間に自分の後につづき来たるところの人々と全然別個な自分自身を感ずるようなことはないであろうから。最も大きな歓喜の見出されるのは、まさに、こうした生の流れとの深い本能的な融合においてである。

解説

ラッセル・その人について

バートランド・ラッセルというこの現代の思想的巨人について解説を書くのは容易なことではない。容易でないどころか、私にはとてもできそうもない。第一、私が読むことのできたラッセルの本は彼の実にたくさんな全著作の十分の一にも満たない。その上、彼の画期的な学問的業績である『プリンキピア・マテマティカ』、(『数学原理』一九一〇年)は、数学のできない私にはその一ページもよめない。そういうわけで、これから書く解説は解説ではなくして、「ラッセルについて」といった、私の単なるメモにすぎない。ラッセルの伝記、その思想、その人となりについて全般的に知りたいと思う人には、私はちゅうちょなく、次の本の一読をすすめる。

アラン・ウッド『バートランド・ラッセル―情熱の懐疑家』(碧海純一訳、みすず書

房刊。昭和三八年）

　この本はまことにおもしろい。おそらく、学者の伝記としては第一級のものであろう。「生後わずか三日目に、頭をもたげて、実に精力的に周囲を見まわした」というこの天才の誕生から書き起こし、八十歳を越えてはじめて「X嬢のコルシカでの冒険」という小説を書く――こういう幅の広い、しかも底の深いひとりの現代哲学者の全貌《ぜんぼう》をこれほどわかりやすくその上おもしろく描いた本はそうそうめったにあるものではない。私は伝記を読むことが好きで、いままで何冊もいろいろな伝記を読んだが、このウッドの『ラッセル』はその中でも一番おもしろかった本のひとつだ。ラッセルに興味をもつ読者にはぜひすすめる。ところでこのウッドも思想家としてのラッセルについて、こう言っている。

「何かひとつの特定の学説にラッセルの名を冠することによってかれの哲学を要約することは不可能である」と。

　だからこそ、私は安心して「解説」を書くなんてことは私にはできないと書けるのだ。

バートランド・ラッセル――もっと正式に書けば、バートランド・アーサー・ウィリアム・ラッセル卿《きょう》(Bertrand Arthur William Russell, 3rd Earl Russell) は一八七二年五月ウェールズのトレレック (Trelleck) というところで、貴族の子供として生まれた。そして驚くべきことに今日 (一九六九年十二月) なお元気である。日本ラッセル協会の日高氏に昨年きいたところでは、現在は二階に上がったきりでいっさい外出しない生活だそうだが、その知的活動は少しも衰えを見せていないという。彼は二歳の時母を失い、四歳の時父を失った。そのため祖父母のもと (ロンドン郊外のペンブローク・ロッジというところにある) で養育されることになった。祖母のラッセル卿夫人は古風な清教徒主義と自由主義と、この二つの生き方を同時に持つ女性であった。厳格で同時に快活であった。幼い日のラッセルはこの祖母から大きな影響を受けた。ラッセルは貴族の子供としてきびしくしつけられた。彼が、生涯、服装をきちんとし、礼儀正しい人間としてふるまうことを好んだのも、たぶん、このためだったろう。彼は学校に行かなかった。その代わり、いくたりもの家庭教師によって教育を受けた。その家庭は自由な精神を持つ哲学的な少年にとってはけっして住みよいところではなかった。十歳を越えて、ものを自由に考えるようになった彼は家族の者とほとんど口をきかなくなる。十五歳のころ、彼が「ギリシャ語の練習帳」に書き込んだ問題は、神、宇宙、自由意志といったふうにきわめて根本的な問題で満たされている。たとえば、その一部を紹介しよう。

「――ぼくは神を信ずる。――神を信ずる理由を見出すのに、ぼくはただ科学的論拠をのみ考慮しようと思う。この科学的論拠に立つということが、ぼくがあらゆる感情を肯定したり拒否したりする際に意を用いた誓約なのである。それで、神を信ずることにたいする科学的根拠を見いだすためには、ぼくは万物の始めに立ちかえらなければならない」（『ラッセル自叙伝、Ｉ』日高一輝訳、理想社）

ここにはすでに後年無神論者とならざるをえなかったラッセルの考え方を一貫している科学的なものの見方、合理的精神がはっきりと現われている。それにしても、いま引いた文章は十五歳の少年の文章なのだ。なお、この自叙伝は一九五九年から六二年にかけて書き始められ、まもなくベストセラーになった本であるが、私はいつもこのようなすぐれた人の自伝を読むごとに、「どうしてこんなに幼い日、若い日のことをこれらの人たちはこんなに丹念に逐一覚えているのか」と感心してしまう。自叙伝はさまざまな人と取り交わした手紙やその時々の思い出によって綴《つづ》られているのだが、どうしてこのようにきちょうめんに、そうした手紙その他を保存していたのであろうか。人生に対する考え方が、そもそも、私たちとは異なっているのだろう。そうとしか考えられない。——彼はこの自叙伝の中ではじめて性についての雑談を同じ年ごろの少年といっしょにしたこと、それがばれてパンと水しか与えられなかったこと、十五歳の時がまんができず自慰に走ったこと、そしてこの自慰の習慣を二十歳になって突然やめることができたのは、恋愛をしたからだ、といったようなことを、率直に書いている。

ところで、この『自叙伝』の「まえがき」、「わたくしは何のために生きてきたか」という短い文章の一部をここに抜き書きするのは、私の解説としては先走りしすぎることになるかもしれない。けれども、その文章はラッセルの生き方を最も簡明にまとめたものとして、ここに引かずにおれないのだ。その冒頭にいう。

「わたくしの人生を支配してきたのは、単純ではあるが、圧倒的に強い三つの情熱である——愛への熱望、知識の探求、それから人類の苦悩を見るにしのびず、そのためにそそぐ無限の同情である」

第一の「愛への熱望」とは異性に対する愛情のことだ。彼が三度も離婚し四度も結婚したこと、そして彼の著書のうち最もポピューラーな一冊が離婚と性の自由を説いた『結婚と道徳』(一九二九年)であったこと、をついでに書き添えておく。

さて、彼はいまも述べたようにケンブリッジ大学に入るまでは学校教育を受けなかったからだ。彼がパブリック・スクールに入らなかったのは、祖母がこれを好まなかったからだ。彼は陸軍士官学校受験生のための「速成塾《クラマー》」（Crammer）に入った。彼はそこで十八か月の間に普通の生徒なら六年以上もかかる古典の知識を身につけ、ケンブリッジ入学者のための奨学金をもらうことになった。十八歳の時だ。このケンブリッジのトリニティ・コレジでは数学を勉強した。そしてこのコレジで、彼はホワイトヘッド（後に、さきにあげた『数学原理』の共著者となる）、G・E・ムーア（倫理学）あるいはトレヴェリアンの三人の兄弟（末弟のトレヴェリアンは歴史家として日本でも有名）と知り合った。コレジの四年の時数学から哲学へと向かった。哲学では当時のケンブリッジの影響の下に彼はヘーゲル主義者になった。とにかくこの大学時代に彼は「知識のよろこび」を満喫した。

二十二歳、彼は自分より五歳年上の女性を熱烈に恋し、祖母の反対を押し切って結婚した。こうして彼の現実の社会における、まことに多方面な活動がその第一歩を踏み出した。新婚の夫婦はドイツに行った。ドイツの社会主義運動を研究した。最初の著書『ドイツ社会民主主義』（一八九六年）が刊行された。英本国ではフェビアン協会の人々と親しくなり、ウェッブ夫妻とは特に親密になった。マルクス主義を勉強した。が、彼は共産主義者にはならなかった。彼に言わせれば、マルクス主義の階級闘争理論は「すべての人間が永遠の生命と完全な先見の明をもち、専《もっぱ》ら、経済的な動機によってのみ行動する」という前提に立つものだ、だが、人間は専ら経済的動機で動くものではない。それどころか、後年ラッセルが、『権力、一つの新しい社会分析』(Power: A New Social Analysis, 一九三八年。みすず書房)で説いているように、人間は権力欲で動くものだ。——

ところで、こんな調子で長い年月にわたるラッセルの生活や行動を書いていくとなったら、とてもだらだらと長いものになる。私は彼のいままでの生涯におけるハイライトを幾つか列挙することにとどめよう。

それにしても彼の人柄というか性格について、一言書いておかねばならない。幼年期から青年期へかけて彼は全く内向的な、はずかしがりやであった。一方できわめて合理主義的でありながら、他方ではピューリタン的禁欲主義者であった。大学時代、彼は毎日自分のきらいなことをひとつだけするという義務をみずからに課したほどだ。徹底した禁酒家であった。酒は一時的に人間を錯乱状態におとしいれるものだというのが彼の考え方だ。その代わりにタバコのほうは、大変なヘビー・スモーカーであった。新婚当時のころの彼ら夫婦の生活について、ウッドは次のように書いている。

「九時書斎で朝食を共にする。ラッセルは十二時半まで数学の研究。それから四十五分、夫婦は互いに本を朗読してきかせる。十五分間庭を散歩し、一時半に昼食、それから妻の弟とクローケ競技の手合わせ。四時半にお茶、それから六時までまた数学、七時半まで妻と朗読、八時に夕食、九時半までウェッブ夫妻と雑談、また一時間朗読、十時半消燈。」

ウッドによれば、ラッセルは視覚型ではなく、聴覚型だという。だから、ここでもたびたび朗読という時間が出てくるのだろう。それにラッセルは原稿を書くとき一字も訂正の必要のない原稿を一気に書き上げる。あるいはまた口述する。つまりものを書きしゃべる前に、頭の中で完全な文章が一字一句すでにでき上がっているわけだ。考えてみるまでもなく、これは驚くべきことだ。『意味と真理の探究』(An Inquiry into Meaning and Truth. 一九四〇年)を、わからないところをとばしとばし読んだときにも、これだけの著述が講義(ハーヴァード大学におけるウィリアム・ジェームズ記念講演。一九四〇年)の再録であったことを知って、私はほんとうに驚いた。

ラッセルの性格の特長の一つは、激しい情熱と同時にひややかな冷静とが不思議に同居していることだといわれる。彼は友人と議論することをこの上なく好んだ。しかも、そうした議論の中にも、さらにまた、さまざまな人々との会話の中にも、彼はいつもウィットとユーモアをさしはさむ。ラッセルのユーモアやウィットは、たとえばバーナード・ショウのようなウィットとは違って、話の中の問題を論理的に発展させることによるユーモアだと、ウッドは言っている。たとえば、あるとき、彼が激しい調子でカントを批判したところ、彼の話をきいていた一人がラッセルにこう言った。「カントは母親に対して深い思いやりをもっていた。たといカントの哲学体系が忘れられるようなことがあっても、この事は記憶されるでしょう」。するとラッセルは即座にこうやり返した。

「カントほどの偉大な哲学的才能よりも、その母親に対する思いやりのほうが、稀《まれ》な資質であるというようなシニカルな考え方を私はうけ入れることができない」。

論理的なユーモアあるいは皮肉とは、このような言い方なのだ。ついでに言っておけば、ラッセルの通俗的な著書の文章のもつおもしろさ、その卓抜さは、このような論理的な思考についての明白な言いまわしのおもしろさであり、さらにまた、彼が文中に好んで引く「たとえ」の奇抜さおもしろさのためだ。その文章は驚くほど透明で簡潔である。しかも、そのたとえや論理の卓抜さのために、読者を少しもあかせない。

ホワイトヘッドとの共著である『プリンキピア・マテマティカ』三巻は、第一巻が一九一〇年、第二巻が一九一二年、第三巻が一九一三年に刊行された。しかもこのような学問的著述をしながら、彼は一方において政治にも関心を持った。彼は一九〇七年に自由貿易擁護のために議会に立候補した。選挙では敗れた。彼は政治家になることはできなかった。だが「ラッセルは政治家として成功するには余りにも非妥協的であった」というトレヴェリアンのラッセル評に、ウッドも賛成している。

一九一四年に第一次世界大戦が起こった。彼は戦争を憎んだ。こんな時代に生きているくらいなら一九一四年以前に死んだほうがましだとも言った。彼は平和運動に身を投じた。次いで「徴兵反対同盟」の委員会の会員になった。そのころ、A・エヴェレットという良心的徴兵拒否者が陸軍にとられ、命令不服従のかどで重労働二年の判決を受けた。ラッセルはこのことに抗議するパンフレットを書いた。そのため「帝国軍隊の徴募および軍律を危うからしめる発言」をしたというので裁判にかけられ、罰金百ポンドを言い渡された（一九一六年）。

この年に『社会改造の原理』が出版された。米国版ではこの本は『何故人々は闘争するのか』という題で出版された。日本では改造社がこの翻訳を出した。おそらくラッセルの本が日本に紹介された最初のものであった。私の中学時代のことであった。この本の出版はラッセルの生涯にひとつの転機をもたらしたとウッドは書いている。

つまりこの本によってラッセルは哲学者としてのみならず、一般の読者にも呼びかけうる著者となったからだ。同時にこの本を出版したジョージ・アンド・アンウィンという出版社からその後彼のほとんど全著作が出版されることになったからだ。

この本の出版その他によってラッセルははっきりと英国政府からにらまれる人物となった。彼の唱える平和運動は祖国を裏切り祖国を売るものだと考えられた。ラッセルが週刊誌「ザ・トリビュナール」に書いた論文のため、彼は裁判にかけられ、六か月の禁固刑を言い渡され、一九一八年ブリクストン監獄に入れられた。彼はこの監獄の中で『数理哲学序説』を書いた。出獄後、『精神の分析』が出版された。第一次大戦を通して、ラッセルは自由主義者から社会主義者に変わっていった。だが彼の主張する社会主義はシシディカリズムであって、国家社会主義ではなかった。一九二〇年、彼はロシヤを訪問した。そして失望した。『ボルシェヴィズムの理論と実践』(一九二〇年)が出版された。この本の中で、プロレタリアートの「独裁」はやはり一種の「独裁」であると批判した。

一九二〇年、彼は新しい二度目の妻といっしょに中国を訪問ししばらく中国に滞在した。中国人をラッセルは大変好きになった。「ギリシャ人も中国人も生活をエンジョイすることを愛した。――けれども両者の間には大きなちがいがある。ギリシャ人たちは芸術と科学と戦争にその精力を傾けた。けれども中国人は怠惰《レイジー》であった」。ラッセルが中国を愛したのは中国人の示すこの寛容な怠惰のためであった（『怠惰礼讃』In Praise of Idleness and other Essays. 一九三五年）。この『怠惰礼讃』は、私が自分の父親の書斎で見つけ、私がはじめて読んだラッセルの本であった。

中国から帰ってからラッセルはほとんどペンと講演のみで生活することになる。彼はアメリカに講演旅行をする。アメリカについての彼の感想は「電話がうるさい」ということであった。アメリカ人たちが浅薄で皮相なのは、講演だけで何でも知ったつもりになることからきているのだとも言った。

一九二六年、彼の『教育論』（On Education）が出版された。ラッセルは教育ということに大きな関心を長い間一貫して寄せてきたが、この『教育論』は、主として幼年期のそれを取り扱ったものであるが、その第二章「教育の目的」という一章は彼の人生観をきわめてきちんとまとめたものとして、私はずいぶんと教えられた。彼は教育の理論に興味を持っただけではない。一九二七年には、新しい実験学校、ビーコン・ヒル・スクールを妻といっしょにやりだした。それは子供の自由を大幅に尊重する学校であった。そしてそれゆえに学校の生活は混乱し、結局、成功しなかった。子供を完全に自由にさせておいたのでは教育はできない。だから、少なくとも、約束を守らせる、清潔にさせる、他人の財産を尊重させる、安心感が得られるに足るだけの日課が必要だということ——彼は、後年、このように、子供の自由を制限しなければ、教育はだめだと言っている。

一九二九年、『結婚と道徳』が出版された。彼はこの本の中できわめて大胆に性の自由を主張した。一夫一婦婚を強制することは、人間を不幸にすることにほかならないとも書いた。さらにまた、男も女も、性の経験なしに結婚するのはよくないとも書いた。

一九三〇年代、彼は何冊も通俗的《ポピュラー》な書物を書いた。『幸福論』もその一つであり、その他、『科学的なものの見方』(The Scientific Outlook)、『宗教と科学』(Religion and Science) などがそれだ。一九三八年、『権力論』(Power: A New Social Analysis) が書かれた。社会の変化を生み出す強力な力の一つは人間の持っている権力に対するあくことのない欲望だというのが主旨であった。一九三六年『平和への道』(Which way to Peace?) が書かれた。徹底的な平和主義が説かれ、英国のさまざまな人々から非難された。「もしイギリスが平和主義政権下にあるときに、ヒトラーがこの国を攻撃してきたら、われわれは観光客でも来たつもりでその軍隊を親しみを以《もっ》て歓迎すべきだ」——こういうことばを当時の人々がどうしてうけいれることができようか。とにかく、

『平和への道』出版の三年後、イギリスは第二次世界大戦に突入した。戦争中、ラッセルはずうっとアメリカにいた。カリフォルニア大学の教授をした。次いで、ニューヨーク市立大学に招かれたが、英国教会の監督《ビショップ》がラッセルをもって宗教と道徳に反する宣伝家であるとして、横槍《よこやり》をいれて邪魔をした。アメリカでの彼の生活は不幸なものであった。経済的にも恵まれなかった。ラッセルは英国のジョージ・アンド・アンウィン社に援助を求めた。そしてその結果、生まれたのが『西洋哲学史』（A History of Western Philosophy, 一九四五年）の大著だ。第一級の哲学者自身が哲学史を書いたということは、哲学史としてははじめてのことだ。いま日本でも三冊本として、みすず書房から刊行されているが、ただの学説史あるいは思想史ではない。そのときどきの政治と社会の状況とに関連させて描いたものであり、おそらくこれほど厚味《あつみ》のあるおもしろい哲学史はないだろう。

「この本をほめること自体が僭越になるほど、多くの長所をもった本だ、だからその欠点だけを記そう」とウッドは巧妙な言い方でこの本を紹介している。

一九四四年にラッセルはやっと英本国に帰った。母校のトリニティ・コレジに招かれて。ケンブリッジに帰って来たラッセルは、大変な歓迎を受けた。「かれの講義には一番大きい教室があてられたが、それでも入り切らない学生たちが列をつくるほどであった」（ウッド）。いまやラッセルの思想家、哲学者、平和主義者としての名声は世界じゅうに広がった。英本国の思想界ではウッドの表現によれば「大御所」であった。

一九五〇年、英国王の授与しうる最高の勲功賞を、つまり日本でいえば、文化勲章をバッキンガム宮殿で与えられた。七十八歳になってオーストリアに招かれた。各大学ではラッセルを招いてセミナーが開かれた。オーストリアから帰り、また講演のためにアメリカに渡った。

ノーベル賞が授与された。

一九四八年、『人間の知識――その範囲と限界』という最も重要なしかしきわめて難解な本が出版された。「人間の知識はすべて不確実、不正確、かつ部分的である」というのがこの本の結論であった。

一九五四年、『倫理と政治における人間社会』が刊行された。この本は二部から成っている。一部は「倫理」、二部は「情熱の葛藤」。そしてこの二部すなわち政治に関する部分はノーベル賞授賞のとき、ストックホルムで講演されたものだ。倫理学は他のすべての科学と違って、事実ではなく人間の感情（Feelings and emotions）を取り扱う。つまり意志の問題ではないという。二人の人間の感情ならびに欲望がお互いに相いれえないときに争いが起こる。だから、他人の感情や欲望と「共存できる」(Composssible) ようなものだったらよいと言わねばならぬ。この第一部で展開された倫理論を政治や国家に適用したものが二部だ。その最後の章は「プロローグかそれともエピローグか?」という題名になっており、このように書かれている。

――「ヒトラーとスターリンによって計画的に数百万の人々に加えられた苦しみを考えるとき、そして更にこの二人が辱しめた種族が他ならぬ吾々自身であることを思うとき、(『ガリヴァー旅行記』の)ヤフー達のほうが、そのあらゆる堕落にも拘らず、現代の大国家で現に権力を振っているある種の人間たちよりもはるかに怖るべきものでないことが容易に感じられる。ずっと昔、人間の空想力は地獄を描いた。けれども、彼らが空想したところのものに人々が現実性を与えうるようにさせたものは、近代の技術である」。だが、それでも、私は尚且《なおか》つ明るい人類の明日について、輝しいヴィジョンを持っている。「誰もが飢えず、病めるものはきわめて少く、その仕事は楽しくしかも過度にわたらず、親切な感情が一般に行き亘っている」ような未来を考える。そのような未来は絶対に不可能なものではない。そのような明日が来ることはないかも知れない。けれども千年以内には来るだろう。――こんなふうに、彼は人間の未来の知性に信頼をかけている。調子の高いきわめて説得力の強い本だ。

一九五四年ラッセルは水爆問題についてきわめて感動的な放送講演を行なった。「あなたがたがいまあなたがたの人間性を想い起すことがないならば、全人類の死があるのみ」と。放送は大きな反響を起こした。彼は共産・反共産の両陣営の科学者たちに呼びかけて水爆の恐ろしさを世界に警告する声明を出した。日本の湯川秀樹《ゆかわひでき》博士もそれに署名した。ラッセルはすでに八十三歳になっていた。かつてオーストラリア旅行中の記者会見を行なったあとで、シドニーの新聞はこう書いている。

「ラッセルは一方では我々にはげましを与えてくれた。それは全くかれの無尽蔵の活力と快活さのせいである。この世界には原子爆弾もあるが、しかしまたラッセルのような不屈の人間精神もやはり存在するのだ」

ウッドはこのような新聞の記事でその本を書き終えている。確かにラッセルはただの哲学者ではない。彼の自叙伝の冒頭の文章を私はさきに紹介したが、彼は三つの情熱によってその長い生涯を貫き通して生きてきたし、また生きている。彼にもう百年の寿命を贈ることはできないものか。

その思想について（断片的に）

ラッセルは数学から哲学へと進んだ。数学を論理と一つにした。たとえば、２＋２＝４という数学の式をカントは例の「先天的綜合判断《アプリオリ》」という深遠な思想によって説明した。だが、ラッセルは、ある論理的な命題が同時に真でも偽でもあるというようなことはありえない、２＋２＝４はそのような単純な論理上の原則と異なるものではないと説明する。

ラッセルは論理と心理を峻別《しゅんべつ》した。つまり人間の思考の法則と論理とは違うというのだ。たとえば、「我考う、故に我あり」というデカルトの有名な提言は、ラッセルに言わせれば、「思考が思考者を必要とすると考えることは、文法にあざむかれることである」。自分がなにか考えているということは一つの心理である、この心理を楯《たて》にとって、だから「考えるものがある」というのは、心理と論理とを無雑作につなぐことにほかならない、考える心理と考える実体の存在とは別々の事柄である、というのだ。

さて、論理は一口で言えば言語（ことば）によってささえられている。ことばを正確に分析し正確に使うのでなければ、論理は必ずあやまちをおかす。いま例にあげたデカルトの「我考う」うんぬんの公式もことばの不正確な使い方からきたものだといえる。ラッセルはこのようにしてことばの吟味を教えてくれる。

たとえば、「犬」ということばを例にとってみる。人が「犬」ということばを言う場合、それは「ことばの上での発声」(Verbal utterance)である。ところでこのことばを聞く人にとっては、それは「言語的な騒音」(Verbal noise)である。さらにこのことばによってそこに成立するところの物理的対象をラッセルは「ことばによる形」(Verbal shape)と呼んでいる。ところで、語られたことばとしての「犬」はいかなる実体《エンティティ》でもない。それは現実に生きている「犬」とは違ったものだ。それにもかかわらず、私たちが「犬」と言う場合、ことばとしての犬と実体としての犬とが同時に言われていることになる。私たちが「犬」ということばを言うとき、その「犬」は一般的《ユニバーサル》なことばである。ところで、実体としての犬は、ある種の四足動物として、一般的ではあるが、そこに実体としている犬は、一般的なものではない。簡単に言えば、犬一般と犬とを、犬ということばによって、いっしょくたにして考えるとき、犬について、あるいは犬という理念《イデー》によって、私たちはプラトン的な考え方を持つようになる。——ラッセルはこんなふうに分析してみせる。あるいはまた、「よりいっそう」(than)とか「しかしながら」(however)といったことばは、一定の文脈の中でのみ意味を持つことのできるものだ。つまり、それらのことばは、他のことばを予想し前提としているものだ。その意味で、「犬」といったような「対象語」(object word)とは違ったものである。そしてこの対象語が、ただの発音されたことばである場合と対象に即して言われる場合と、同じものであるところにさまざまな問題が出てくる。言語が、それによって事実を述べることも、同時にそれによって虚偽を述べることもできるということは、言語の持つ複雑で興味深い面を示すものだ。ラッセルはこの「対象語」について、難解な分析を展開してみせる。彼が文章（Sentence）にではなく、この対象語について、分析と思索を進めていくのは、ことばの低い段階（たとえば未発達な人間の用いることば）においては、対象語がすなわち文章でもあるからだ。「ドロボー」という対象語は、「そいつをつかまえろ」という命令文章を表わしている。

彼の思想は分析哲学といわれている。私はここで「分析」ということばの説明をしておこう。ものについて考える場合、私たちはそのものをどこまでも広い関連において考えることができる。一本の万年筆の存在の意味を考えるにしても、たどりたどっていけば、しまいには、物、人間、自然、宇宙といったふうに考えることができる。そしてそんなふうに、あらゆるものを、壮大に、無制限な拡張的思考で考えていくとき、私たちは結局五里霧中の中をさまようことになる。眼というものを考えるとき、光を考え、太陽を考えるとしたら、収拾がつかなくなる。だから、眼を考えるときは、眼をその内部構造や働きに一応限って考察するよりほかはない。そしてそういう考察のしかたを彼は分析と呼ぶ。つまり、ものを考える場合、そのものを遠心的にではなく、いわば集中的に考えることなのだ。

ラッセルのこのような種類の本を、少しずつ繰り返し繰り返し読みながら、私がいつも感ずることは、私の頭の悪さと、ラッセルの比《たぐい》なく鋭く、こまかな、そして正確な分析のしかたとその分析を言語で言い表わすときのすばらしい表現力に対する驚きである。彼のポピュラー・エッセイズは、前にも述べたように、その意表をついた比《ひ》喩《ゆ》や理屈のためにとてもおもしろく読める。けれども一度専門的な哲学のものになると、私の頭はもはや一度読んだくらいでは、とてもついていけない。

その懐疑的な考え方について

前にも述べたように、ラッセルの思想はこれを特定の思想としてきめつけることができないものだ。快楽主義的な考え方があり、論理主義的思想があり、かと思えば心理的な見方も入っている。フロイトの無意識の理論を一時は人間解釈のための重要な方法と考えてもいた。つまり、ラッセルの取り上げた問題の領域がおそろしく広く多方面にわたっているということ、しかも、他方では彼が徹底的に独断論《ドグマティズム》を退けていること、同時に可能なかぎり合理的な考え方をあらゆる問題について一貫して適用していること、そして最後には絶対に確実な知識はたぶんないだろうと断定していること、このような事情を考えてくると、どうしてもラッセルの考え方を、特別の意味で、「懐疑主義的」と呼んでいいだろう。たとえば、なにもかも疑わしい、この世にこれがほんとうだと絶対に信頼すべきものはひとつもない、だから、すべてはあいまいで、いい加減であり、でたらめだ、といったふうな、いわば虚無的《ニヒリステイック》な懐疑主義ではない。もし彼がそのような懐疑主義者であるとすれば、どうしてあのように強烈な信念をもって戦争反対を長い間唱え続け、老体をひっさげて、そのためにすわりこみまでするであろうか。彼の懐疑主義は知識の探究者としてのそれであり、強烈なファナティズムやドグマティズムを退けるという意味での懐疑主義とでも呼ぶべきものだ。そしてそのようにラッセルの考え方を理解しているゆえに、私は彼の考え方や思想にこの上なく引きつけられるのだ。実際、私にしたって、一番好まない人間の態度は、二言目に、「絶対に」ということばを安易に口にする態度だ。

「懐疑主義に黙従することも、独断《ドグマ》に黙従することも、共に、教育の目指すべきものであってはならない」。——科学的な気質《サイエンテイフイック・テムパー》こそ教育のつくり出すべきものだと、その『教育論』の中で彼は言っている。つまり、科学的気質のもたらす建設的な意味のスケプティシズム（懐疑主義）、このようにラッセルの立場を言い替えることができるかと思う。「科学の結果で基礎のかたまったものならどんなものでも、わたくしは、確実な真理としてというわけではなく、合理的行動をとる一つの基盤を与えてくれる蓋然性を持つものとしてこれを認めるにやぶさかでない」と彼は『懐疑論集』(Sceptical Essays. 一九二八年）のなかで言い、自分の唱える懐疑主義の結論を次のように三つにしぼっている。

(1)専門家が同じ意見のとき、反対意見は確かとは思われない。

(2)専門家の意見が一致していない場合、専門家でない人はどんな意見も確かと見ることはできない。

(3)一つの明確な意見を正しいとする十分な根拠が全くないということに、専門家全員の意見が一致した場合、普通人としては、判断を控えるのが当を得たやりかたであろう。

御覧のようにここでは専門家と普通人という二組の人間とその考え方が持ち出されている。そして、確かに、たとえば、「電子」といった問題については、この三つの条件ではっきりする。けれども、人間とか人生とか宗教とか政治とかいったことについて、はたして、そのように専門家と普通人というふうにはっきり分けて考えることができるであろうか。もちろん、できはしない。「人生の専門家」などという人間はどこにもいない。あえていえば、こと人生に関するかぎり、すべての人が普通人であり、アマテュアだといえる。だとすれば、人生とか人間の幸福とかいった問題については、さしあたっていま紹介した三つの条項のうち、第三のものをあてはめるよりほかはないだろう。つまり、判断をさしひかえるという態度だ。

だが、人生とか人間とかいったなまなましい生きた問題について冷静に判断を保留するということは、われわれにとって容易ではない。むしろ、こういう問題については、私たちは常にあわてて断定をしたがる。そしてこのような断定を急ぐ態度をラッセルはきびしくいましめる。「熱情とは、意見を抱いている人に合理的な確信の欠けていることを示す尺度である」（『懐疑論集』邦訳八ページ）と彼は言う。まことにそのとおりなのだ。彼の場合、懐疑主義とは、ある程度の蓋然性《がいぜんせい》の上に立って、「――であろう」とか、「――かもしれない」とか「――と思われる」とかいうふうに言うことである。「何もかもわからない」、と突き放すことではない。そういう「勇ましい懐疑主義」は、彼のとらないところだ。

考えてみると、私たち日本人は一般に懐疑主義を好まない。私たちは断定と結論を好む。なにかといえば、「二者択一」というやり方をとりたがる。だが、人生の問題において、二者択一といったふうに明快なことがありえようか。この道は必ず不幸に、この途《みち》は絶対に幸福に通ずる、といったふうに、だれが言えるだろうか。このように臆面《おくめん》もなく言ってのける態度は宗教を措《お》いて他にはない。しかも、新興宗教になればなるほど、好んで、「絶対に」ということばを使いたがる。ラッセルは宗教を信じていない。ラッセルは哲学者である。

『幸福論』について

この『幸福論』は前にも書いたように、一九三〇年に出版された。ラッセルの五十八歳の時だ。それはけっして若い人の書いたものではない。六十に近い思想家がまじめに書いたものだ。それにしても、五十歳を越した人間がまじめに「幸福」ということを論ずるのには、みずみずしい精神が必要だ。私たち平凡な人間の過半は、五十を過ぎればもはや幸福などということをまじめに論じたがらない。それどころか、幸福ということばに対して、一種のてれくささをさえ感ずる。大急ぎで、訳したと思う。読み違えもあるだろうし、誤訳もあるだろう。もちろんのこと、私はもう一度全部新たに訳しなおすのがほんとうだ。けれども、残念なことに、いまはもはやその根気も時間もない。「いいじゃないか、一通り読んでもらえれば」というふうに、私はフテブテしい言いわけを自分に対してしている。とにかくこれはいい本だ。私にとってもいい本であった。

一九六九年十二月

堀　秀彦

復刊に際しての解説

波乱万丈の人生

『幸福論』の著者、バートランド・ラッセル。彼は自分自身の人生を振り返り、自らの経験に基づいてこの本を書いたといいます。つまり、自分の人生は幸福だったと認識しているわけです。そこで、最初にラッセルがどういう人生を送ったのか簡単にご紹介しておきたいと思います。そのほうが、彼の書いていることがよくわかると思うからです。

ラッセルは、名家に生を受けたのですが、早くに両親を亡くし、祖母に育てられました。祖母からは厳しいピューリタン教育を受けたようです。思春期には色々と思い悩み、自殺願望を抱きますが、「数学をもっと勉強したいという欲望」が自分を救ったといいます。

大学に進学すると、哲学にも興味を持ち始め、前半生は哲学によって数学を基礎づけることに力を入れます。そうして、数学を論理の言葉で表現する数理哲学研究の分野で大成します。その成果が、ホワイトヘッドと共に著した『プリンキピア・マテマティカ（数学原理）』でした。

その後ラッセルは、徐々に政治に関心を示すようになります。第一次世界大戦がきっかけで、人間の非合理性に気づいたのがきっかけです。面白いのは、政治を研究するだけにとどまらず、積極的に活動を行った点です。また、55歳のときには、自由主義教育を行うための学校（ビーコン・ヒル・スクール）を創設し、そこでの教育の傍ら58歳のときにこの『幸福論』を刊行するに至ります。

第二次世界大戦が終わると、長年の平和活動が評価され、時代の寵児として各国で講演を開始します。78歳のときには、イギリス最高の名誉である勲功章及びノーベル文学賞を授与されています。その行動力は終生衰えることなく、83歳でラッセル・アインシュタイン宣言を発表し、95歳のときにはベトナム戦争を裁くためのラッセル法廷（国際戦争犯罪法廷）を開催しています。

このように、科学をベースに哲学を論じたという点で、また数学から幸福や平和に至るまであらゆる分野を網羅したという点で、ラッセルはまさに20世紀の知の巨人だったといっていいでしょう。

この行動する哲学者としての波乱万丈の人生を重ね合わせつつ、『幸福論』を読んでいただくと、きっとより深く楽しめるものと思います。

『幸福論』の特徴

では、『幸福論』とはいったいどのような本なのか。原題は、The Conquest of Happiness といいます。そのまま訳すと、『幸福の獲得』です。幸福とは獲得すべき能動的な営みであるととらえる、ラッセルの根本思想がよく表れているタイトルだといえます。なお、訳者の堀秀彦さんは『幸福の奪取』と訳されていますが、奪取だと奪うというニュアンスが強いような気がするので、私は「獲得」という訳語を使っています。

この語の通り、同じ幸福論でも、「三大幸福論」と呼ばれる他の哲学者アランやヒルティと比べると、ラッセルは実際の行動を最も重視します。また、精神論にとどまらない論理性を備えている点も特徴的です。

彼の論理性は全体の構成にも表れています。『幸福論』の全体を二つに分け、第一部では不幸の原因分析を行うと同時に、思考をコントロールすることでその原因を取り除く解決策を提示しているからです。続く第二部では、自分の関心をどんどん外に向けつつ、同時にバランス感覚を忘れないようにすることで幸福になる術を提案しています。

それからもう一つ忘れてならないのが、ラッセル一流のウイットとユーモアでしょう。彼の知性あふれるウイットとユーモアが、痛烈な皮肉とユニークな喩《たと》えを生み出しているのです。『幸福論』に限らず、彼の著作が時代を超えて多くの人たちに読み継がれているのには、そうした理由があるように思えてなりません。

不幸の原因分析

さて、ラッセルがまず不幸の原因分析を行ったのはなぜか。それは、問題の本質を明らかにする前提として、原因分析を徹底的に行う必要があると考えたからです。第1章では、総論として「何がひとびとを不幸にさせるのか？」と題し、不幸の最大の原因である自己没入とその三つのタイプ、罪人、自分自身をかわいがる者（ナルシシスト）、誇大妄想狂の存在を指摘しています。そのうえで、以下の章において、これらの要素をさらに具体的な不幸の原因に分類し、分析していきます。

まず第2章「バイロン風な不幸」。いわば理性によって厭世《えんせい》的になってしまうことです。ラッセルはそれでは本末転倒だといいます。自分で勝手に不幸な世界観を作って、そこに閉じこもろうとするのですから。でもそれは決して現実ではなく、あくまで自分の作り上げた世界観に過ぎないのです。

第3章「競争」。皆、競争して勝つことが成功だと思っています。あるいは競争してお金を手にする。これらはいずれもある一点までは幸福をもたらしますが、その一点を越すと不幸になるのです。なぜなら、成功は幸福の一つの要素でしかないからです。そのために他のすべての要素を犠牲にしてしまっては、決して幸福にはなれません。

第4章「退屈と興奮」。人間は現在の状況と想像上のもっと快適な状況とを対比することで、退屈してしまう生き物なのです。だからその反対は快楽ではなくて、興奮だといいます。人間が狩猟するのも、戦争するのも、求愛するのもすべて興奮を求めるからです。とはいえ、過度の刺激はきりがない。だから幸福になるためには、ある程度退屈に耐える力を養う必要があるわけです。

第5章「疲労」。疲労が不幸の原因なのは容易に想像ができると思いますが、中でもラッセルは神経の疲労を重視します。心配からくる疲労が、人を不幸にするのです。そしてそれは、思考をコントロールする能力に欠けていることに起因すると指摘します。

第6章「嫉妬」。ラッセルは、嫉妬は人間の感情の中に最も深く根ざしている最も一般的なものの一つだといいます。嫉妬が人を不幸にするのは、自分の持っているものから喜びを引き出すかわりに、他人が持っているものから苦しみを引き出そうとするからです。

第7章「罪悪感」。ラッセルはこれを成人の生活のなかの不幸をつくりあげている深い心理的原因としてとらえています。特に、その罪悪感が無意識の中に根源をもつ場合、一段と深いところに達するものになるといいます。そしてその原因を、幼児期の道徳上の教えに見出しているのです。おそらくこれはラッセル自身の体験に基づいているのでしょう。

第8章「被害妄想」。ラッセルはそれを病気と呼び、大なり小なりほぼすべての人がかかっているといいます。そして、万人が自分をいじめていると感じている限りは、幸福になることはとうてい不可能だと断言するのです。

最後は、第9章の「世論に対する恐怖」。人はその生き方や世間に対する考えが、関係をもっている人々から賛成されるのでない限り、幸福になれないといいます。特に、一緒に生活している人びとからの賛成がない場合、不幸になってしまうのです。

不幸の原因の解決策

以上のような不幸の原因を挙げると同時に、ラッセルはそれを解決するための方策についても論じています。一言でいうと、それは「思考のコントロール」としてまとめることができるように思います。思考のコントロールとは、考えるべきことを、考えるべきときに十分に考える力だといっていいでしょう。それは精神を訓練することによって可能になるもので、そうしてはじめて幸福を能動的にとらえることができるようになるのです。以下、先ほどの不幸の原因に対応させる形で具体的に見ていきたいと思います。

バイロン風な不幸を避けるためには、不幸な世界像を勝手に作り上げないようにせよということに尽きると思います。バイロン風の不幸とは知的ペシミズムですから、知性や理性をうまくコントロールすることによって、そんなふうに使わないようにすればいいのです。

競争の解決策はどうか。ラッセルは、競争して成功したとしても、バランスをくずしてしまっては幸福になれないといいます。その意味では、ここでも意志のコントロールが必要になってくるのでしょう。焦る気持ちや、はやる気持ちをある程度抑えるということです。

退屈に関しては、それに耐える力をある程度持っていることが、幸福な生活にとって不可欠だといいます。つまり、退屈を恐れるあまり過度の興奮を求めるようでは、返って不幸になってしまうからです。退屈から逃げるのではなく、むしろ静かな生活を楽しむ力を育てるほうが幸せになれるということです。そのためには思考をコントロールする必要があるわけです。

疲労について。ラッセルは、不幸の原因としての疲労は心配から来ていると考えます。だからこそ、きちんとした精神を養うことで解決できるというのです。ここでラッセルは、「神経の衛生」なる学問を提案します。それは物事を考えるべきときに上手に考える習慣のことです。

嫉妬についてはどうか。ラッセルは、嫉妬の本質は決して物事をそれ自体として見るのではなく、他との関係において見ることにあると分析しています。でも、それではその物事自体を楽しむことは永遠にできません。世の中、上には上が必ず存在しますから。だから無益なことは考えない習慣を身に付けよと説くのです。

罪悪感については、時に無意識の中に根源をもつという話でした。そしてそれが不幸の原因になるのだと。その原因が禁欲主義にあるとみるラッセルは、それをかなぐり捨てる必要があると考えます。

そのためには、そもそも幼少期の道徳上の教えに配慮しなければならないといいます。つまり、不合理な罪悪感を起こさせるような愚かな教育をしてはいけないというのです。

被害妄想に関しては、精神病医の扱うべき問題だとします。そのうえで、より穏やかな形の被害妄想については、不幸の原因として、自分自身でなおす余地があると考えます。

つまり、何人《なんぴと》も完全であることを期待すべきではないし、また、完全でないからといって不当に悩むべきではないというのです。被害妄想は自分の美点をあまりに誇大視するところに原因があるからです。

最後は世論に対する恐怖です。ラッセルの解決策はこうです。もしも本当に幸福を可能にしたいのであれば、世論の暴力が幾分でも弱められるか、ないしは回避されるような方法を見つける、あるいは環境を変える。さらに世論を無視せよともいうのですが、それとは別に、今までのそのやり方が通用しないものがあるという指摘もしています。

新聞に書かれるというケースです。今ならネットでしょう。この害悪に対する究極的な治療法は、一般大衆が一段と寛容になることだといいます。まさに現代社会にも通じる慧眼《けいがん》といっていいでしょう。

幸福になる方法

次に、第二部の幸福を獲得するための具体的方法について解説していきたいと思います。ここでは特に、「バランス」というキーワードに着目し、それに関係する方法を紹介したいと思います。というのも、ラッセルは色々な意味でのバランスこそが幸福をもたらすと考えているように思われるからです。

ここで紹介するのは、第一部とは異なり、必ずしも不幸な人がその原因を取り除くことで幸福になれるというものではなく、誰もがより幸福になるための方法だといっていいでしょう。

ラッセルは、幸福になるための具体的な方法を提示する前に、総論のような形で、第10章「いまでも幸福は可能であるか？」において、予備的考察を行っています。そこで論じられているのは、何かに熱中することの意義であるように思います。

だから「幸福の秘訣《ひけつ》は次のごときものである――すなわち、諸君の関心、興味をできるかぎり広くすること、そして、諸君の興味をそそる人や物に対する諸君の反応をでき得るかぎり、敵対的ではなく友誼的たらしめること」だと断言するのです。以下、具体的に幸福になるための要素を確認していきたいと思います。

まず第11章の「熱意」について。ラッセルは幸福になるためには熱意が大事だと主張する一方で、それにもバランスが求められるといいます。彼は空腹の比喩《ひゆ》を挙げているのですが、大食漢のように食べ過ぎるとかえって不幸になるということです。むしろ健康な食欲をもって食べるのが望ましいのです。

秀逸なのは、ソーセージ製造機の喩えでしょう。ソーセージ製造機は、豚を取り込んでソーセージを作るから幸せなのであって、いくら熱意をもっていても、それを自分の内部のみに向けていると、幸せにはなれないのです。自分はいい機械だと思い込むだけでは、何も生み出せませんから。

第12章「愛情」について。幸福は愛情からもたらされるといいます。つまり、愛情が自信をもたらし、自信が安全感を抱かせる。そうした心の習慣が源となって、熱意が生まれ、それによって人は幸福になるという理屈です。

ただし、どんな愛情でもいいわけではありません。「最もいいタイプの愛情」が求められるのです。それはお互いに生命を与え合うものと表現されるように、愛情をバランスよく同じだけ与え、同じだけ受け取る関係にほかなりません。

第13章「家庭」について。ラッセルはここで親子の関係について論じています。そしてここでもバランスのとれた関係こそが幸福を招くとします。そのためには、親が子供の人格に対して尊敬の念を抱く必要があるといいます。そうでないと、求めすぎるか、求めすぎないかのいずれかになってしまって、幸福になれないからです。

第14章「仕事」について。そもそも、仕事は退屈の予防策になるし、休日を楽しくしてくれるといいます。おまけに、成功のチャンスと野心を実現する機会まで提供してくれる。

ラッセルは、その仕事を面白くする二つの要素に着目します。熟練と建設です。技術を向上させる喜びは、幸福につながるということです。建設というのは、比喩であって、あらゆる仕事に通ずるものです。何かを築き上げていく喜びが幸福をもたらすということです。

第15章「非個人的な興味」について。ラッセルは、いくら仕事が面白いとしても、それだけではだめで、趣味をもつことが幸福につながるといいます。非個人的な興味とは impersonal interests の訳なので、むしろ「私情をはさまない興味」といった感じでしょうか。仕事を離れて純粋に楽しめる趣味こそが、人生にバランスをもたらすのです。

第16章「努力とあきらめ」について。ラッセルの主張は、幸福を獲得する点にありますから、当然そのための努力が大事になってきます。しかし、同時にあきらめも重要だというのです。そうでないといつまでも無理なことを追い求めて、かえって不幸になってしまうからです。

その際、あきらめにも二種類あるとしています。一つは絶望に根差すもの。もう一つはどんなにしてもおさえきることのできない希望に根ざすもの。後者については、人類のためのより大きな希望の一部であった場合は、徹底的な敗北ではないといいます。あたかも逆境のなか平和活動に邁進するラッセルが、自らに言い聞かせているかのようです。

結局、幸福な人とはどういう人なのか？　これについてラッセルは、最終章の第17章「幸福な人間」で結論めいたものを述べています。つまり、「幸福な人間とは、客観的に生きる人である、自由な愛情と広やかな興味をもてる人である」というのです。

客観的な生き方の意味について、ラッセルは明確な答えを示していません。ただ、「諸君自身のうちにもぐり込まないようになるや否や、ほんとうの客観的興味がでてくるものだ」といった主張からすると、やはり主観にとらわれることなく外に向けられた生き方ではないかと考えていいように思います。

『幸福論』の先にあるもの

これまで見てきたように、ラッセルの幸福論は、あくまで個人が幸福になるための方法論でした。でも、どんなにしてもおさえることのできない希望や、宇宙の視点から人類が続くことを熱く語っている点に鑑みると、そこに平和を希求する意志を読み取ることができるように思えてなりません。

実際彼は、第二次世界大戦によって、いかなる戦争も正当化されないという絶対主義の立場に転換し、以後、平和活動に晩年を捧げています。個人の幸福は、社会との統合なくしてはあり得ないと認識していたからでしょう。だからこそ社会が危機に陥っていることを自覚したラッセルは、平和を獲得するための活動を始めたのだと思います。言い換えるとそれは、人間が幸福を獲得するための活動にほかならなかったのです。

したがって、今この日本においてラッセルの『幸福論』を読む意義としては、大きく二つ挙げることができるように思います。一つ目は、自己を否定しがちな現代社会の風潮に抗うという点。負け組やひきこもりといった負のラベリングが、人々をますます不幸にしている現実があるからです。だからこそ、ポジティブに幸福を獲得しようという気持ちを醸成する必要があるのです。

二つ目は、今一度平和の意味が問い直されるべき時代状況です。国際社会が不安定化し、憲法改正が叫ばれる中、ラッセルがやったように幸福という視点から平和を考え直す必要があるように思えてならないのです。

個人の幸福と世界全体の幸福はつながっています。ラッセルの『幸福論』は、時代の文脈を超えて、私たちに幸福になることの意味と具体的な方法を提示してくれているのです。

二〇一七年九月

小川仁志

編集付記

・本書は、昭和二七年に角川文庫から刊行されたものです。
・文中における仮名遣いは適宜、現代仮名遣いにあらためました。また難読と思われる語には現代仮名遣いによる振り仮名を付しました。
・今日の人権意識や歴史認識に照らして、一部に不当・不適切な表現がありますが、訳者が故人であることと作品の時代背景を鑑み、そのままとしました。

幸《こう》福《ふく》論《ろん》

B・ラッセル　堀《ほり》 秀《ひで》彦《ひこ》＝訳

昭和27年 7月30日　初版発行
平成29年 10月25日　新版初版発行

発行者●郡司 聡

発行●株式会社KADOKAWA
〒102-8177　東京都千代田区富士見2-13-3
電話 0570-002-301（ナビダイヤル）

角川文庫 20614

印刷所●旭印刷株式会社　製本所●株式会社ビルディング・ブックセンター

表紙画●和田三造

ISBN978-4-04-400339-5　C0110

角川文庫発刊に際して

角川源義

　第二次世界大戦の敗北は、軍事力の敗北であった以上に、私たちの若い文化力の敗退であった。私たちの文化が戦争に対して如何に無力であり、単なるあだ花に過ぎなかったかを、私たちは身を以て体験し痛感した。西洋近代文化の摂取にとって、明治以後八十年の歳月は決して短かすぎたとは言えない。にもかかわらず、近代文化の伝統を確立し、自由な批判と柔軟な良識に富む文化層として自らを形成することに私たちは失敗して来た。そしてこれは、各層への文化の普及滲透を任務とする出版人の責任でもあった。

　一九四五年以来、私たちは再び振出しに戻り、第一歩から踏み出すことを余儀なくされた。これは大きな不幸ではあるが、反面、これまでの混沌・未熟・歪曲の中にあった我が国の文化に秩序と確たる基礎を齎らすためには絶好の機会でもある。角川書店は、このような祖国の文化的危機にあたり、微力をも顧みず再建の礎石たるべき抱負と決意とをもって出発したが、ここに創立以来の念願を果すべく角川文庫を発刊する。これまで刊行されたあらゆる全集叢書文庫類の長所と短所とを検討し、古今東西の不朽の典籍を、良心的編集のもとに、廉価に、そして書架にふさわしい美本として、多くのひとびとに提供しようとする。しかし私たちは徒らに百科全書的な知識のジレッタントを作ることを目的とせず、あくまで祖国の文化に秩序と再建への道を示し、この文庫を角川書店の栄ある事業として、今後永久に継続発展せしめ、学芸と教養との殿堂として大成せんことを期したい。多くの読書子の愛情ある忠言と支持とによって、この希望と抱負とを完遂せしめられんことを願う。

一九四九年五月三日

角川ソフィア文庫ベストセラー

幸福論
アラン
訳／石川　湧

幸福とはただ待っていれば訪れるものではなく、自らの意志と行動によってのみ達成される——。哲学者アランが、幸福についてときに力強く、ときには瑞々しく、やさしい言葉で綴った九三のプロポ（哲学断章）。

方法序説
デカルト
訳／小場瀬卓三

哲学史上もっとも有名な命題「我思う、ゆえに我あり」を導いた近代哲学の父・デカルトが、人間に役立つ知識を得たいと願ったデカルトが、懐疑主義に到達する経緯を綴る、読み応え充分の思想的自叙伝。

新版　精神分析入門（上、下）
フロイト
安田徳太郎・安田一郎＝訳

無意識、自由連想法、エディプス・コンプレックス。精神医学や臨床心理学のみならず、社会学・教育学・文学・芸術ほか20世紀以降のあらゆる分野に根源的な変革をもたらした、フロイト理論の核心を知る名著。

自殺について
ショーペンハウエル
石井　立＝訳

誰もが逃れられない、死（自殺）について深く考察し、そこから生きることの意欲、善人と悪人との差異、人生についての本質へと迫る！　意思に翻弄される現代人へ、死という永遠の謎を解く鍵をもたらす名著。

饗宴
恋について
プラトン
山本光雄＝訳

「愛」を主題とした対話編のうち、恋愛の本質と価値について論じた「饗宴」と、友愛の動機と本質について論じた「リュシス」の2編を収録。プラトニック・ラブの真意と古代ギリシャの恋愛観に触れる。

角川ソフィア文庫ベストセラー

君主論
マキアヴェッリ
訳／大岩　誠

ルネサンス期、当時分裂していたイタリアを強力な独立国とするために大胆な理論を提言。その政治思想は「マキアヴェリズム」の語を生み、今なお政治とは何かを答え、ビジネスにも応用可能な社会人必読の書。

世界を変えた哲学者たち
堀川　哲

二度の大戦、世界恐慌、共産主義革命――。ニーチェ、ハイデガーなど、激動の二〇世紀に多大な影響を与えた一五人の哲学者は、己の思想でいかに社会と対峙したのか。現代哲学と世界史が同時にわかる哲学入門。

歴史を動かした哲学者たち
堀川　哲

革命と資本主義の生成という時代に、哲学者たちはいかなる変革をめざしたのか――。デカルト、カント、ヘーゲル、マルクスなど、近代を代表する11人の哲学者の思想と世界の歴史を平易な文章で紹介する入門書。

若者よ、マルクスを読もう
20歳代の模索と情熱
内田　樹
石川康宏

『共産党宣言』『ヘーゲル法哲学批判序説』をはじめとする、初期の代表作5作を徹底的に嚙み砕いて紹介。その精神、思想と情熱に迫る。初心者にも分かりやすく読める、専門用語を使わないマルクス入門！

マルクスを再読する
主要著作の現代的意義
的場昭弘

資本主義国家が外部から収奪できなくなったとき、資本主義はどうなるのか？　この問題意識から、主要著作を読み解く。〈帝国〉以後の時代を見るには、資本主義〝後〟を考えたマルクスの思想が必要だ。